삶의 지혜를 터득하는

이야기 명심보감 明心寶鑑

-우리말과 영어로 재미있게 풀어쓴 최고의 해설본-

유완빈 편역

영문감수 C.E.윌리엄슨
한문감수 노홍두

백산 출판사

시대를 뛰어넘는 영원한 고전의 향기

나는 원래부터 ≪명심보감(明心寶鑑)≫을 좋아했다. 책의 내용도 내용이지만 내 짧은 한자 실력에도 불구하고 책장을 넘길 때마다 아는 한자가 곧잘 등장하여 눈을 즐겁게 했기 때문이었다. 한 면이 끝나도록 아는 한자가 하나도 없었다면 얼마나 지루하고 막막했을까? 그래도 모르는 글자보다 아는 글자가 많았으니, 옥편(玉篇)을 찾아가며 즐겁게 한 자 한 자 익혔던 것이다.

내가 이 책을 좋아하는 이유는 또 있다. 읽을 때마다 늘 새롭게 다가오는 의미들 때문이다. 건성으로 읽을 때는 그저 죽어 있던 활자들이 뜻을 되새길 때마다 깊은 감동을 안겨 주었다. 삶이 힘겹거나 자신감을 잃을 때면 말 그대로 <마음을 밝히는 보배로운 거울>에 나 자신을 비춰 보고 다시금 세상에 뛰어들 용기를 얻었던 것이다.

이 책을 보면서 나는 동양 고전의 정수만을 가려 뽑아 아이들을 가르쳤던 조상들의 예지에 감탄했다. 당장의 쓰임새만을 염두에 둔 교육보다는 아이들의 심성을 올곧게 만들기 위해 정성을 다하여 가리고 다듬어 낸 노력에 새삼 고개가 숙여지는 것이다. 그리고 이처럼 훌륭한 고전을 읽지 않는 요즘 세태가 더욱 안타깝게 느껴지곤 한다.

≪명심보감≫은 원래 명나라 학자 범입본(氾立本)이 엮은 책으로 알려져 있다. 범입본의 원본은 방대하여 그 분량이 전 798조(條)에 이르렀다고 한다. 그러던 것이 고려 충렬왕 때의 노당(露堂) 추적(秋適) 선생이 247조의 초략본(抄略本)을 엮으면서 지금 우리가 사용하는 유행본이 된 것이다. 이 초략본은 처음에는 19편(篇)으로 되어 있었으나 그 다음에 어느 미명(未名)

의 학자가 증보편에서 권학편까지 다섯 편을 늘려 ≪명심보감 초(抄)≫라고 이름지은 바 있었다. 지금은 어느 사이엔가 초(抄) 자가 빠지고 그냥 ≪명심보감≫으로 불리어지고 있다.

누구나 알고 있듯이 ≪명심보감≫은 순 한자로 씌어진 책이다. 그다지 어렵지 않은 한자로 씌어졌음에도 지금의 한글 세대가 읽기에는 어려울 수밖에 없다. 그러나 나는 이 책을 통해서든 아니면 다른 방법으로든 한자와 한문을 알아야 한다고 생각하는 사람이다. 우리의 역사와 전통문화를 계승해야 한다는 차원 높은 이야기가 아니라 우리의 생활과 정서가 배어 있는 전통문화를 살려야 한다는 생각에서이다. 시간이 갈수록 한글 전용을 외치는 소리가 높아지고 있음을 잘 알고있지만 국어의 칠할 이상을 한자어가 차지하고 있는 현실에서 한자를 배제한다는 것은 비현실적인 발상이다. 생각을 담는 그릇을 문자라고 한다면, 문자를 떠나서는 거기에 담긴 사상과 지혜를 얻기란 불가능하기 때문이다. 이것이 내가 ≪명심보감≫의 원문 하나하나를 한글풀이와 함께 다시 소개하는 이유이다. 이 책을 통해 어려운 한문을 다시 공부하고 인생의 지혜까지 배울 수 있다면 그야말로 일거양득(一擧兩得) 아니겠는가!

이 책의 영역(英譯)을 시도한 일은 스스로 생각해도 무모하기 짝이 없다. 영국에서 공부하던 젊은 시절, 나는 여러 번 자괴감에 빠진 적이 있다. 그 사람들은 어떤 모임에서든 다양한 화제로 대화를 즐겼는데, 그들이 세익스피어를 얘기하면 나는 바이런을 들먹였고, 칸트를 거론하면 피히테로 맞서는 식이었다. 그들에게 끼여들었지만 모임이 끝나고 나면 내 마음은 착잡해지고 허무했었다. 결국 그들의 역사와 전통 문화를 가지고 대화하고 그들에 의해 평가받는 꼴이 되었기 때문이다. 이런 점을 깨닫고 난 뒤 언젠가는 우리의 뛰어난 문화와 사상으로 자신들의 문화와 전통을 자랑하는 그들을 놀라게 해줬으면 하고 생각했다. 그 작은 다짐을 ≪명심보감≫을 영역함으로써 시

행하기로 결심했다. 그리하여 따로 영어명심보감을 내기로 했다. 이 책의 영역판을 이 세상에 내게 되면 나는 외국인들이 우리의 정신세계와 전통문화에 대한 인식을 새로이 할 것으로 기대한다. 지금은 세계화 시대이다. 외국인과 교류하는 사업가, 학자, 학생들에게 우리 것에 대한 자부심과 긍지를 심을 수 있는 계기가 될 것을 희망한다.

한문학자도 영문학자도 아닌 일개 사회학도로서 이런 일을 시도한 것이 옳은 일인지 모르겠다.

지금은 험한 세상이다. 도덕과 윤리가 땅에 떨어지고 가치관이 실종된 시대라고 한다. 이런 때일수록 ≪명심보감≫이 지닌 가치가 소중하게 느껴진다. 이 책이 지니고 있는 가치는 시대가 달라졌다고 하여 줄어들 리 없다. 세상이 더 혼탁해지기 전에 다시 한번 이 책이 모든 이들에게 아낌을 받는 소중한 보물이 되어주기를 바라는 마음이다.

이 책이 햇빛을 보는 데는 적잖은 어려움이 있었다. 특히 어려웠던 점은 세대간의 차이 없이 누구나 읽을 수 있도록 생각의 폭을 넓히는 일이었다. 이 책은 원래 고려원 미디어에서 출판되었다. 이 책이 햇빛을 본지 벌써 7~8년이 흘렀다. 출판사의 어려운 사정으로 이 책이 사라질 위기에 있었다. 세월이 흐르는 동안 몇 몇 미숙한 부분에 손을 대어 백산출판사에서 다시 빛을 보게 되어 기쁘기 한이 없다. 청소년 세대는 물론 젊은 세대들에게까지 재미있게 읽히는 책이 될 수 있기를 바란다. 특히 어린이들의 인성교육에 도움이 되었으면 한다.

백산출판사의 사장님과 편집장, 편집부 식구들에게 깊은 감사의 뜻을 전한다.

2003년 9월

유 완 빈

차 례

제1부

하늘의 뜻은 맑은 마음에만 깃들이니

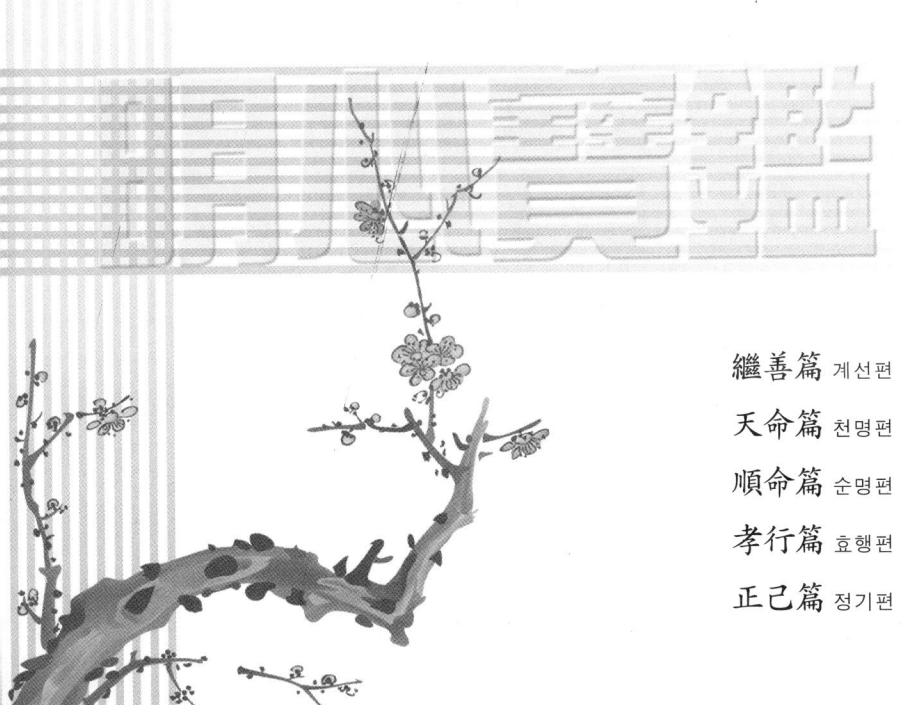

이야기 명심보감

평생토록 행하여도 부족한 선행

繼善篇

계선편

譯 공자가 말하기를, 하늘은 착한 일을 하는 사람에게 복을 주시고, 악한 일을 하는 사람에게 화를 주신다.

子曰, 爲善者는 天報之以福하고 爲不善者는 天報之以
자왈   위선자   천보지이복   위불선자   천보지이

禍니라.
화

🪙🪙🪙🪙

🔘 子曰 공자(孔子)가 말하다 🔘 爲善(爲:할 위, 될 위, 善:착할 선) 착한 일을 하다 🔘 爲善者 착한 일을 하는 사람 🔘 天報之以福(天:하늘 천, 報:갚을 보, 福:복 복) 之는 앞에 나온 爲善者를 받는 대명사임. 天報之는 하늘은 착한 일을 하는 사람에게 보답한다. 以福(以:써 이)은 복으로써 🔘 爲不善은 선(善:착한 일)을 행하지 않는다라는 소극적인 의미보다는 악한 일을 한다 또는 악을 행한다로 옮겨짐. 🔘 天報之以禍(禍:재앙 화)는 天報之以福과 똑같은 구조의 문장임.

◈ ~을 ~로서 보답하다 reward~ with~, reward~ by ~ing ◈ 선을 행하다 do good ◈ 악을 행하다 do evil ◈ 재앙으로 보답하다, 불행을 주다 give misfortune to~ ◈ 선을 행하는 자 the person who does good(爲善者)

11

영문 Heaven rewards the person that does good by making him 'happy' and, heaven gives misfortune to the person who does. evil.

《**편의**》 심보감》의 계선편 십여 구절은 모두 「착한 일을 많이 하고 나쁜 일은 하지 말라」는 소박한 말들로 이어져 있다. 너무 단순 명료하여 더 이상의 설명이 필요 없을 정도다. 공자님 말씀은 더욱 그렇다. 착한 일 하면 복 받고 나쁜 일 하면 벌받는다는 말이다.

이제 세상이 많이 변해서 사람들은 이런 말을 귓등으로도 안 들을 정도가 됐다. 하긴 그럴 만도 하다. 개인사로부터 나라와 사회의 큰 문제에 이르기까지 악행을 저지르고도 버젓이 활개치며 사는 사람이 한둘이 아니니 말이다. 거짓말을 밥먹듯 하면서 요령껏 법을 어기는 것이 경쟁에서 이기는 지혜이고, 도덕과 원칙을 지키며 사는 것은 뭔가 손해보는 일처럼 취급받는 세상이 되어 버렸기 때문이다.

하지만 명심할 일이다. 선행의 궁극적 목적은 어떤 대가에 있는 것이 아니라 사람다움의 실현에 있다는 것을. 하늘이 실제로 재물이나 권세로 복을 주거나 재앙을 내리지야 않겠지만 선행과 악행의 결과는 두고두고 남아 그 사람을 평가하는 잣대로 작용하는 법이다.

譯 한(漢)나라의 소열황제(昭烈皇帝)가 세상을 떠날 때에 후주(後主:그의 아들)에게 조칙을 내려 말하기를, 비록 착한 일은 작다 해도 이를 행하지 않으면 안 되고, 비록 악한 일은 작다 해도 이를 행하여서는 아니된다.

漢昭烈이 將終에 勅後主曰, 勿以善小而不爲하고 勿以
한 소 열　장 종　　칙 후 주 왈,　물 이 선 소 이 불 위　　물 이
惡小而爲之하라.
악 소 이 위 지

◉◉◉◉

● 後主 유비(劉備)의 아들로서 이름은 선(禪)이며, 성품은 어리석은 것으로 알려졌다. ● 將終(將:보낼 장, 終:죽을 종·마침 종) 죽을 때에 ● 勅(칙서 칙)~ 曰(말 왈) ~에게 조칙을 내려 말하다 ● 勿以~는 안 된다로 옮겨짐 ● 勿以~不爲(勿:말 물)는 勿~不~은 부정과 부정이 연결되어 강한 긍정을 나타냄,~을 행하지 않으면 안 된다 ● 勿以~ 爲는 행하여(해)서는 안된다. ● 善小而(小:적을 소, 而:말이을 이) 비록 착한 일이 작다 해도 ● 惡小而 비록 악한 일이 작다 해도 ● 而는 윗말과 아랫말을 연결시키는 접속사(接續詞)로 ~해도, ~해서, ~하고.

◈ 비록 착한 일이 작다 해도 No matter how little goodness may be ◈ 비록 악한 일이 작다 해도 No matter how little evil maybe(惡小而) ◈ 이를 행하지 않으면 안된다. It is imperative that it(should) be done.: It should be done. ◈ 이를 행하면 안된다. It is just as imperative that it not be done. (勿以~不爲) ◈ ~해야 한다 It is imperative that it(should) root: It should not be done.

성문 No matter how significant, just or proper a task may be, it is imperative that it be done. And no matter how little evil may be, it is just as imperative that it not be done.

해설 국 전국시대 때 양주(楊朱)라는 사람이 있었다. 이 사람에 대해 별로 알려진 것은 없지만 유명한 말 한 마디가 전한다.

「내 몸의 터럭 하나를 뽑아서 온 천하를 이롭게 할 수 있다 해도 나는 그러지 않겠다.」

후세 사람들은 이 말을 두고 무위(無爲) 사상의 극치라느니 극단적 위아론(爲我論)이라느니 의견이 분분하지만, 본래

는 사람들이 저마다 터럭 하나로 세상을 구하겠다고 나서는
바람에 세상꼴이 이 모양이 되었다는 냉소의 뜻을 담은 말
이다. 눈곱만한 자기 희생을 내세워 큰 욕심을 채우려는 사
람이 드물지 않은 터에 이 말이 전혀 공감되지 않는 것은
아니다. 그러나 정말 한 가닥 터럭으로 누군가를 도울 수 있
다면, 당신은 그렇게 하지 아니하겠는가? 순수한 동기의 작
은 선행쯤이야 얼마든지 행해도 오히려 누가 곡해할까, 또는
내 마음이 순수한가 저어하여 해야 할 좋은 일을 뒤로 미루
지는 말아야 하겠다.

譯 장자가 말하기를, 하루라도 착한 일을 생각하지 않으면 여러 악이
모두 저절로 일어난다.

莊子曰, 一日不念善이면 諸惡이 皆自起니라.
장 자 왈   일 일 불 염 선   제 오   개 자 기

◉ 一日 하루라도 ◉ 不念善(念:생각할 념) 착한 일(善)을 생각하
지 않으면 ◉ 諸惡(諸:여러 제, 모든 제, 惡:악할 악) 여러 악이
◉ 皆自起(皆:다 개, 自:몸소 자 · 스스로 자, 起:일어날 기) 다 저
절로 일어난다

◈ 생각하다 contemplate(念) 하루라도 during the day ◈ 여러 악 all
kinds of evil ◈ 저절로 일어나다 erupt of one's own accord(自起)

영문 When good deeds are not contemplated during the day, all
kinds of evil are likely to erupt of their own accord.

선설이니 성악설이니 하는 인성론(人性論) 문제에 있어서 장자는 어느 쪽이냐 하면 이도 저도 아닌 인간의 자연적 본성(生生之性)을 중시하는 입장에 서 있다. 인간은 본디 자연과 같아서 아무런 도덕적 성향도 지니고 있지 않은데, 자라면서 어느 한쪽으로 기운다는 것이다. 그래서 인성교육의 중요성은 아무리 강조해도 지나치지 않는다. 같은 종이라도 향 싼 종이에 향내 나고 생선 싼 종이에 비린내 난다는 이야긴데, 말인즉 선과 악의 문제란 무엇이 먼저냐를 따지고 가리기보다 우선 행함이 중요하다는 뜻이리라. 본래가 흔들리기 쉬운 인간의 마음, 선한 생각과 행실을 습관이 되게끔 만들어서라도 악의 일어나는 것을 미연에 막아야 할 것이다.

태공이 말하기를, 착한 일을 보면 목마른 사람이 급히 물을 찾듯이 서둘러서 행동하고, 악한 일에 대한 이야기를 들으면 귀머거리인 양 못 들은 척하라. 태공이 다시 말하기를, 착한 일은 모름지기 탐내어 하고, 악한 일은 즐겨하지 말라.

太公曰, 見善如渴하고 聞惡如聾하라. 又曰, 善事는 須貪
태 공 왈   견 선 여 갈   문 오 여 농   우 왈   선 사   수 탐
하고 惡事는 莫樂하라.
    오 사   막 락

● 見善(見:볼 견) 착한 일을 보면 ● 聞惡(聞:들을 문, 惡:나쁠 악) 악한 일에 대해 들으면 ● 如(如:같을 여)~ ~처럼 행동하다 ● 如渴(渴:목마를 갈) 목마른 것처럼 행동하다, 목마른 사람이 물을 찾듯이 서둘러서 행동하다 ● 如聾(聾:귀먹을 롱) 귀머거리인 것처럼 하다, 말을 듣지 않은 것처럼 하다 ● 又曰(又:또 우)

또 말하기를 ◉ 須貪(須:모름지기 수, 貪:탐할 탐) 모름지기 탐내다 ◉ 莫(莫:말 막)은 ~을 해서는 안된다, ~을 하지 말라의 금지를 나타내기 때문에 ◉ 莫樂(樂:즐거울 락)은 즐겨하지 말라로 옮겨짐

◈ 착한 일을 보면 When (one is) witnessing a good deed(見善) ◈ 급히 물을 찾고 있는 목마른 사람처럼 빨리 with the haste of a thirsty person urgently seeking water(如渴) ◈ 악한 일에 대한 이야기를 들으면 when (one is) hearing talk of an evil thing(聞惡) ◈ 귀머거리인양 못들은 척 하다 act as if one were a deaf person unable to hear(如聾) ◈ ~을 탐내다 be covetous of~ ◈ ~을 즐기다 enjoy ~ing

영문 When witnessing a good deed, one should act with the haste of a thirsty person urgently seeking water and when hearing talk of an evil deed one should act as if one were a deaf person unable to hear. Be covetous of doing good deeds, but don't enjoy doing evil deeds.

예 가 아니면 행하지 말고 길이 아니면 가지 말라는 공자의 말이 있다. 이와 관련해서 갈불음도천수(渴不飮盜泉水)라는 고사 하나가 생각난다.

공자가 어느 날 승모(勝母)라는 마을에 가게 되었는데, 마을 이름을 듣고는 날이 저물었는데도 서둘러 그곳을 떠났다고 한다. 또 도천(盜泉)이라는 샘 옆을 지나게 되었을 때도 목이 말랐지만 그 샘물을 떠먹지 않았다고 한다. 승모는 어머니를 이긴다는 뜻이므로 자식의 도리가 아니며, 도천은 도둑의 샘이므로 떠먹을 수 없다는 것이었다. 옛 사람의 고결한 품행을 그대로 따르지는 못할지언정 이런 마음가짐만은 본받을 수 있지 않을까?

譯 마원이 말하기를, 일생 동안 착한 일을 행하여도 착한 일은 오히려 부족하고, 단 하루만 악한 일을 행하여도 그 악은 그대로 남아 있다.

馬援이 曰, 終身行善이라도 善猶不足이요 一日行惡이라도
마 원   왈   종 신 행 선   선 유 불 족   일 일 행 오

惡自有餘니라.
오 자 유 여

◉ 終身(終:마칠 종, 身:몸 신) 일생 동안 ◉ 猶不足(猶:오히려 유, 足:흡족할 족) 오히려 부족하다 ◉ 自有餘(餘:나머지 여) 그대로 남아 있다

◆ 일생동안 throughout one's life ◆ 오히려 on the contrary(猶) ◆ 그대로 남아 있다 linger on just as it is

영문 Although good deeds are done throughout one's life, that goodness, on the contrary, becomes insufficient while evil that is done only on one day, lingers on just as it is.

하지 않은 불행을 당했을 때 우리는 불행의 원인으로 자기 자신을 돌이켜보기보다 대개는 남의 탓을 먼저 한다. 그러나 우리가 당하는 불행의 많은 부분은 자기 잘못이 씨가 되어 돌아오는 것들이다. 흔히 일어나는 교통사고가 대표적인 경우라고 할까.

우리의 사회 분위기가 사소한 법 위반이나 잘못쯤은 대충 눈감아 주는 식이어서 인지 선량한 보통 사람들도 무의식중

에 쉽사리 잘못을 저지르거나 남에게 피해 주는 일을 한다. 또한 그로 인해 돌아오는 불이익을 제 탓으로 여기기보다「재수가 없어서…」라고 치부하고 잊어버리는 것이 보통이다. 바늘 도둑이 소 도둑 된다고 결국 이런 사고방식이 커다란 사회적 범죄와 부정으로까지 이어지는 것이 아닌지 모르겠다. 선행과 악행에 <작다>는 것은 없다. 아무리 작은 일이라도 선행은 선행이요, 작은 악행이라고 해서 악행이 아닌 것은 아니다.

譯 사마온이 말하기를, 큰 돈을 모아서 자손들에게 남겨 주어도 자손들이 그 돈을 다 지킬 수 없고, 많은 책을 모아서 자손들에게 남겨 주어도 자손들이 그 책을 다 읽을 수 없기 때문에, 남이 모르는 가운데 음덕을 쌓아서 자손을 위한 원대한 계획을 세우는 것만 같지 못하다.

司馬溫公이 曰, 積金以遺子孫이라도 未必子孫이 能盡守
사 마 온 공   왈   적 금 이 유 자 손   미 필 자 손   능 진 수

요 積書以遺子孫이라도 未必子孫이 能盡讀이니 不如積陰
   적 서 이 유 자 손   미 필 자 손   능 진 독   불 여 적 음

德於冥冥之中하여 以爲子孫之計也니라.
덕 어 명 명 지 중   이 위 자 손 지 계 야

◉ 積金(積:쌓을 적・모을 직)돈을 모으다 ◉ 積書 책을 모으다
◉ 遺(遺:남을 유・남길 유)는 <~에게 남겨 주다> ◉ 積金以遺子
孫은 돈을 모아서 자손에게 남겨 주다. ◉ 孫(손자 손) ◉ 未必
(未:아닐 미, 必:반드시 필) 반드시 ~은 아니다 ◉ 能(能:능할
능)은 ~할 수 있다는 가능성을 나타내는 조동사의 역할을 함 ◉
能盡守(盡:다할 진, 守:지킬 수)는 그 돈을 다 지킬 수 있다 ◉

能盡讀(讀:읽을 독)은 그 책을 모두 다 읽을 수 있다. ◉ 不如~ 也 ~과 같지 않느니라, ~만 못하다 ◉ 積陰德(陰:음지 음) 음덕 을 쌓다 ◉ 陰德 남이 알지 못하게 쌓은 덕. ◉ 冥冥之中(冥:어두 울 명·밤 명) ◉ 於冥冥之中 남이 모르는 가운데 ◉ 以爲 만든 다, 그것으로 ~을 삼는다 ◉ 子孫之計(計:셀 계, 꾀할 계) 자손들 을 위한 계획

◈ 많은 돈을 모아서 ~에게 남겨주다 a great deal of money is gathered and given to~(積金以遺) ◈ 남이 모르는 음덕을 쌓다 make the arrangements of the hidden virtue of which the value others have no ideas of(積隱德於冥冥之中) ◈ 원대한 계획을 세우 다 establish great far-reaching plans

영문 Because even though a great deal of money is gathered and given to your offsprings they are unable to keep all of the money and because even though many books are gathered and given to your offsprings they are incapable of reading all of them, it is better for you to establish great and far-reaching plans for your offsprings' well being by making the arrangements of the hidden virtues of which the value others have no idea of.

자 식들이 원하면 무엇이든 해주고 싶은 것이 부모 마음이다. 요즘 부모들도 더하면 더했지 그런 마음이 결코 못하지가 않다. 문제는 긴 안목과 올바른 방법으로 사랑을 베풀기보다 즉흥적이고 편리하게 자식을 키우려 한다는데 있다. 유치원 에서부터 대학교까지, 심지어 결혼할 때까지도 온갖 뒷바라 지와 물질적 조력을 아끼지 않는 부모가 많다. 그러면서 부 모는 이것을 자식에 대한 큰 희생으로 여긴다. 「풍족하지 못 한 형편이지만 아이들을 위해서라면」하는 심정으로 말이다.

그러나 혹시 이것이 부모의 자기 합리화는 아닐까? 왜냐하 면 부모 된 마음으로 자식이 스스로 능력과 품성을 키워 나

가도록 지켜보며, 단지 올바른 모범만을 보이기란 여간 어려운 일이 아니기 때문이다. 진정한 사랑이라면 이렇듯 부모의 욕심과 즉흥적 사랑을 경계하고 자식의 ·참된 성장을 위해 세심한 주의를 아끼지 않는 것이다. 그 중에서 남에게 선행을 베풀고 자녀에게 보여 주는 일만큼 좋은 것은 없으리라.

《경행록》에 이르기를, 은혜와 의리를 널리 베풀라. 인생을 살다 보면 어느 곳에서인가 서로 만나지 않겠느냐. 원수와 원한을 맺지 말라. 길을 가다가 좁은 곳에서 만나게 되면 피하기가 어렵다.

景行錄에 曰, 恩義를 廣施하라. 人生何處에 不相逢가. 讐
경행록　왈　은의　광시　인생하처　불상봉　수
怨을 莫結하라. 路逢狹處면 難回避니라.
원　막결　노봉협처　난회피

◉ 恩義(恩:은혜 은, 義:옳을 의) 은혜와 의리 ◉ 廣施(廣:넓을 광, 施:베풀 시) 널리 베풀다, 널리 행하다 ◉ 人生何處(何:어찌 하·어느 하, 處:곳 처) 인생을 살다보면 어느 곳에서인가 ◉ 不相逢(逢:만날 봉) 서로 만나지 않으랴 ◉ 讐怨(讐:원수 수, 怨:원망할 원) 원수와 원한 ◉ 莫結(結:맺을 결) 맺지 않다 ◉ 路逢은 길을 가다 만나다. 그래서 ◉ 路逢狹處(狹:좁을 협) 길을 가다 좁은 곳에서 만나다. ◉ 難回避(難:어려울 난, 回:돌아올 회, 避:피할 피) 피하기 힘들다.

◈ ~을 ~에게 베풀다 bestow~ on~ ◈ 은혜와 의리 gratitude and righteousness(恩義) ◈ 인생 어느 곳에서인가 somewhere during life ◈ 누구인가와 원수를 맺다 mingle anyone with a grudge(結讐怨) ◈ 길을 가다 좁은 곳에서 at a place of narrow passage(路狹處)

영문 Widely bestow gratitude and righteousness on the persons. You will surely meet them somewhere during life. Do not mingle anyone with a grudge for when going out on the road it will be difficult to avoid encountering him at a place of narrow passage.

해설 초보은(結草報恩)>이라는 고사성어를 모르는 사람은 없을 것이다. 춘추시대 때 진(晉)의 위무자(魏武子)라는 사람에게 사랑하는 첩이 있었다. 위무자는 병이 들어 위독해지자 아들 과(顆)에게 「내가 죽거든 첩을 개가시키라」고 분부했다. 마침내 임종이 가까워지자 위무자는 다시 아들을 불러 전에 했던 말을 취소하고 애첩을 순장(殉葬)시키라고 유언했다. 위무자가 죽자 과(顆)는 정신이 온전치 못한 상태에서 남긴 아버지 말을 따를 수는 없노라 하고 첩을 개가시켰다.

훗날 진(奏)의 환공이 침공하여 전쟁에 나선 위과가 쫓기게 되었을 때의 일이다. 넓은 초원에서 풀을 베는 노인 옆을 지나 도망하고 있는데, 쫓아오던 적장이 그만 노인이 엮어 놓은 풀에 걸려 넘어지게 된 것이다.

그날 밤 위과의 꿈에 노인이 나타나서 말했다.

「나는 전에 당신이 개가시킨 여자의 아비 되는 사람이오. 전의 일을 잊지 못하여 오늘 풀을 엮어 은혜를 갚은 것입니다.」

인간의 삶이란 언제 어떤 상황에 처하게 될지 모르는 법이다. 이럴 때 평소 남에게 베푼 은혜는 어떤 형태로든 돌아오게 마련이다.

譯 장자가 말하기를, 나에게 착하게 하는 자에게 나 또한 착하게 하고, 나를 미워하는 자에게도 또한 착하게 할 것이다. 내가 이제껏 남을 미워하지 않았는데 남이 감히 나를 미워할 수 있겠는가.

> 莊子曰, 於我善者도 我亦善之하고 於我惡者도 我亦善
> 장자왈 어아선자   아역선지   어아오자   아역선
> 之니라. 我旣於人에 無惡이면 人能於我에 無惡哉고저.
> 지   아기어인   무오   인능어아   무오재

⊚ 於(어조사 어)~ ~에게, 에서 ⊚ 善者는 선을 베푸는 자, 따라서 ⊚ 於我善者는 나에게 선을 베푸는 자 ⊚ 於我惡者(惡:미워할 오) 나를 미워하는 자 ⊚ 亦(亦:또 역) 역시, 또한 ⊚ 善之에서 之는 대명사로서 각각 앞의 善者와 惡者를 받는다 ⊚ 無惡 내가 남을 미워하지 않으면 ⊚ 哉는 어조사로 쓰이기 때문에 ⊚ 無惡 哉는 남도 나를 미워하지 않을 것이다로 옮김

◈ 또한 nevertheless, likewise ◈ ~에게 착하게 하다 do good to

영문 To the person who does good to me I will do good. To the person who hates me nevertheless I will also do good. If I did not hate others, how could they hate me?

아 무리 혼자 살고 싶어도 인간이라면 그럴 수가 없다. 인간(人間)이라는 말 자체가 <인생세간(人生世間)>에서 나온 말임을 생각해 보라. 사람들은 더불어 살기 위하여 사람들간의 관계에 대한 예절과 규율을 정하고 있다. 이는 인류가 오랜 경험을 통해 얻게 된 지혜이다. 선과 악이라는 윤리적 가치들도 결국은 이로부터 나온 것이요, 우리들 모두를 위한

것이다. 파스칼은 이렇게 말한다.

「지혜로운 사람은 이해관계를 떠나 누구에게나 친절하고 어진 마음으로 대한다. 왜냐하면 어진 마음 자체가 내게 따스한 체온이 되기 때문이다.」

譯 동악성제가 훈계를 내려 말하기를, 하루 동안이나 착한 일을 해도 복은 곧 따르지 아니하나 화는 스스로 멀어지고, 하루 동안이나 악한 일을 해도 화는 비록 이르지 아니하나 복은 스스로 멀어진다. 선을 행하는 사람은 봄동산의 풀과 같아서 그 자라는 것이 보이지 아니하나 날로 더하는 바가 있고, 악을 행하는 사람은 칼을 가는 숫돌과 같아서 닳는 것이 보이지 아니하나 날로 이지러지는 바가 있다.

東岳聖帝垂訓에 曰, 一日行善이라도 福雖未至나 禍自遠
동 악 성 제 수 훈　왈　일 일 행 선　　　복 수 미 지　　화 자 원

矣요 一日行惡이라도 禍雖未至나 福自遠矣니라 行善之人
의　일 일 행 악　　　화 수 미 지　　복 자 원 의　　　행 선 지 인

은 如春園之草하여 不見其長이라도 日有所增하고 行惡之
　여 춘 원 지 초　　　불 견 기 장　　　일 유 소 증　　　행 악 지

人은 如磨刀之石하여 不見其損이라도 日有所虧니라.
인　여 마 도 지 석　　　불 견 기 손　　　일 유 소 휴

◉ 雖(雖:비록 수)~ 비록 ~하나 ◉ 未至 (至:이를지, 지극할 지) 따르지 않다, 이르지 않다 ◉ 自遠矣遠(遠:멀 원) 스스로 멀어지다. ◉ 福雖未至는 복은 곧 따르지 아니해도 ◉ 禍雖未至 화는 따르지 않아도 ◉ 禍自遠矣 화는 스스로 멀어진다 ◉ 福自遠矣 복은 스스로 멀어진다 ◉ 行善之人 선을 행하는 사람 ◉ 春園之草(園:동산 원, 草:풀 초) 봄동산의 풀 ◉ 不見 보이지 않다 ◉ 其長(長:자랄 장, 길 장, 어른 장) 자라는 것 ◉ 日有所增(所:바 소,

增:더할 증) 날로 더하는 바가 있다 ◉ 磨刀之石(磨:갈 마, 刀:칼 도) 칼을 가는 숫돌 ◉ 其損(損:잃을 손, 감할 손) 그 닳아 없어지 는 것 ◉ 所虧(虧:이지러질 휴) 이지러지는 바

◈ 하루동안이나 for a quite sometime ◈ 따르지 않는 것 같다 not appear to follow(未至) ◈ 스스로 멀어지다 of itself is put at a distance ◈ 봄동산의 풀과 같다 is as the green grass of the fields in spring(如春園之草) ◈ 자라는 것이 보이지 않는다 growing figure would not be viewed(不見其長) ◈ 칼을 가는 숫돌 a whetstone that sharpens the knife ◈ 날로 이지러지다 it is waning away day-by-day ◈ 닳는 것이 보이지 아니하다 it's being worn out into oblivion would not be viewed. 망각 oblivion

영문 Although a person does good deeds for quite some time, good fortune may not appear to follow, but misfortune of itself is put at a distance and when a person does evil for just a moment, although calamity does not start, good fortune of itself is put at a distance. The person who does good is as the green grass of the fields in spring and its growing figure would not be viewed, but as the days go by it grows more apparent. A person who does evil is as a whetstone that sharpens the knife and its being worn into oblivion would not be viewed but it is waning away day-by-day.

행을 하기란 쉬운 일이 아니다. 그래서 우리 조상들은 권 선징악을 주제로 한 여러 이야기를 지어냈다. 그중 <흥부 전>만큼 주제가 뚜렷한 이야기도 없으리라. 착하다 못해 어 리석어 보이는 아우 흥부와 온갖 방법으로 욕심을 채우는 형 놀부는 좋은 대조를 이룬다. 요즘은 새로운 해식이 가해 져서 대책 없이 무능력하게 살아가는 흥부보다 나름의 근면 함과 계획으로 재산을 모으는 놀부를 더 평가하기도 한다. 하지만 이 이야기를 다시 생각해 볼 때, 옛날이라고 해서 흥

부 같은 사람이 많았다는 이야기는 아닐 것이다. 어려운 상황에서도 흥부와 같은 어진 마음을 지킬 것을 권면 할 필요가 있었던 것이다. 더구나 놀부의 근면과 계획에는 우리가 빠지기 쉬운 함정이 있다. 자신과 자신의 가족만을 위해서라면 올바른 방법을 무시해도 좋다는….

선행과 악행은 당장에는 그 결과가 쉽게 드러나지 않지만, 결국은 서서히 사람을 축복이나 불행의 길로 이끄는 것이다.

詳 공자가 말하기를, 선을 보면 미치지 못하는 것처럼 행동하고, 악을 보면 끓는 물을 만지는 것처럼 행동하라.

子曰, 見善如不及하고 見不善如探湯하라.
자 왈   견 선 여 불 급   견 불 선 여 탐 탕

◉ 見善(見:볼 견) 선을 보면 ◉ 如~ ~처럼 행동하다, ~처럼 하다 ◉ 不及(及:미칠 급) 미치지 못하다 ◉ 見不善 착하지 않음이 아니라 적극적인 의미로 악으로 함. 악을 보다 ◉ 探湯(探:더듬을 탐, 湯:끓는물 탕) 끓는 물에 손을 대다

◈ 마치 미치지 못하는 것처럼 as if it were not achieved ◈ 끓는 물을 만지다 touch boiling water(探湯)

영문 When goodness is observed, one should act as if it were not achieved and when evil is observed, one should act as if touching boiling water.

예 린애들이 쓰는 유아언어 중에 <맘마>와 <지지>는 그 중에도 가장 처음 배우는 말일 것이다.

돌박이를 둔 어느 젊은 가정에 하루는 복면 강도가 들었다. 안방에 버티고 선 강도 앞에서 엄마와 아빠는 숨조차 쉬지 못하고 벌벌 떠는데, 잠자던 꼬맹이가 이상한 기척에 부스스 일어났다. 어리둥절 눈을 돌리던 꼬맹이는 앞에 선 사람을 손가락으로 가리키고는 「지지! 지지!」했다고 한다. 돈이나 비싼 물건이 없기도 했지만 강도는 어이가 없었던지 쓴웃음을 지으며 그냥 물러갔단다.

말 한 마디 못하는 어린애도 이렇듯 좋은 것, 옳은 것을 찾고 나쁜 것, 싫은 것을 꺼릴 줄 안다. 그런데도 어느 것이 <지지>이고 <맘마>인지 가리지 못하는 어른이 많은 것을 보면 한심한 마음뿐이다.

하늘의 그물은 엉성하나 결코 새지 않는다

天命篇

천명편

譯 공자가 말하기를, 하늘에 순종하는 자는 살고, 하늘에 거역하는 자는 망한다.

子曰, 順天者는 存하고 逆天者는 亡이니라.
자왈 순천자 존   역천자   망

● 順天者(順:좇을 순)하늘에 순종하는 자 ● 存(있을 존, 살 존) 여기에서 하늘이란 천명(天命)이며 천명에 의하면 선(善)과 정의 (正義)가 곧 천도(天道)이다. ● 逆天者(逆:거스를 역) 하늘에 거 역하는 자 ● 亡(망할 망)

◈ 산다, 살아남다 survive ◈ ~에 거역하다 goes against~ ◈ 망 하다 fail

영문 One who follows heaven survives and one who goes against heaven fails.

譯 강절 소선생이 말하기를, 하늘의 들으심은 고요하여 소리가 없으니 멀고도 아득한 푸른 하늘을 어디에서 찾을 수 있겠는가. 높은 곳에 있는 것도 먼 곳에 있는 것도 아니고 모든 것이 다만 사람의 마음 속에 있는 것이다.

康節邵先生이 曰, 天聽이 寂無音하니 蒼蒼何處尋고. 非
강절소선생   왈 천청   적무음   창창하처심   비

高亦非遠이라. 都只在人心이니라.
고역비원   도지재인심

◉ 天聽(聽:들을 청) 하늘의 들으심 寂(고요할 적) 적막하다, 고요하다 ◉ 無音(音:소리 음) 소리가 없다 ◉ 蒼蒼(蒼:푸를 창) 푸르고 푸르다, 시퍼렇다, 멀고도 아득하다 ◉ 何處尋(尋:찾을 심)어느 곳에서 찾을 것인가 ◉ 非高(非:아닐 비, 高:높을 고) 높지 않다 ◉ 亦非遠 역시 멀지도 않다 ◉ 都(모두 도) 모두 只(다만 지) 다만 ◉ 在人心 사람의 마음에 있다

◈ 하늘의 들으심 listening to heaven ◈ 하늘을 어떻게 찾을 수 있겠는가? How can heaven be found?(何處尋) ◈ 다만 사람의 마음속에 있다 it in total is within a person's heart(只在人心)

영문 Though listening to heaven, it is quiet and there is no sound. How can heaven be found because it is somewhere distant and far away? Heaven is not distant, nor high above but it in total is within a person's heart.

해설 명(天命)>이란 참으로 동양적인 개념이다. 서양의 인격신에 비교할 때 <天>은 도덕의 원천이요, 자연의 질서이며, 모든 실천적 행위의 준거이기도 하다. 인간사와 관계된 최상의 도리와 법칙의 표현이라고 할까. 그러므로 강절 선생이 <天>을 인간 외부의 어느 곳도 아닌 마음속에 있는 것이라고 설명한 의도도 이해할 만하다. 공자의 말은 <天>을 좀

더 알기 쉽게 신격에 비유한 것일 뿐이고…. 《중용》첫머리
는 이런 말로 시작한다.

「하늘이 명하여 사람에게 부여된 것을 성(性)이라 하며, 성
을 따르는 것을 도(道)라 하고, 도를 마름질하는 것을 교(教)
라 한다(天命之謂性 率性之謂道 修道之謂教).」

천명이란 다름 아닌 인간의 본성에 내재해 있는 것임을
단언한 구절이다. 인간의 선한 본성에 충실하게 사는 것, 이
것이야말로 도덕의 근원이다.

譯 현제가 훈계를 내려 말하기를, 사람의 사사로운 말일지라도 하늘의
들으심은 우레와 같고, 어두운 방에서 남의 마음을 속이더라도 귀
신의 눈은 번개와 같다.

玄帝垂訓에 曰, 人間私語라도 天聽은 若雷하고 暗室欺心
현 제 수 훈   왈   인 간 사 어   천 청   약 뇌   암 실 기 심

이라도 神目은 如電이니라.
       신 목   여 전

● 私語(私:사사로울 사, 語:말할 어) 사사로운 말 ● 若雷(若:같
을 약, 雷:천둥 뢰) 우레와 같다 ● 暗室(暗:어두울 암, 室:방 실)
어두운 방 ● 欺心(欺:속일 기) 마음을 속이다 ● 神目 신의 눈 ●
如電(電:번개 전) 번개와 같다

◈ 사람의 사사로운 속삼임 말 the private whispers of a person ◈
우레와 같이 들리다 be loudly heard like thunder ◈ 남의 마음을 속
일 정도로 낮은 사람의 작은 소리 even the sounds of a person low
enough to deceive other's heart ◈ 어두운 밤에 even in the dark of
a night ◈ 귀신의 눈은 번개와 같다 to the eyes of a ghost ～ as

bright as a lightning flashing(神目如電)

영문 To heaven even the private whispers of a person are loudly heard like thunder and to the eyes of a ghost even the sounds of a person low enough to deceive other's heart even in the dark of the night is as bright as a lightning flashing.

해설 날 중국 후한 때의 일이다. 굳은 절개와 높은 학식으로 유명했던 양진(楊震)이 동래군 태수로 부임하게 되었다. 임지로 가는 도중에 창읍이란 현(縣)에서 하룻밤을 머물렀다. 밤이 되자 그곳 현령인 왕밀이 찾아와 양진에게 금덩이를 뇌물로 바쳤다. 양진이 한사코 거절하자 왕밀은 「한밤중이라 아는 자가 없소」라며 물러서지 않았다. 그러자 양진은 이렇게 대답했다.

「하늘이 알고 귀신이 알고 내가 알고 자네가 아는데, 어찌 아는 자가 없다고 말하는가?」 이것이 바로 <天知 地知 我知 子知>라는 고사성어의 유래이다. 비밀은 있을 수 없다. 더구나 악행이라면 더욱 그러하다. 이 구절은 세상에 감출 수 있는 일이란 아무것도 없음을 명심하고 자신의 행동과 말을 더욱 경계하라는 뜻을 담고 있다.

譯 ≪익지서≫에 이르기를, 만일 악한 마음이 가득 차면 하늘은 반드시 벌을 줄 것이다.

益智書에 云, 惡鑵이 若滿이면 天必誅之니라.
익 지 서   운   악 관   약 만   천 필 주 지

◉ 云(이를 운)말하다 ◉ 惡鑵(鑵:두레박 관) 악한 마음 ◉ 若滿(若:만약 약, 滿:찰 만) ◉ 天必~ 하늘은 반드시 ~일 것이다 ◉ 誅(誅:벌줄 주)벌을 주다, 베서 죽이다

◈ 마음이 ~로 차다 be filled with~ ◈ 가득 to the brim ◈ 벌을 주다 mete out punishment(誅之)

영문 If a heart is filled to the brim with evil, heaven will surely mete out its punishment.

사람의 마음속에 악한 생각이 가득 차 있으면 언젠가는 대가를 치르게 된다는 뜻이다. 이 구절을 보니 존 스타인벡의 대작《에덴의 동쪽》이 생각난다.

성서 창세기 속의 원죄론을 테마로 한 이 소설에는 두 가지 인간형이 등장한다. 신의 선택을 받은 선한 인간과 죄악의 굴레에 빠져 있는 인간. 후자의 인간형은 세상을 악의 소굴로만 볼뿐이며 모든 생각과 행동을 이 기준에 따라 행한다. 그의 죄악은 결국 그 자신을 파멸로 이끌지만 그것은 어느 누구의 탓도 아니요 죄악 자체가 원래부터 잉태하고 있는 결과라는 것이다.

譯 장자가 말하기를, 만일 사람이 악을 행하고도 세상에 이름을 내는 자는 비록 사람이 그를 해치지 않는다 해도 하늘이 반드시 그를 죽일 것이니라.

莊子曰, 若人이 作不善하여 得顯名者는 人雖不害나 天
장 자 왈 약 인   작 불 선   득 현 명 자   인 수 불 해   천

必戮之니라.
필 육 지

◉◉◉◉

◉ 不善은 악(惡)으로 풀이되기 때문에 ◉ 作不善 악을 행하다.
◉ 得顯名(得:얻을 득, 顯:나타날 현) 이름을 나타냄을 얻다, 세
상에 이름을 내다 ◉ 人雖不害(雖:비록 수, 害:해칠 해)비록 사람
이 해를 끼치지 않으나 ◉ 必 반드시 ◉ 戮之(戮:죽일 륙)그를 죽
이다

◈ 세상에 이름을 내는 자 the person who bandies the name to the
world(得顯名者) ◈ 비록 남에게 해를 끼치지 않으나 Even though
he does not get injured by man(人雖不害) ◈ 죽인다 do in ◈ 하늘
이 반드시 그를 죽일 것이다, will surely be the first to be done in by
heaven

영문 The person who bandies the name to the world by doing
an evil deed will surely be the first to be done in by heaven
even though he does not get injured by man.

날 중국 하나라의 걸왕은 말희라는 여인에게 빠져 방탕한
생활을 보냈다. 민심을 잃은 걸왕은 은나라의 탕왕에게 멸
망당했다. 은나라의 마지막 왕인 주왕 역시 달기라는 여인에
빠져 걸왕의 전철을 밟았다. 주왕은 주지육림으로 허송하면
서 충신들을 많이 죽여 신하와 백성의 원성이 자자했다. 이
때 서백(西伯)이 주왕에게 간곡히 진언했다.

「은나라의 거울은 먼 데 있지 않으니, 하나라 걸왕입니다.」

그러나 주왕은 서백을 쫓아내고 학정을 계속했다. 결국 주
왕은 서백의 아들 무왕의 손에 멸망당하고 주나라가 세워지
게 되었다.

한 사람의 행실이 선(善) 아닌 악(惡)으로 규정된다는 것은
무서운 일이다. 일시적으로는 부귀와 영화를 누릴지라도 언
젠가는 응징을 받게 마련이며, 민심도 그에게는 등을 돌리게
마련이다.

오이씨를 심으면 오이를 얻고 콩을 심으면 콩을 얻는다. 하늘의 그물은 넓고도 넓어서 엉성하기는 하나 결코 새지는 않는다.

種瓜得瓜요 種豆得豆니 天網이 恢恢하여 疎而不漏라.
종 과 득 과　종 두 득 두　천 망　회 회　소 이 불 누

● 種~　得~(種:심을 종)~을 심으면 ~을 얻다 ● 種瓜得瓜(瓜: 오이 과) 오이를 심으면 오이를 얻다 ● 種豆得豆(豆:콩 두) 콩을 심으면 콩을 얻다 ● 天網(網:그물 망) 하늘의 그물 ● 恢恢(恢:넓을 회)넓고 넓다, 크고 크다 ● 疎而不漏(疎:성길 소, 漏:샐 루)엉성하나 결코 새지는 않는다

◈ 오이씨를 심다 a cucumber seed is planted(種瓜) ◈ 오이를 얻다 a cucumber is harvested ◈ 하늘의 그물이 넓고도 넓다 heaven's net is wide, being wide(天網恢恢) ◈ 엉성하다 loose(疎) ◈ 결코 새지 않는다 in the end not a thing gets through it(不漏)

영문 If a cucumber seed is planted, a cucumber will be harvested and if a bean is planted, a bean will be harvested. As heaven's net is wide, being wide, it is loose, but in the end not a thing gets through it.

선현들이 <天>에 부여한 여러 특성 중에 법칙으로서의 <天>, 질서로서의 天의 성격을 잘 드러낸 구절이다. 오이 심은 데 오이가 나고 콩 심은 데 콩이 나는 것과 같이, 사람이 선을 행하면 복이 오고 악을 행하면 재앙이 돌아오는 것은 하늘의 변함없는 법칙이다. 하늘이 넓고 무궁무진한 것 같아도 사소한 일 하나도 놓치지 않고 이 원리에 따라 모든

일을 돌아가게 한다는 것이다. 「하늘의 그물이 넓고 넓어 트여 있는 것 같지만 새는 곳이 없다.」는 구절은 자주 인용이 되니 외워 둘 만하다.

譯 공자가 말하기를, 악을 행하여 하늘에 죄를 지으면 호소할 곳이 없게 된다.

子曰, 獲罪於天이면 無所禱也니라.
자왈 획죄어천 무소도야

● 獲罪(獲:얻을 획,罪:죄줄 죄) 죄를 얻다, 죄를 짓다 ● 於~ ~에, ~에게 ● 無所~ ~할 곳이 없다 ● 禱(禱:빌 도·기도할 도)호소하다, 빌다

◈ 하늘에 죄를 짓다 wrong is committed to heaven(獲罪於天) ◈ 호소할 곳이 없다 there is no place in which to seek forgiveness(無所禱也)

영문 When an evil deed is done and a wrong is committed to heaven there is no place in which to seek forgiveness.

야에서 말했듯이 <하늘>은 도덕의 최고 근거이자 최상의 법칙, 자연의 질서를 언어적으로 표현한 개념이다. 상대적인 차원의 선악은 더 높은 차원에서는 선이 악으로, 악이 선으로 판별될 수 있을 수도 있다. 가령 약을 먹이기 위해 어린애에게 거짓말을 하는 것처럼 말이다. 그러나 죄가 하늘에 닿을 정도로 악행이 쌓이면 그것은 어떤 차원에서도 변명할 수 없음을 이르는 말이다.

빈부와 귀천은 하늘에 달린 것

順命篇

순명편

譯 공자가 말하기를, 사람의 삶과 죽음은 하늘의 명[天命]에 달려 있고, 부자가 되고 귀하게 되는 것도 하늘의 뜻에 있다.

子曰, 死生은 有命이요 富貴는 在天이니라.
자 왈   사 생   유 명   부 귀   재 천

● 死生(死:죽을 사, 生:살 생) 죽고 사는 것, 삶과 죽음 ● 命(명할 명) 천명(天命), 하늘이 명하는 바 ● 有, 在 ～에 있다, ～에 달려 있다 ● 富貴(富:부자 부, 貴:귀할 귀) 부자가 되고 귀하게 되는 것 ● 在天(在:있을 재, 天:하늘 천) 하늘의 뜻에 있다

◈ 사람의 삶과 죽음은 하늘의 뜻에 달려 있다 Man's life and death depend upon the will of heaven ◈ 부자가 되고 귀하게 되는 것이 하늘의 뜻에 달려 있다 becoming wealthy and honored depend upon the will of heaven(富貴在天命)

영문 Man's life and death depends upon the will of heaven as does becoming wealthy and honored.

구절은 공자의 말이지만, 유가와 정반대 입장에 있는 장자도 인간의 뜻과는 별개인 하늘의 이치가 있음을 강조했다.

장자의 고사 중에 이런 일화가 있다.

하루는 초나라 왕이 장자에게 신하를 보내 관직을 맡아 달라고 청했다.

장자는 이렇게 물었다.

「초나라에는 신령스런 거북이 있다고 들었소. 죽은 지 3천년이 되었는데도 왕은 거북을 비단에 싸서 묘당에 보관한다더군요. 그런데 그 거북은 이처럼 죽어서 귀하게 대접받기를 원했을까요, 아니면 진흙 속에 꼬리를 끌더라도 살기를 바랐을까요.」

신하는 「물론 진흙 속에서라도 살기를 바랐겠지요」라고 대답했다.

그러자 장자는 단호하게 말했다.

「그렇다면 돌아가시오. 나는 진흙 속에서 꼬리를 끌 작정이오.」

장자는 인간의 억지 탐욕을 굴레라고 생각했다. 무위자연의 철학에 입각하여 자연의 질서에 순응하며 자연스럽게 사는 삶이야말로 가치 있는 것이라고 생각했던 것이다.

모든 일은 이미 분수가 정해져 있는데 덧없는 세상 사람들은 부질 없이 스스로 바쁘게 움직인다.

萬事가 分已定이어늘 浮生이 空自忙이니라.
만 사　분 이 정　　부 생　　공 자 망

◉ 萬事(萬:일만 만, 事:일 사) 모든 일 ◉ 分(분별할 분, 분수

분) 분수 ◉ 已定(已:이미 이) 이미 정해지다 ◉ 浮生(浮:떠내려갈 부) 덧없는 인생, 부질없는 인생 ◉ 空(빌 공, 하늘 공) 부질없이 ◉ 自忙(忙:바쁠 망) 스스로 바쁘게 움직이다

◈ 모든 일은 이미 분수가 정해져 있다(분수에 맞게 within one's means) all matters having been already determined within their means(萬事分已定) 분사구문을 생각할 것 ◈ 덧없는 인생 the transient people ◈ 부질없이 바쁘게 움직이다 move busily by themselves in triviality

영문 All matters having been already determined within their means, the transient people move busily about throughout the world by themselves in triviality.

옛날에 한 선비가 위나라의 공자 모(牟)에게 「나는 장자의 말을 들었지만 정신이 아득하여 도저히 이해할 수가 없었습니다. 내 이론이 못 미치는 탓입니까, 아니면 내 지혜가 장자만 못한 탓입니까?」라고 물었다.

「자네는 걸음걸이를 배우러 한단에 간 어느 시골 소년의 이야기를 아는가? 그 소년은 한단의 걸음걸이를 채 배우지도 못했는데 자기 나라의 걸음걸이까지 잊어버렸다네. 결국 소년은 엉금엉금 기어서 자기 나라로 돌아왔지. 자네도 즉시 돌아가지 않으면 장자의 도를 알기도 전에 자네 본래의 학문도 잊어버리고, 자네의 변설마저 잃고 말 걸세.」

선비는 그의 말이 끝나기 무섭게 달아나 버렸다. 이처럼 자신의 능력과 분수는 생각지 않고 여기저기 한눈만 팔아서는 성공할 수 없다. 남들이 뭐라 하든 묵묵히 한 우물을 파는 사람이 마지막에 결실을 맛보는 것이다.

≪경행록≫에 이르기를, 화는 요행스럽게 면할 수 없고, 복은 두 번 구할 수 없다.

景行錄에 云하였으되 禍不可倖免이요 福不可再求니라.
경 행 록   운   화 불 가 행 면   복 불 가 재 구

● 不可(可:옳을 가) 可할 수 있다~, ~할 수 없다 ● 倖免(倖: 요행 행, 免:면할 면) 요행스럽게 면하다 ● 再求(再:두번 재, 求: 구할 구) 다시 구하다

◆ 화는 요행스럽게 면할 수 없다 misfortune cannot be avoided fortunately(禍不可倖免) ◆ 두 번 구할 수 없다 cannot be found a second time(福不可再求)

영문 Misfortune cannot be avoided fortunately and good fortune cannot be found a second time.

상주의자(重商主義者)로 유명한 17세기 프랑스 정치가 콜 베르의 이야기가 생각난다.

옛날 프랑스의 어느 포목점에 한 점원이 있었다. 어느 날 그가 호텔에 묵고 있는 한 은행가에게 옷감을 팔았는데, 값을 잘못 알아 돈을 배나 받은 것이었다. 점원은 주인의 만류도 뿌리치고 호텔로 돌아가 사과하고는 돈을 돌려주고 돌아왔다. 포목점 주인은 점원의 정직함을 나무라며 해고해 버렸다. 그런데 이틀날 은행가가 점원의 집으로 찾아왔다. 자기 때문에 일자리를 잃었으니 은행에서 일해 보라는 권유였다. 점원은 파리로 가서 은행원이 되었는데, 타고난 성실함과 정직함을 밑천으로 크게 성공했다는 이야기다. 그 점원이 바로 루이 14세 때 재무장관에 오른 콜베르이다.

화를 복으로 바꾼 경우란 바로 이런 것을 두고 하는 말이다. 하지만 이런 일이 요행으로만 가능하지 않았음은 물론이다.

 운이 좋아 좋은 때가 오면 바람이 일어나 등왕각으로 보내 주지만 운이 따르지 않으면 천복비에도 벼락이 떨어진다.

時來風送滕王閣이요 **運退雷轟薦福碑**라.
시 내 풍 송 등 왕 각　　　　운 퇴 뇌 굉 천 복 비

◉ 時來(時:때 시, 來:올 래) 때가 오다, 좋은 시기가 오다 ◉ 風送(風:바람 풍, 送:보낼 송)바람이 일어나 ~로 보내 주다 ◉ 滕王閣 당(唐)나라 때에 고조(高祖)의 아들 이원영(李元嬰)이 세웠는데 그가 등왕(滕王)으로 봉해졌으므로 등왕각(滕王閣)이라 부르게 되었다. ◉ 送滕王閣 행운을 얻을 수 있는 목적지에 정해진 시간에 도착할 수 있다는 의미임. ◉ 運退(退:물러날 퇴) 운이 따르지 않다 ◉ 雷轟(雷:벼락 뢰, 轟:수레모는소리 굉) 벼락이 떨어지다 ◉ 薦福碑(薦:천거할 천) 당나라의 대명필 구양순의 글씨로 유명한 천복산(薦福山)의 비(碑) 이름이다. 내용을 정리하면 당나라 왕발(王勃)은 망당산 신령의 현몽을 얻어 순풍을 만나 배를 타고 하룻밤 사이에 남창칠백리를 가서 등왕각 천복비에 서문을 지어 그 이름이 천하에 떨쳤다. 구래공의 문객 한 사람이 지극히 가난하였는데 어떤 이가 천복비를 탁본해다가 주면 후한 보상을 하겠다고 하므로 가난한 이 사람은 천신만고 고생 끝에 수천리를 애써 갔으나 그날 밤에 폭풍이 몰아치고 벼락이 쳐서 천복비를 깨뜨려 버렸으므로 그 가난한 선비의 행운이 깨져 버리고 말았다는 이야기가 얽힌 비석이다.

◈ 운이 좋으면 when lucky ◈ 바람이 일어나 등왕각으로 보내주지만 the ship can get to the destination quickly in wind without difficulty ◈ 운이 나쁘면 when unlucky ◈ 나쁜 바람이 불어 그 배가 목적지에 가지 못하게 한다 a bad wind keeps the ship from coming over to the destination

영문 When good luck comes, the wind blows one to Deng Wong Pavilion but if good luck does not follow, the thunder will strike the Chien Fu stone marker(the object to get in Deng Wang Pavilion to come true one's dream).

본문 왕각은 장강(양자강) 유역의 남창(南昌)에 있는 정자이다. 이 정자의 낙성식에 참여해 <등왕각서>를 지은 왕발의 이야기가 흥미롭다. 그는 낙성식이 있기 이틀 전에 꿈속에서 한 노인을 만나 등왕각 서문을 지으라는 계시를 받았다. 하지만 그가 있던 동정호에서 등왕각까지는 칠백리가 넘는 거리였다. 도저히 하루만에 갈 수 없었음에도 그는 배에 올랐다. 때마침 불어온 순풍을 타고 그는 하루만에 등왕각에 도착했다. 그리고는 일필휘지로 <등왕각서>를 지었다. 이때 그의 나이는 불과 14세. 사람들은 왕발의 젊은 패기와 용기를 칭송했다.

송나라 때 한 가난한 선비가 재상의 부탁을 받고 천복비의 탁본에 나섰다. 선비는 엄청난 사례에 눈이 어두워 천복비를 찾아갔다. 하지만 난데없는 벼락이 떨어져 천복비와 함께 선비의 꿈도 깨어지고 말았다. 이 선비는 자신의 본분인 학업을 포기하고 재물을 쫓다가 하늘의 화를 자초했던 것이다. 예나 지금이나 본분을 잊지 않고 최선을 다하는 사람만이 하늘의 기회를 잡을 수 있다는 이야기이다.

譯 열자가 말하기를, 어리석고 귀먹고 고질이 있고 벙어리여도 집은 큰 부자이지만, 지혜롭고 총명해도 오히려 가난하다. 운명은 해와 달과 날과 시간 즉 운명에 의해 이미 정해져 있으니 따지고 보면 빈부는 사람 때문이 아니라 하늘의 뜻에 달려 있다.

列子曰, 痴聾痼瘂도 家豪富요 智慧聰明도 却受貧이라.
열 자 왈　치 농 고 아　가 호 부　지 혜 총 명　각 수 빈

年月日時가 該載定하니 算來由命不由人이니라.
년 월 일 시　해 재 정　산 내 유 명 불 유 인

● 痴聾痼瘂(痴:어리석을 치, 聾:귀먹어리 롱, 痼:고질 고, 瘂:벙어리 아) 어리석고 귀먹고 고질이 있고 벙어리임 ● 家豪富(豪:호걸 호·호혈할 호) 집이 큰 부자임 ● 智慧聰明(智:지혜 지, 慧:지혜 혜) 지혜롭고 총명함 ● 却(도리어 각, 물러갈 각) ● 受貧(受:받을 수) 가난을 받았다는 뜻으로 가난하다가 됨. ● 年月日時 해와 달과 날과 시, 곧 사주(四柱)와 운명을 말함. ● 該(모두 해) 年月日時, 사주의 뜻으로 운명을 말함 ● 載定(載:비로소 재, 처음부터 재) 처음부터 정해져 있음 ● 算來(算:셈놓을 산)따져보면 ● 由命(由:말미암을 유, 命:운수 명)운명 때문이다. ● 不由人 사람 때문이 아니다, 사람 때문이 아니라 하늘의 뜻에 담겨 있다.

◈ ～일이 있을 수 있다 it happens that～ ◈ 어리석다 foolish ◈ 귀먹다 deaf(聾) ◈ 고질 chronic disease(固) ◈ 벙어리 dumb(瘂) ◈ 총명하다 sagacious ◈ 따지고 보면 in seeing the real difference(算來)

영문 It happens that even though one happens to be foolish, deaf, dumb and have a chronic disease, one is wealthy, and even though one is wise and sagacious, one is poor. Since it is the destiny that determines the human good fortune or misfortune in seeing the real difference, wealth and poverty depend on the will of heaven, not on the person.

어느 날 장자는 남루한 차림으로 위나라 혜왕을 만났다. 그 차림새에 놀란 혜왕이 「선생은 어찌 그처럼 피폐하십니까?」라고 물었다. 장자는 부끄러운 기색도 없이 이렇게 말했다.

「선비가 도덕을 실천하지 않아서 피폐한 것이지, 의복이 낡았다고 피폐한 것은 아닙니다. 그것은 가난한 것일 뿐이지요. 이를 일컬어 때를 만나지 못했다고 합니다. 나무를 타는 원숭이가 곧고 좋은 나무를 만나면 그 가지를 붙들고 기세를 뽐낼 수 있어 아무리 활의 명수라도 쏘아 맞추지 못합니다. 하지만 가시 돋힌 나무를 만나면 언제나 불안과 두려움에 떨어야 합니다. 이는 위난을 당해 몸이 굳어진 게 아니라, 그 형세가 편하지 못해 능력을 충분히 펼 수 없기 때문입니다.」

장자의 말처럼 인간은 누구나 가능성을 가지고 있다. 단지 그것을 펼칠 때를 만나느냐 못 만나느냐가 다를 뿐이다. 그러나 그 때란 준비하는 사람에게만 보이는 법이다.

다함이 없는 어버이 은혜

孝行篇

효행편

≪시경≫에 이르기를, 아버님이 나를 낳으시고 어머님이 나를 기르시니, 아! 슬프도다, 부모님이시여! 나를 낳아 기르시느라 애쓰시고 고생하셨다. 그 깊은 은혜를 갚고자 하나, 은혜가 하늘과 같아서 다함이 없도다.

詩曰, 父兮生我하시고 母兮鞠我하시니, 哀哀父母여 生我
시 왈   부 혜 생 아   모 혜 국 아   애 애 부 모   생 아

劬勞셨다. 欲報之德인대 昊天罔極이로다.
구 노   욕 보 지 덕   호 천 망 극

● 生我(生:낳을 생) 나를 낳다 ● 鞠我(鞠:기를 국) 나를 기르다
● 哀哀(哀:슬플 애) 아! 슬프다, 애달프다 ● 生我劬勞(劬:수고할
구, 勞:수고로울 로) 나를 낳아 기르시느라 애쓰고 고생하셨다 ●
欲報之德(欲:하고자할 욕, 報:갚을 보) 그 은혜를 갚으려 하다 ●
昊天(昊:하늘 호, 天:하늘 천) 하늘과 같다 ● 罔極(罔:없을 망,
極:다할 극) 다함이 없다. 다할 수가 없다

◈ 나를 낳았다 gave me life ◈ 아! 슬프도다 Oh, how sad! ◈ 나를
낳아 기르시느라 애쓰시고 고생하셨다 gave me birth, raised me,
toiled and worried ◈ 부모의 은혜를 갚고자 하나 I owe so much of
great debt of gratitude to my parents to repay that… ◈ 그 은혜가

하늘과 같아서 다함이 없도다 I don't know how I can ever repay them the debt of gratitude as great as heaven.

영문 My father gave me life and my mother raised me. Oh, how sad! It was my parents who gave me birth, raised me, toiled and worried. Oh, I owe so much of a great debt of gratitude to my parents repay that I don't know how I can ever repay them the debt of gratitude as great as heaven.

몇 년 전부터 찬바람이 날 무렵이면 간간이 TV 화면을 채우는 인상깊은 광고가 있다. 「여보, 올 겨울엔 아버님댁 보일러 놔드려야겠어요.」하는 광고. 눈 내린 겨울밤의 시골집 풍경과 함께 「서울 애들은 춥지나 않은지, 쯧쯧」하는 할아버지의 대사가 잔잔한 감동을 주는 광고였다. 이 광고를 보고 있노라면 「아니 아직도 안 깔아드렸어?」하는 공연한 생심이 들면서, 늙어서도 자나깨나 자식 걱정부터 먼저 하는 부모님 마음에 가슴이 찡해지기도 한다.

광고에서처럼 부모와 분가해 사는 자식들이 대부분인 터에, 부모님께 각별한 정성을 쏟기란 여간 어렵지 않다는 발견도 할 수 있다. 하지만 고작 명절 때나 찾아뵙고 알량한 선물치레로 불효를 씻으려는 자식들에게 부모는 이 어려운 세상, 자기 식솔 건사하며 사는 것만으로도 효도라고 격려하신다. 역지사지(易地思之)가 가장 어려운 게 부모 자식간이 아닐까?

譯 공자가 말하기를, 효자가 부모를 섬김에 있어 기거할 때에는 그 공경을 다하고, 봉양할 때에는 즐거움을 다하고, 병에 걸리셨을 때에는 근심을 다하고, 돌아가셨을 때에는 슬픔을 다하고, 제사를 지낼 때에는 엄숙함을 다해야 하는 것이다.

子曰, 孝子之事親也에 居則致其敬하고 養則致其樂하고
자왈   효자지사친야   거즉치기경   양즉치기요

病則致其憂하고 喪則致其哀하고 祭則致其嚴이니라.
병즉치기우   상즉치기애   제즉치기엄

◉ 孝子之事親(事:섬길 사, 親:어버이 친) 효자가 어버이를 섬기는 것 ◉ 居則(居:거할 거) 기거함에는, 기거할 경우에는 ◉ 致其敬(致:극진할 치, 敬:공경 경) 그 공경을 다하다 ◉ 養則(養:봉양할 양)봉양함에는 ◉ 致其樂(樂:즐거울 락) 그 즐거움을 다하다 ◉ 病則(病:병 병)에 걸리셨을 때에는 ◉ 致其憂(憂:근심할 우)그 근심을 다하다 ◉ 喪則(喪:죽을 상) 돌아가셨을 때에는 ◉ 致其哀(哀:슬플 애) 그 슬픔을 다하다 ◉ 祭則(祭:제사 제) 제사를 지낼 때에는 ◉ 致其嚴(嚴:엄숙할 엄) 그 엄숙함을 다하다

◈ 효자가 부모를 섬김에 있어 그 공경을 다하다 the filial son is totally respectful when serving his parents ◈ 즐거움을 다하다 is completely pleasant ◈ 엄숙함을 다하다 is completely reverent

영문 The filial son is totally respectful when serving his parents at home, is completely pleasant when caring for his parents in old age, is completely anxious when they are ill, completely sad when they pass away and completely reverent when performing the ritual in showing sorrow of their having passed away.

해설 구절에서 공경하고(敬), 즐거워하고(樂), 근심하고(憂), 슬퍼하고(哀), 엄숙히 한다는(嚴) 것은 모두 효의 기본자세에 해당하는 말이다. 다음 두 구절에서는 효의 구체적인 실행법을 예시하는 내용이 나온다. 예(禮)의 법식을 그토록 엄히 따진 공자도 효에 관해서는 외면적 형식보다 마음가짐이 우선임을 강조하고 있는 것이다. 생활 방식과 가족간의 관계가 날로 변하는 이 시대, 아침에 문안 인사 여쭙고 밤에 취침 인

사드리는 옛 법도는 지킬 수 없더라도 이 다섯 가지 마음가짐만은 가장 자연스런 것이 아닌가.

공자가 말하기를, 부모가 살아 계실 때에는 멀리 떠나지 말 것이며, 떠나되 반드시 방향을 알려야 한다.

子曰, 父母在어시든 不遠遊하며 遊必有方이니라.
자 왈 부 모 재   불 원 유   유 필 유 방

● 父母在(在:있을 재) 부모가 살아계시다 ● 遊(놀 유)는 외출을 하거나 여행을 떠난다는 의미로 쓰임 ● 不遠遊는 멀리 떠나지 아니하다. ● 遊必有方 떠나되 반드시 방향을 알려야 한다

◈ 부모가 살아 계실 때에는 as long as one's parents are alive ◈ 멀리 떠나지 않아야 한다 one should not venture far away

영문 As long as one's parents are alive, one should not venture far away and when venturing out one should surely let one's parents have the right knowledge of where one is going.

공자가 말하기를, 아버지가 부르면 즉시 예, 하고 대답하고 머뭇거리지 않고 나오며, 음식이 입에 있으면 이를 뱉어야 한다.

子曰, 父命召어시든 唯而不諾하고 食在口則吐之니라.
자 왈 부 명 소   유 이 불 낙   식 재 구 칙 토 지

◉◉◉◉

◉ 命召(召:부를 소) 명하여 부르다 ◉ 唯(대답할 유) 예 대답하고
◉ 不諾(諾:대답하고 주저할 락) 대답하고(주저하지 말고) 곧바로
좇아가다 ◉ 食在口(食:먹을 식, 밥 식) 음식이 입안에 있다 ◉ 吐
之(吐:토할 토, 뱉을 토) 그 음식을 뱉다, 之는 그 음식을 말함.

◈ 아버지가 부르면 when one's father calls him ◈ 즉시 '네'라고 대
답하고 a positive response should immediately be rendered, He
should say "yes" immediately ◈ 나타나다 show up ◈ 머뭇거리지
않고 나오다 there should be no hesitation of showing up ◈ 입안의
음식을 뱉다 the food in the mouth is removed

영문 When one's father calls him, a positive response should
immediately be rendered and there should be no hesitation of
showing up and then if the food in his mouth it should be
immediately removed.

구절은 행동 하나 하나를 이렇게 저렇게 하라는 뜻보다
부모님을 공경하고 어렵게 생각하여 몸가짐을 조심스럽게
하라는 뜻을 담고 있다. 요즘은 자식들을 너무 귀엽게만 기
른 탓인지 부모 앞은 말할 것도 없고 다른 어른 앞이나 밖
에서까지도 주의심 없이 행동하는 젊은이들을 흔히 본다. 물
론 옛날처럼 부모가 부르면 먹던 밥숟가락을 놓고 옷매무새
고치며 부모 앞에 나서는 모습을 강요할 수는 없다. 하지만
그냥 그대로 행실을 수긍하기에는 미진한 점이 많다.

譯 태공이 말하기를, 내가 부모에게 효를 하면 내 자식이 또한 내게
효하기 마련이다. 내가 부모에게 효를 하지 않았는데 자식이 어찌
나에게 효를 하겠는가?

太公曰, 孝於親이면 子亦孝之하나니 身旣不孝면 子何孝
태 공 왈   효 어 친   자 역 효 지   신 기 불 효   자 하 효
焉이리오.
언

● 孝於親 부모에게 효를 하다 ● 子亦孝之 자식이 또한 효를 하
다 身 내 자신 ● 何孝焉 어찌 효를 할 것인가?

◆ ~에게 효를 하다 practice filial piety towards~:be filial pious to~
◆ 자식이 나에게 효하기를 기대하겠는가? How can I expect my
son to be filial pious to me?

영문 Because I practice filial piety towards my parents, my son
too practices filial piety to me. If I do not practice filial piety
towards my parents, how can I expect my son to be filial
pious to me?

譯 부모에게 효하고 순종하는 사람은 또한 효하고 순종하는 자식을
낳을 것이며 패륜아는 또한 패륜아 자식을 낳을 것이니, 이를 믿지
못하겠거든 저 처마 끝의 낙수를 보라. 방울방울 떨어지는 것이 어
김없이 정확하지 않은가?

孝順은 還生孝順子요 逆은 還生忤逆子하나니 不信커든 但
효 순   환 생 효 순 자   역   환 생 오 역 자   불 신   단
看簷頭水하라. 點點滴滴不差移니라.
간 첨 두 수   점 점 적 적 불 차 이

◉ **孝順** 부모에게 효하고 순종하다 ◉ **還生**(還:돌아올 환) 還은 또한 역시 또한 ~을 낳다 ◉ **忤逆**(忤:거스를 오, 逆:거스를 역) 조부모나 부모를 죽이는 패륜아, **不信**(信:믿을 신) 믿지 않다 ◉ **簷頭水**(簷:처마 첨) 집의 처마 끝의 낙수 ◉ **點點**(방울방울 점찍을 점) ◉ **滴滴**(滴:물방울떨어질 적) 물방울이 방울방울 떨어지다 ◉ **差移**(差:어긋날 차) 어긋남, 차이가 나다

◈ ~에게 효하고 순종하다 be filial pious and obedient to~ ◈ ~한 자식을 낳다 will have a son who~ ◈ 패륜아 immoral bastard son ◈ 지붕에서 물방울이 어김없이 정확하게 떨어지다 fall drop-by-drop accurately without variance from the edge of roof

영문 As a person who is filial pious and obedient to his parents will also have a son who is filial pious and obedient to him, so a person who is an immoral bastard man will also have an immoral bastard son. If you can't believe it, look at the drops of water falling drop-by-drop accurately without variance from the edge of a roof.

마토(pomato:토마토와 감자를 세포 융합시켜서 만든 신종 식물을 알고 있는 젊은이에게 콩 심은 데 콩 난다고만 주장하는 것은 억지일 수 있다. 마찬가지로 조선시대에 가르치던 효의 법도를 으름장 놓아가며 가르칠 수 있는 시대는 지나 버렸다. 그러나 본보기를 보여 주는 것이 최고의 가르침이라는 점은 변하지 않는 진리인 것 같다. 의무감과 당위성으로 적당히 얼버무린 가르침만 반복하고, 애매한 세대차만 들먹일 것이 아니라 시대에 맞는 방법을 궁리해야 할 것이다. 부모가 나서서 집안을 화목하고 즐겁게 가꾸며 웃어른에 대한 본보기를 보여준다면 그것으로 족할 것이다.

맑은 마음과 바른 몸가짐은 만사의 근본

正己篇

정기편

譯 《성리서》에 이르기를, 다른 사람의 착함을 보고 자신의 착함을 찾고, 다른 사람의 악함을 보고 자신의 악함을 찾게 되니 이같이 하면 드디어 이로움이 있을 것이다.

性理書에 云, 見人之善而尋己之善하고 見人之惡而尋
성 리 서   운   견 인 지 선 이 심 기 지 선   견 인 지 악 이 심

己之惡이니 如此면 方是有益이니라.
기 지 악   여 차   방 시 유 익

◉ 見(볼 견) 보다 ◉ 人之善(착할 선) 다른 사람의 착한 것 ◉ 而~ ~하고 ◉ 尋己之善(尋:찾을 심) 자신의 착함을 찾다 ◉ 尋 己之惡 자신의 악함을 찾다 ◉ 如此(如:같을 여, 此:이 차) 이렇게 하면 ◉ 方(方:이제 방) 바야흐로, 드디어 ◉ 是有益(益:더할 리, 이로울 리) 이로움이 있다

◈ 다른 사람의 착함을 보고 자신의 착함을 찾다 find goodness within oneself by seeing other's goodness ◈ 다른 사람의 악함을 보고 자신의 악함을 찾다 find evil within oneself by seeing other's evil ◈ 드디어 이로움이 있다 eventually lead oneself to good

영문 If one finds goodness within oneself by seeing other's

50

goodness and finds evil within oneself by seeing other's evil, it will eventually lead oneself to good.

존파니 교수 살부사건이니 하여 사회를 들먹였던 적이 있다. 온 국민을 공포와 분노에 빠지게 한 그들이지만, 화면에 비친 너무나 태연하고 당당한 모습에 허탈한 기분마저 느껴야 했다. 천인공노할 악행을 악행으로 못 느꼈던 그들을 생각하면서 <성선설>이 의심스럽기까지 했다. 알베르 카뮈가 한 말이 있다.

「세상에 존재하는 악은 대부분이 항상 무지에서 비롯된다. 지식이 없으면 선량한 의지도 악의처럼 많은 피해를 줄 수 있다.」

사람의 본성이 선하다 해도 끊임없이 선을 배우고 악을 분별하는 데 힘쓰지 않으면 아무 소용이 없다. 또 다른 지존파를 두려워하는 마음으로 모든 사람에게 배우려는 자세가 지금 우리에게 필요하지 않을까.

≪경행록≫에 이르기를, 대장부는 마땅히 남을 용서할지언정 남에게서 용서를 받아서는 안 된다.

景行錄에 云, 大丈夫는 當容人이언정 無爲人所容이니라.
경 행 녹   운   대 장 부   당 용 인   무 위 인 소 용

◉ 大丈夫 남자답게 굳세고 씩씩한 사나이, 지조(志操)가 있어 불의(不義)에 굽히지 않는 남자 ◉ 當 마땅히 ◉ 容人(容:용납할 용) 사람을 용서하다 ◉ 無爲~ ~해서는 안 된다 ◉ 人所容 남에게

용서를 받다 所:수동태의 역할을 함

◈ 남에게 용서를 받을 위치에 있다 be in the position of being forgiven by others(人所容)

영문 A true gentleman will justly forgive others but it is not appropriate for him to be in the position of being forgiven by others.

마을에 수도승과 창녀가 마주보고 살았다. 어느 날 참다 못한 수도승이 창녀를 꾸짖고는 그 짓을 할 때마다 돌을 던지겠다고 했다. 얼마 못 가 창녀의 집앞에는 커다란 돌무더기가 생겼다. 생계 때문에 어쩔 수 없이 하는 일이었지만 창녀는 집앞에 쌓인 돌무더기를 보자 신에 대한 두려움과 양심의 가책을 억누를 수 없었다. 그날 밤 창녀는 괴로움에 시달리다 못해 자살해서 죽었다. 우연찮게 수도승도 같은 날 죽게 되었다. 과연 신의 심판은 어떻게 내려졌을까?

신의 심판은 공정했다. 창녀는 생계를 위하여 용인된 죄를 범했지만 늘 죄인으로 살아야 했다. 그녀를 벌할 수 있는 자는 신밖에 없었으나 신은 그녀를 천국으로 보냈다. 한편 예상치 않게 염라대왕 앞으로 가게 된 수도승은 억울함을 호소했다. 그러나 심판은 준엄했다.

「너는 비록 몸은 깨끗했지만 마음은 항상 그 여인의 음란을 꾸짖고 죄를 헤아리는 데 열중했기 때문에 언제나 죄와 음란으로 가득 차 있었다. 진정 매춘을 한 사람은 바로 너였다.」

태공이 말하기를, 자기의 몸이 귀하다고 남을 천하게 여기지 말며, 자기 자신이 크다고 하여 남의 작음을 멸시하지 말고, 자신의 용맹을 믿고 적을 가볍게 여기지 말라.

太公曰, 勿以貴己而賤人하고 勿以自大而蔑小하고 勿以
태 공 왈   물 이 귀 기 이 천 인   물 이 자 대 이 멸 소   물 이

恃勇而輕敵하라.
시 용 이 경 적

◉ 勿以~ ~을 하지 말라 ◉ 貴己 자기 자신을 귀하게 여기다
◉ 而~ 그러나, ~해도 ◉ 賤人(賤:천할 천) 남을 천하게 여기다
◉ 自大(自:스스로 자) 자기 자신이 크다 ◉ 蔑小(蔑:업신여길 멸) 남의 작은 것을 멸시하다 ◉ 恃勇(恃:믿을 시, 勇:용감할 용) 자신의 용맹을 믿다 ◉ 輕敵(輕:가벼울 경, 敵:원수 적, 겨를 적) 적을 가볍게 보다, 적을 우습게 보다

◈ 얕보다, 천하게 여기다 belittle ◈ ~을 ~라고 생각하는 반면 while consider ~하고 ~ 멸시하다 ◈ insult ~을 가볍게 여기다 underestimate ◈ 용맹스러움 dauntless

영문 One should not belittle others while considering oneself to be precious and one should not insult others for their weakness while considering oneself to be great and one should not underestimate one's enemy while believing oneself to be dauntless.

날 그리스 아티카에 재산 자랑이 유별난 사람이 있었다. 그는 여러 재산 가운데서도 논밭이 많은 것에 대해 거들 먹거리고 다녔다. 하루는 소크라테스가 그에게 세계지도를 보이며 아티카를 찾아보라고 했다. 그는 어렵지 않게 찾아내고는 의기양양해했다. 그러자 이번에는 그의 논밭을 찾아보라고 했다. 그는 거만하게 웃으며 샅샅이 찾아보았지만 찾을

수가 없었다. 안절부절못하는 그의 모습을 보고 소크라테스는 말했다.

「당신이 가진 것이 아무리 크고 높다 해도 세상의 눈으로 보면 하잘 것 없소. 그런 보잘 것 없는 것을 가지고 자만에 빠지고 남을 업신여겨 온 게 바로 당신이었소.」

겸양이란 동서고금을 막론하고 칭송받는 미덕이다.

譯 마원이 말하기를, 남의 잘못을 듣거든 마치 어버이의 이름을 들은 것처럼 하여, 귀로 듣더라도 입으로는 말하지 말라.

馬援이 曰, 聞人之過失이어든 如聞父母之名하여 耳可得
마 원   왈   문 인 지 과 실   여 문 부 모 지 명   이 가 득

聞이언정 口不可言也니라.
문   구 불 가 언 야

◉ 聞人之過失(聞:들을 문, 過:허물 과, 失:잃을 실) 남의 잘못을 듣다 ◉ 如聞(들을 문) 듣는 것처럼 하다 ◉ 耳可得聞(耳:귀 이, 可:가히 가)귀로 듣다 ◉ 口不可言 입으로 말하지 않다

◈ 남의 잘못을 들을 때 when you hear of the wrongs of others, when hearing of the wrongs of others ◈ ~처럼 하다, ~처럼 생각하다 regard~ as~ ◈ 당신이 할 말이 있어도 even if you have got something to speak you have heard of

영문 When hearing of the wrongs of others, regard it as hearing the names of your father and mother, and do not speak any more with your mouth even if you have got something to speak you have heard of.

의 잘잘못을 잘 가리는 사람도 자신의 결점이나 잘못은 쉽게 깨닫지 못한다. 설사 그것을 알더라도 남 앞에 솔직히 고백하기는 더욱 어렵다. 톨스토이는 이렇게 말한다.

「다른 사람의 결점이 눈에 띄는 것은 자기 자신을 잊어버렸을 때 생기는 현상이다.」

강절 소선생이 말하기를, 남으로부터 비방을 듣더라도 화내지 말고, 남으로부터 칭찬을 듣더라도 기뻐하지 말며, 남으로부터 악한 말을 듣더라도 이에 곧 부화뇌동하지 말라. 남의 착한 말을 듣거든 곧 나아가 화하게 하고 또 그를 따르며 기뻐하라. 시에 말하기를,

착한 사람 보기를 즐거워하고,
착한 일 듣기를 즐거워하며,
착한 말 전하기를 즐거워하고,
착한 뜻 행하기를 즐거워하라.
남의 악에 대하여 듣거든 몸에 가시를 지닌 듯이 하고,
남의 착함을 듣거든 몸에 난초를 지닌 것처럼 하라.

康節召先生이 曰, 聞人之謗이라도 未嘗怒하며 聞人之譽
강절소선생 왈 문인지방 미상노 문인지예
라도 未嘗喜하며 聞人之惡이라도 未嘗和하라. 聞人之善則
미상희 문인지악 미상화 문인지선칙
就而和之하고 又從而喜之하라.
취이화지 우종이희지

其詩에, 樂見善人하며 樂聞善事하며 樂道善言하고 樂行
기시 낙견선인 낙문선사 낙도선언 낙행
善意하라. 聞人之惡이어든 如負芒刺하고 聞人之善이어든 如
선의 문인지악 여부망자 문인지선 여
佩蘭蕙하라.
패난혜

◉ 聞人之謗(謗:비방할 방) 다른 사람의 비방을 듣다, 다른 사람으로부터 비방을 듣다 ◉ 未嘗怒(嘗:급히 상) 항상 급히 노하지 않다 ◉ 聞人之譽(譽:칭찬할 예) 남으로부터 칭찬을 듣다 ◉ 和(화할 화, 화합할 화) 동조하다, 부화뇌동하다 ◉ 則就(就:나아갈 취) 곧 나아가 ◉ 從而喜之(從:따를 종)따르며 기뻐하라 ◉ 樂(즐거워하다)의 목적어는 行善意(意:뜻 의) 착한 뜻 행하기를 즐겨하다 ◉ 見善人 착한사람 보는 것 ◉ 聞善事 착한 일에 대해 듣는 것 ◉ 道善言(道:말할 도) 착한 말을 하다 ◉ 負(負:질 부) 몸에 지니다 ◉ 佩(佩:찰 패)는 몸에 지니다로 옮김. ◉ 芒刺(芒:까스랑이 망, 刺:가시 자, 찌를 자) 가시 ◉ 蘭蕙(蘭:난초 난, 蕙:난초 혜) 난초

◈ 화내다, 성내다 become angered ◈ 남으로부터 비방하는 소리를 듣다 when (you are) hearing of slander from others ◈ 남으로부터 칭찬을 듣더라도 when (you are) hearing of praise from others ◈ 우쭐하다, 기뻐하다 become elated ◈ 뇌화부동하지 말라(너무 경솔하고 가볍게 받아들여, 화가 치밀어서 정신을 잃고) do not be angered and upset by swallowing it easily ◈ 나아가 화하게 하다 go forth with peace and harmony ◈ 시에서 말하다 in the poem it says ◈ ~을 즐거워하다 be gratified with~ ◈ ~말을 전하다 pass on talk of~ ◈ 착한 뜻을 행하다 do what is intended to be good ◈ 몸에 가시를 지니다 a thorn is pressed into ~'s body ◈ 몸에 난초를 지니다 an orchid is blooming with in (one's body)

영문 Do not become angered when hearing of slander from others and do not become elated when hearing of praise from others. Even if evil talk from others is heard, do not be angered and upset by swallowing it easily. When hearing of good deeds from others, go forth with peace and harmony and from it derives gladness. In the poem, it says: Seeing the person who does good, I am gratified with. Hearing of good deeds, I am gratified with. Passing on talk of goodness, I am gratified with. Doing what is intended to be good, be gratified with. When hearing of another's evil, behave as if a thorn is being pressed into your body, When hearing of another's goodness, behave as if an orchid is blooming within.

솝 우화에 이런 이야기가 있다. 악의 힘에 밀려 하늘로 쫓겨간 선(善)들이 하느님께 애원하였다.

「하느님, 어떻게 하면 우리 선(善)들이 사람들하고 같이 살 수 있을까요?」

그러자 하느님이 인자하게 웃으며 일러주었다.

「한데 몰려다니면 악의 눈에 잘 띄니까 하나씩 떨어져 살도록 해라.」

그래서 사람들은 주변에서 선을 만나기가 어렵게 되었다. 세상에 우글대는 악을 피해 선은 먼 하늘에서 하나씩 몰래 내려오기 때문이다. 좋은 일 만나기가 쉽지 않은 각박한 세상, 이럴수록 선한 품성을 갖추고 지키기 위해 애써야 할 것이다.

나를 착하다고 말하는 사람은 곧 나에게 해로운 사람이고, 나의 나쁜 점을 말하여 주는 사람은 곧 나의 스승이다.

道吾善者는 是吾賊이요 道吾惡者는 是吾師니라.
도 오 선 자　시 오 적　　도 오 악 자　시 오 사

◉ 道 말하다　◉ 道吾善(道:말할 도, 吾:나 오) 나를 착하다고 말

하다 ◉ 是吾賊(賊:도적 적·해칠 적) 곧 나에게 해로운 사람이다
◉ 道吾惡者 나를 나쁜 사람이라고 말하는 사람 ◉ 是吾師(是:곧
시, 옳을 시, 바를 시, 師:스승 사) 곧 나의 스승이다

◈ 나에게 해로운 사람 a person who (that) will hurt me (吾賊) ◈ 나
에게 나쁜 점을 말해주는 사람 a person who tells me of my bad
points.

영문 The person who says that I am a person who does good
is the very person that will hurt me and the person who tells
me of my bad points is my teacher.

야 무리 몸에 좋은 약도 입에 쓰면 뱉어내는 게 사람의 얄팍
한 심사다. 친밀한 사람에게 충고를 한번 하려 해도 괜시
리 좋은 관계에 금이 가지나 않을까 우려하는 게 우리들 모
습이다. 진정으로 우리를 위하는 것이 어떤 것인지 생각해
볼 필요가 있다. 소크라테스는 이렇게 말한다.
「사냥꾼은 개로 토끼를 잡지만 아첨자는 칭찬으로 우둔한
자를 사냥한다.」

譯 태공이 말하기를, 근면함은 값으로 따질 수 없는 보배이며 근신함
은 몸을 보호해 주는 호신부이다.

太公이 曰, 勤爲無價之寶요 愼是護身之符니라.
태공 왈 근위무가지보 신시호신지부

◉ 勤(부지런할 근) 근면함, 부지런함 ◉ 爲無價(價:값 가) 값으로
따질 수 없다, 값을 매길 수 없다 ◉ ~之寶(보배 보) ~한 보배

◉ 愼(愼:삼가할 신) 근신함, 몸과 마음을 삼가는 것 ◉ 護身之符
(護:호위할 호, 도울 호, 符:부적 부) 몸을 지키는 부적, 몸을 지
켜주는 무기

◈ 값으로 따질 수 없다 cannot be assessed as a material value ◈
근신 self-restraint ◈ 부적 an amulet ◈ ~을 보호하다 provide
protection to~

영문 Diligence is a treasure that cannot be assessed as a
material value and self-restraint is an amulet that provides
protection to one's person.

근면함은 그 어떤 재능보다도 소중한 자세이다. 모자란 재능
을 근면함으로 채운 예는 많지만, 성실함 없이 재능만으로
끝까지 빛을 발한 경우는 드물기 때문이다. J. 레이놀즈란 사
람이 한 말이 있다.

「만일 당신이 위대한 재능을 타고났다면 근면은 이 재능
을 더욱 발전시킬 것이다. 만일 타고난 재능이 평범하다면
근면은 이 결점을 보완해 줄 것이다.」

譯 ≪경행록≫에 이르기를, 삶을 올바르게 보전하려는 사람은 욕심을
적게 하고, 몸을 온전히 지키려는 사람은 세상에 이름 내기를 피한
다. 욕심을 내지 않기는 쉬우나 이름 내지 않기는 힘들다.

景行錄에 曰, 保生者는 寡慾하고 保身者는 避名이니 無慾
경 행 록   왈   보 생 자   과 욕   보 신 자   피 명   무 욕
은 易이나 無名은 難이니라.
이   무 명   난

◉ 保生者(保:보전할 보, 도울 보) 삶을 올바르게 보전하려는 사람 ◉ 寡慾(寡:적을 과, 慾:욕심 욕) 욕심을 적게 하다 ◉ 保身者(身:몸 신, 者:사람 자, 놈 자) 몸을 온전히 지키려는 사람 ◉ 避名(避:피할 피) 이름을 피하다, 명예를 탐내지 않다 ◉ 無慾 욕심을 내지 않다 ◉ 易(易:쉬울 이) 쉽다 ◉ 無名 유명해지려고 하지 않는 것 ◉ 難(어려울 란) 어렵다

◈ 삶을 올바르게 보전하다. rightly protect life ◈ 욕심(이기심)을 극소화하다. minimize one's selfishness ◈ 몸을 온전히 지키다. flawlessly maintain one's person

영문 The person who would rightfully protect life minimizes his selfishness and the person who would flawlessly maintain his person avoids giving his name to the world. It is easy not to be selfish but difficult not to give one's name

譯 공자가 말하기를, 군자는 경계할 것이 세 가지 있으니 젊을 때에는 혈기가 왕성해서 그 정도를 알 수 없어 여색(女色)을 경계해야 하고, 장년에 이르러 장성함에 따라 혈기가 또한 왕성하므로 싸움을 경계해야 하며, 늙어 감에 따라 혈기가 이미 쇠약해졌으므로 욕심을 내어 얻고자 하는 것을 경계해야 한다.

子曰, 君子有三戒하니 小之時엔 血氣未定이라 戒之在色
자왈 군자유삼계 소지시 혈기미정 계지재색

하고 及其壯也하야 血氣方剛이라 戒之在鬪하고 及己老也
급기장야 혈기방강 계지재투 급기노야

하야 血氣旣衰라 戒之在得이니라.
혈기기쇠 계지재득

◉ 三戒(戒:경계할 계) 세 가지 경계할 것 ◉ 小之時 젊을 때, 청년기 ◉ 血氣未定(血:피 혈, 氣:기운 기) 혈기가 어느 정도인지 알 수 없다, 혈기가 왕성해서 그 정도를 알 수 없다 ◉ 戒之在色(戒之在~을 경계하다, 戒:경계할 계) 여색을 경계하다 ◉ 及其壯也(壯:군셀 장, 장정 장) 장성함에 따라 ◉ 血氣方剛(氣:기운 기, 方:바야흐로 방, 剛:군셀 강) 혈기가 바야흐로 왕성하다 ◉ 戒之在鬪(鬪:싸울 투) 싸움을 경계하다 ◉ 及己老也(及:미칠 급) 늙어감에 따라, 늙음에 이르러 ◉ 旣衰(旣:이미 기, 衰:쇠할 쇠) 이미 쇠약해지다 ◉ 戒之在得(得:얻을 득) 탐하여 얻고자 하는 것을 경계하다

◈ 경계 할 것이 세 가지 있다 have get three precautions of which to be aware ◈ 여색을 경계해야 한다 there is the precaution against having sex with woman(戒之在色) ◈ 혈기왕성하다 the stamina is vigorous ◈ 그 정도를 알 수 없다 its extent is unknown ◈ 싸움을 경계해야 한다(戒之在鬪) There is the precaution against engaging in fighting ◈ 장성함에 따라 혈기가 왕성하다 the vigor is in the prime of manhood since the vitality is still full of vigor ◈ 혈기가 이미 쇄약 해졌다(血氣旣衰) strength has already deteriorated ◈ 늙어감에 따라 as one grows old ◈ 욕심을 내어 얻고자 하는 것을 경계해야 한다. There is the precaution against desire to be selfish (戒之在得)

영문 A true gentleman has got three precautions of which to be aware. First, there is the caution against having sex with women because, when young, since the stamina is vigorous its extent is not to be known, second, there is the caution against engaging in fighting coming from the vigor being in the prime of manhood since the vitality is still full of vigor and last, there is also the caution against the desire to be selfish as the strength has already deteriorated according as one has grown old.

절한 욕심은 자기 발전의 촉매 구실을 한다. 보다 잘하려는 마음이 없다면 발전이 있을까? 그러나 <바다도 물이 모자란다고 한다>는 영국 속담처럼 욕심에는 끝이 없다. 욕심의 종류는 여러 가지이지만 이 구절에서 공자는 특히 <色(색욕)><鬪(경쟁심)><得(재물욕)> 셋을 들고 있다. 이것들은 가장 흔한 것이면서 가장 버리기 힘든 욕심이기도 하다. 욕심의 노예가 되지 말고 주인이 되어 자신을 적절히 제어하는 성숙함을 보여야겠다.

손진인 양생명에 이르기를, 성을 심하게 내면 기운이 한쪽으로 치우쳐 상하게 되고, 생각을 많이 해 신경을 쓰게 되면 정신을 크게 상하게 된다. 정신이 피로해지면 마음이 쉽게 고달파지고, 기운이 약해지면 그에 따라서 병이 생기게 된다. 너무 지나치게 슬퍼하거나 기뻐하지 말고, 음식은 마땅히 골고루 취하여야 하며, 밤에 술에 취하는 것은 두 번 세 번 삼가야 하고, 새벽에 성내는 것을 가장 경계해야 한다.

孫眞人養生銘에 云, 怒甚偏傷氣요, 思多太損神이라. 神
손 진 인 양 생 명   운   노 심 편 상 기   사 다 태 손 신   신

疲心易役이요 氣弱病相因이라. 勿使悲歡極하고 當令飮
피 심 이 역   기 약 병 상 인   물 사 비 환 극   당 영 음

食均하며 再三防夜醉하고 第一戒晨嗔하라.
식 균   재 삼 방 야 취   제 일 계 신 진

◉ 怒甚(怒:성낼 노, 甚:심할 심) 성내는 것이 심하다, 성을 심하게 내다 ◉ 偏傷氣(偏:치우칠 편, 傷:상할 상) 기운을 한쪽으로 치우치게 해서 상하게 하다 ◉ 思多(思:생각 사) 생각을 많이 하다, 정신적 고민을 많이 하다 ◉ 神은 정신을 의미하기 때문에 ◉

太損神(太:클 태, 損:잃을 손·상할 손) 정신을 크게 상하게 한다
◉ 神疲(疲:다할 피, 게으를 피) 정신을 피곤하게 함 ◉ 役(役:힘
써일할 역) 힘써 일을 해서 고달파진다는 뜻으로 됨 ◉ 心易役은
마음이 쉽게 고달파진다 ◉ 氣弱病相因(因:따를 인) 기운이 약해
지면 병이 서로 따른다 ◉ 勿使(使:부릴 사)~ 極(다할 극) ~을
지나치게 하지 않아야 한다 ◉ 令(명령할 령, 하여금 령) ◉ 悲歡
(悲:슬플 비, 歡:기쁠 환) 슬픔과 기쁨 ◉ 當~ 마땅히 ~하다 ◉
令~均(고를 균, 두루 균) ~을 골고루 취하다 ◉ 再三~ 거듭
~하다 ◉ 夜醉(술취할 취) 밤에 술 취하다 ◉ 第一~ 가장 ~하
다 ◉ 晨嗔(晨:새벽 신, 嗔:노할 진) 새벽에 화를 내다

◈ 성을 심하게 내다 express severe anger(怒甚) ◈ 한쪽으로 치우
치다 be skewed toward one side ◈ 정신을 상하게 된다 a harm is
inflicted on the spirit ◈ 기운이 약해지다 vitality weakens(氣弱) ◈ 병
이 생기다 be followed by sickness(病相因) ◈ 너무 지나치게 슬퍼
하거나 기뻐하지 않다 sadness and gladness is not overdone ◈ 음
식은 골고루 취하다 a variety of food is taken for consumption ◈ 밤
에 술 취하는 것을 삼가하다 be aware of getting drunk at night(防夜
醉)

영문 If one expresses severe anger, one's spirit is skewed
toward one side and injured and when one is engaged in a
great deal of thought and becomes overly nervous, great harm
is inflicted on the spirit. When the spirit is tired and
exhausted, the heart tires easily and when vitality weakens, it
is followed by sickness. Sadness and gladness should not be
overdone, a variety of food must be selected for
consumption. One must again and again beware of getting
drunk at night and one must be most careful not to express
anger when the sun rises in the morning.

譯 ≪경행록≫에 이르기를, 음식이 깨끗하면 마음이 밝아지고 마음이 맑으면 잠도 평안해진다.

景行錄에 云, 食淡精神爽이요 心淸夢寐安이니라.
경 행 록 운 식 담 정 신 상   심 청 몽 매 안

● 食淡(淡:담박할 담, 싱거울 담) 음식 맛이 산뜻함, 음식이 개운함, 맛이 담박한 ● 精神爽(爽:밝을 상) 마음이 밝아짐 ● 心淸(淸:밝을 청) 마음이 맑음 ● 夢寐安(夢:꿈 몽, 寐:잠잘 매) 잠이 편안함, 편안하게 잠

◈ 먹으면 when(one is) eating ◈ 마음이 깨끗하다 heart is bright

英文 When eating food that is clean, the heart is bright and when the heart is bright one sleeps well.

느 마을에 꿀을 모으는 창고가 있었다. 달착지근한 꿀 냄새에 이끌린 파리떼가 창고로 몰려들었다. 커다란 독 가득히 차 있는 꿀을 빨기 위해 파리들은 서로 뒤질세라 달려들었다. 그런데 정신없이 꿀을 빨던 파리들의 수가 하나둘씩 줄어들었다. 달콤한 꿀맛에 취해 온몸에 끈끈한 꿀이 묻는 줄도 모르다가 꿀독 속으로 빨려 들어간 것이었다. 몇 시간도 안돼서 요란하던 파리 떼의 소음은 멎고 말았다. 아무리 발버둥쳐도 헤어날 수 없는 꿀독 속으로 가라앉으며 파리 한 마리가 탄식했다.

「우리들은 참으로 불쌍한 족속이야. 이처럼 작은 쾌락과 목숨을 바꾸고 말다니!」

순간적인 욕심이나 짧은 쾌락 때문에 몸과 마음을 망치는 일은 비일비재하다는 것을 명심하자.

譯 마음을 편안하게 하여 사물을 대하면 비록 책을 읽지 않더라도 능히 덕이 있는 군자가 될 수 있다.

定心應物하면 雖不讀書라도 可以爲有德君子니라.
정 심 응 물　　　수 불 독 서　　　가 이 위 유 덕 군 자

◉ 定心(定:편안할 정) 마음이 편안하다 ◉ 應物(應:응할 응) 사물을 대하다 ◉ 雖 비록 ◉ 可以 ~할 수 있다 ◉ 爲 되다 ◉ 有德君子(德:덕 덕) 덕이 있는 군자

◈ 마음이 편안하다 heart is light at ease ◈ 사물을 대하다 confront affairs ◈ 군자가 될 수 있다 it is possible to become a virtuous true-gentleman.

영문 When one's heart is light at ease and one confronts affairs, even though one does not read books, it is possible to become a virtuous true-gentleman.

譯 《근사록》에 이르기를, 분함을 억누르기를 불을 끄듯이 하고, 욕심을 누르기를 물을 막듯이 해야 한다.

近思錄에 云, 懲忿을 如救火하고 窒慾을 如防水하라.
근 사 록　　운　정 분　　여 구 화　　질 욕　　여 방 수

◈◈◈◈

◉ 懲忿(懲:징계할 징) 분함을 억누르다 ◉ 如~ ~처럼 행동하다, ~하듯이 하다 ◉ 救火 (救:구하다) 불을 구하다, 불을 끄다 ◉ 窒慾(窒:막을 질) 욕심을 누르다, 욕심을 막다 ◉ 防水(防:막을 방) 물을 막다

◈ ~하도록 하다, ~하도록 주의하다 see to it that~ ◈ 억누르다 suppress ◈ 불을 끄다 extinguish a fire(救火) ◈ 욕심을 누르다 suppress selfishness(窒慾) ◈ 물 흐름을 막다 block the flow of water(防水)

영문 See to it that suppressing anger is like extinguishing a fire and suppressing selfishness is like blocking the flow of water.

산권 아 생전에 거지였건 대통령이었건 죽어 묻힐 땅은 꼭 제 몸 크기면 족하다. 그 위를 왕릉처럼 꾸민다고 시신이 되살아나지는 않는다. 이렇게 보면 한 줌 흙으로 돌아갈 인생살이에서 부귀영화란 그저 좋은 옷 한 벌 걸쳐 본 것에 불과하다. 때가 되면 훌훌 벗어주어야 하는 옷. 그 허망한 옷 한 벌을 위해 탐내고 다투고 화내기에는 우리 인생은 너무 짧다.

옛날 주나라에 윤씨라는 큰 부자가 있었다. 이미 큰 재산을 모아 남부러울 게 없었지만 하루하루 늘어가는 재산을 보는 게 유일한 낙이었다. 그 밑의 하인들은 당연히 가혹한 일에 시달려야 했다. 꼭두새벽부터 오밤중까지 일이 그치지 않았지만, 윤씨는 쇠경 몇 푼 더 주는 법도, 수고한다는 말 한 마디 하는 법도 없었다. 그래서 모든 하인들이 윤씨를 욕했지만, 한 늙은이만은 언제나 즐거운 표정으로 묵묵히 일하는 것이었다. 힘이 부쳐 끙끙대면서도 불평 한 마디 하는 일이 없었다. 윤씨는 늙은 하인을 보면서 궁금증이 일어났다.

<한낱 하인으로 고된 일에 시달리며 사는 저 늙은이 얼굴에는 왜 항상 웃음이 어려 있을까? 이렇게 유복하게 사는 나

도 항상 괴로운데…>

그런 생각을 하자 윤씨는 밤마다 꾸는 악몽이 떠올랐다. 낮에 그렇게도 매몰차게 부려대던 하인이 되어 혹독한 종살이를 하는 꿈이었다. 밤새도록 종살이를 하고 나면 온몸이 쑤시고 욱신거려서 일어나기조차 힘들었다. 늘 이런 꿈에 시달리던 윤씨는 피곤함으로 인해 사소한 일에도 짜증을 내곤 했다. 참다 못한 윤씨가 늙은 하인에게 즐겁게 사는 비결을 물었다.

「저는 비록 낮에는 종노릇을 하지만 밤마다 임금이 되어 부귀영화를 누리는 꿈을 꿉니다. 인생의 반은 밤인데 낮의 고됨을 어찌 괴롭다 하겠습니까? 저에게는 낮과 밤이 모두 뜻있는 삶입니다. 그래서 저는 종으로 사는 낮 시간에도 임금으로 사는 법을 깨닫게 되었습니다.」

이 말을 듣고 윤씨는 당황하면서도 큰 깨달음을 얻었다. 그래서 그는 마음을 고쳐먹고 하인들의 일을 덜어주고 예전에는 생각지도 못한 온정을 베풀었다. 이렇게 하자 윤씨의 피곤함과 짜증은 거짓말처럼 없어졌다.

譯 《이견지》에 이르기를, 여색 피하기를 원수 피하듯이 하고, 풍(風)을 피하기를 화살 피하듯이 하라. 빈속에 차를 마시지 말고, 한밤중에는 밥을 적게 먹어라.

夷堅志에 云, 避色을 如避讐하고 避風을 如避箭하라. 莫
이 견 지   운   피 색   여 피 수   피 풍   여 피 전   막

喫空心茶하고 少食中夜飯하라.
끽 공 심 다   소 식 중 야 반

◉ 色 여색 ◉ 如避讐(避:피할 피, 讐:원수 수) 원수를 피하는 것처럼 하다 ◉ 避色 여색을 피하다, 避讐, 避風, 避箭(箭:화살 전)은 같은 맥락의 묘사임. ◉ 莫喫茶(喫:마실 끽, 먹을 끽) 차를 마시지 말라, ◉ 喫은 먹는다는 뜻과 마신다는 뜻을 가지고 있음. ◉ 空心(空:빌 공) 빈속에 ◉ 少食飯(飯:밥 반, 먹을 반) 밥을 적게 먹다 ◉ 中夜(夜:밤 야) 밤중에

◈ 여색을 피하다 having sex with a woman is avoided.(避色) ◈ 풍 맞다 be struck with paralysis ◈ 화살을 피하다 avoid being the target of an arrow(避箭)

영문 Having sex with a woman should be avoided as one avoids one's enemy and being struck with paralysis should be escaped as one avoids being the target of an arrow. Do not drink tea on an empty stomach and eat just a little during the night.

국지색(傾國之色)이란 말이 있다. 한 나라의 흥망을 좌지우지할 정도로 미인이라는 뜻이다. 중국 역사에서 보자면 서시, 주포사, 우미인, 양귀비 같은 여인들이 거기에 해당할 것이다. 여색은 나라를 망칠 만큼 위험성이 있으므로 늘 선비들의 경계 대상이 되어 왔다. 그러나 지나쳐서 위험한 것이 어찌 여색뿐일까. 이 구절은 모든 욕심이 이와 같은 속성을 지니고 있으므로 넘치지 않도록 조심할 것을 권면하고 있다.

순자가 말하기를, 쓸데없는 말과 급하지 않은 일은 내버려두고 다스리지 말라.

荀子曰, 無用之辯과 不急之察은 棄而勿治하라.
순자왈   무용지변   불급지찰   기이물치

◎◎◎◎◎

◉ 無用之辯(辯:말잘할 변) 쓸 데 없는 말 ◉ 不急之察(急:급할 급, 빠를 급, 察:밝힐 찰, 알 찰) 급하지 않은 일, 급히 살필 필요가 없는 일 ◉ 棄而(棄:버릴 기) 내버려 두고 ◉ 勿治(治:다스릴 치) 다스리지 말라

◈ 내버리다. do away with~(棄) ◈ 쓸데없는 말 useless talk(無用之辯) ◈ 급하지 않은 일 non-urgent matters(不急之察) ◈ 다스리지 않다 leave them as they are.(勿治)

영문 Do away with useless talk and non-urgent matters and leave them as they are.

낭 빚을 갚을 수 있는 말이 때에 따라서는 떼죽음을 부르기도 한다.

옛날 어느 시골에서 있었던 일이란다. 갓난 동생이 새 요에 쉬를 하자 다섯 살배기 형이 엄마에게 달려갔다. 점심밥을 짓던 엄마는 홧김에 소리쳤다.

「뭐야, 새 요에 오줌을? 그놈 자지 베어 버려라.」

이런저런 찬을 만드는데 갓난애의 숨넘어가는 울음소리가 들렸다. 혹시나 싶어 몽둥이를 집어들고 웃방으로 뛰어들어온 엄마는 입을 딱 벌리고 말았다.

「아니, 이놈이 정말 애 자지 잘라 죽였구나.」

구석에서 덜덜 떨고 있는 큰아들을 보자 다짜고짜 몽둥이를 든 것이 정수리에 떨어져 한 방에 큰아들은 즉사하고 말았다. 눈 깜짝할 새에 두 아들을 잃은 엄마는 넋을 잃고서 끝내 외양간에서 목을 맸다. 점심을 먹으러 밭에서 돌아온 농부는 뜻밖의 참상에 말이 막혀 칼로 목을 찔러 죽었다.

말 한 마디가 살인을 부르고 사소한 일거리로 심신을 상하는 게 어찌 옛일이라고만 할 수 있을까.

공자가 말하기를, 모든 사람들이 좋아해도 반드시 살펴야 하며, 모든 사람들이 싫어해도 반드시 살펴야 한다.

子曰, 衆이 好之라도 必察焉하며 衆이 惡之라도 必察焉이라.
자왈　중　　호지　　　필찰언　　　　중　　오지　　　필찰언

◉ 衆(무리 중) 대중, 많은 사람 ◉ 好之(好:좋을 호) 그것을 좋아하다 ◉ 察(察:살필 찰) 살피다 ◉ 惡之(惡:미워할 오) 그를 싫어하다, 그를 미워하다

◈ 살피다 examine(察) ◈ 모든 사람들이 좋아하는 것 what(that which) is favorable to all people(衆好之) ◈ 많은 사람들이 다 싫어하는 것 that which is repugnant to all people(衆惡之)

영문 One must critically examine that which is favorable to all people and one must critically examine that which is repugnant to all people.

먹은 벙어리>란 속담이 있다. 옛날에 두꺼비와 개미가 살았는데 서로 자기가 더 크다고 다투었다. 어느 날 우연히 지나가던 할아버지와 손녀가 그 둘을 보고는 한마디씩 했다. 개미는 황소에 두꺼비는 당나귀에 비유해서 말했던 것이다. 이 말 한 마디에 의기양양해진 개미는 자기가 더 크다고 큰소리를 쳤다. 기가 죽은 두꺼비는 꿀 먹은 벙어리처럼 아무 말 못하고 말았다. 뻔한 사실 앞에서도 남의 말에 흔들려 진실을 포기하는 두꺼비가 적지 않은 듯하다.

譯 술이 취했을 때 말을 많이 하지 않는 사람은 참다운 군자이고, 재물에 대해 분명한 사람은 대장부이다.

酒中不語는 **眞君子**요 **財上分明**은 **大丈夫**니라.
주 중 불 어　　진 군 자　　재 상 분 명　　대 장 부

◉ 酒中(酒:술 주) 술에 취해 있다 ◉ 不語 말을 하지 않다 ◉ 財上分明(財:재물 재) 上:~에 대해서; 재물에 대해서 분명하다

◈ 말을 많이 하지 않다 say little ◈ 술이 취했을 때 when drunk on liquor ◈ ~에 깨끗하다 clear in~, a manly man(大丈夫)

영문 The person who says little when drunk on liquor is a true gentleman and that person who is clear in money matters is a manly man.

評 음은 결코 좋지 않은 것이다. 건강을 해치는 것도 문제지만 더 나쁜 것은 공연히 말이 많아진다는 것. 술김에 내뱉은 말 한 마디가 남과 자신을 괴롭힐 수 있다. 취중진언이라는 말 때문인지 취해서 하는 말을 진실이라 생각하는 사람이 많은 듯한데, 내 생각은 그렇지 않다. 공연한 허장성세와 책임 못질 약속, 가벼운 입놀림으로 사단을 만드는 경우가 왕왕 있는 것이다. 취할수록 몸가짐을 바로 하라는 것이 옛 어른들의 가르침이었다.

모든 일은 너그러움을 쫓으면 그 복이 저절로 두터워진다.

萬事從寬이면 **其福自厚**니라.
만 사 종 관 　　　 기 복 자 후

◉ 從寬(從:쫓을 종, 寬:너그러울 관) 너그러움을 쫓다 ◉ 自厚 (厚:후할 후, 두터울 후) 스스로 두터워지다

◈ be lenient in~ : ~에 관대하다, 너그럽다 ◈ 복 good fortune and warm affection ◈ 저절로 spontaneously ◈ 저절로(自) 더 두터워진 다. become more and more affectionate(厚)

영문 If one is lenient in all affairs, good fortune and warm affection will spontaneously become more and more affectionate.

그러움 하면 손꼽히는 사람이 조선 초의 우의정 맹사성이 다. <관후하기는 맹정승이라>는 속담이 있을 정도이니.
　어느 날 맹정승이 온양에 다녀오다 한 주막에 들게 되었 다. 먼저 온 젊은 선비 하나가 그의 초라한 행색을 보고 반 말투로 말장난을 걸어왔다.
　「여보 영감, 심심한데 우리 우스개로 공당 놀이나 해봅시다.」
　「거 좋소. 그래 젊은이는 어디 가는 공?」
　「서울 간당.」
　「무슨 일로 가는 공?」
　「벼슬 구하러 간당.」
　「무슨 벼슬인공?」
　「녹사벼슬 응시하러 간당.」
　「그 벼슬 내가 주겠는공?」
　「사람 웃기는 소리 다 한당.」

　　며칠 뒤 젊은 선비는 녹사시험을 치러 시험장에 들어갔다. 그런데 높은 단 위에서 위엄 있게 지켜보고 있던 시관(試官) 하나가 넌지시 물었다.

　「그동안 어떠한공?」

　　두 눈을 동그랗게 뜬 선비는 목소리 주인을 보고는 눈앞이 깜깜해졌다.

　「죽었지당, 죽었지당.」

　「그게 무슨 죄가 되겠는공?」

　「죽을 죄를 지었음당.」

　「녹사벼슬 자신 있는공?」

　「만부당, 만부당!」

　　어리둥절해하며 영문을 묻는 다른 시관들에게 맹정승이 크게 웃으며 며칠 전 일을 이야기했다. 그 말에 모든 시관들은 박장대소했다. 맹정승처럼 너그러운 성품으로 모든 이를 대하려면 얼마나 오랜 수행이 필요할까.

譯　태공이 말하기를, 남을 알려고 하면 모름지기 먼저 자기 자신을 알아야 한다. 남을 해치는 말은 오히려 자기 자신을 해치는 것이니 피를 머금어 남에게 뿜으면 먼저 자신의 입이 더러워진다.

太公이 曰, 欲量他人컨댄 先須自量하라. 傷人之語는 還
태공　 왈　 욕량타인　　　 선수자량　　　 상인지어　　 환

是自傷이니 含血噴人이면 先汚其口니라.
시자상　　　 함혈분인　　 선오기구

◉ 欲(하려할 욕)~ ~하려고 하다　◉ 先須~(須:모름지기 수) 마

땅히 먼저 ~하다 ◉ **自量**(自:스스로 자, 量:헤아릴 양) 스스로를 헤아리다, 목적어(自)가 동사(量) 앞으로 와서 自量이 되었음. ◉ **傷人**(傷:상할 상) 남을 해치다 ◉ **傷人之語**는 남을 해치는 말 ◉ **還是~**(還:돌아올 환, 도리어 환) 오히려 ~이다 ◉ **自傷** 스스로를 해치다 ◉ **含血**(含:머금을 함) 피를 머금다 ◉ **噴人**(噴:물뿜을 분) 남에게 뿌리다 ◉ **汚**(더러울 오) 더럽히다

◈ ~하기를 원하면 if~ be to~ ◈ 남을 알려고 하면 if a person is to know of himself ◈ 남을 해치는 말 Talk that inflicts harm on others ◈ 피를 품어 남에게 뿌리다 sprinkle blood on others ◈ 먼저 자신의 입이 피로 더러워진다 his mouth becomes dirtied with blood.

영문 If a person is to know of others, he must first know of himself. Talk that inflicts harm on others rather brings harm to himself and he should bear in mind that when sprinkling blood on others, his mouth first becomes dirtied with blood.

은 사자가 병이 나서 눕자 모든 동물들이 문병을 왔는데 여우만은 모습을 보이지 않았다. 늑대는 이때다 싶어 사자에게 여우를 헐뜯고 병문안도 오지 않을 거라고 장담했다. 이제 막 들어서던 여우는 늑대의 말을 엿듣고는 사자 앞에 나서서 거듭 용서를 빌며 말했다.

「저는 세상에 이름난 의사들을 모두 수소문해 당신의 병을 고치는 방법을 알아냈습니다. 제가 늦은 것도 이 때문입니다.」

여우의 말에 흐뭇해진 사자가 채근을 하자 여우는 엄숙하게 말했다.

「늑대의 생가죽을 벗겨 식기 전에 아픈 곳에 바르면 됩니다.」

그 말이 떨어지기 무섭게 늑대는 가죽 없는 송장이 되고 말았다. 여우는 그 광경을 지켜보며 중얼거렸다.

「남에게 고자질해서 악의를 품게 하는 자는 마땅히 벌을 받아야 해. 다른 좋은 말도 많을 터인데!」

譯 놀이만을 하는 것은 전혀 이로울 것이 없으며, 오직 부지런함만이 성공을 거두게 된다.

凡戲는 無益이나 惟勤이 有功이니라.
범 희   무 익   유 근   유 공

● 凡戲(凡:무릇 범, 戲:놀이 희) 무릇 유희놀이만을 함 ● 惟勤
(惟:오직 유, 勤:부지런할 근) 오직 부지런함 ● 有功(功:공 공)
공을 이루다, 성공을 하다

영문 Absolutely nothing comes out of doing nothing but play
and none other than diligence only harvests success.

◈ 놀이만을 하는 것은 전혀 이로울 것이 없다 Absolutely nothing
comes out of doing nothing but play ◈ 오직 부지런함만 none other
than diligence(惟勤)

국의 이름난 시인 이백은 어려서 문제아였다고 한다. 당시
에 꼭 읽어야 했던 사서삼경 같은 책에는 재미를 못 붙이
고 틈만 나면 글방을 빠져 나와 놀기 일쑤였다. 하루는 큰길
가에서 놀다가 숫돌에 쇠공이를 갈고 있는 할머니를 보았다.
놀란 그가 할머니에게 다가가 능청스레 물었다.

「할머니, 이걸로 뭘 만듭니까?」

「이걸 갈아서 바늘을 만들거다.」

「바늘을 만든다구요?」

총명하기로 이름난 이백이었지만 쇠공이를 갈아서 바늘을
만든다는 소리에 갸우뚱해졌다.

「할머니, 이렇게 큰 쇠공이를 언제 갈아 바늘을 만듭니까?」

「얘, 이 쇠공이가 크긴 하지만 내가 매일 갈고 있지 않느냐. 이렇게 매일같이 갈고 또 가는데 바늘이 되지 않을 턱이 있나!」

그제야 어린 이백은 깨달았다. 그 길로 그는 글방으로 달려가 재미없고 딱딱한 책을 읽고 또 읽었다. 이백이 영원한 시인으로 남게 된 연유가 여기에 있다. 노력이라는 진부한 한 마디야말로 성취의 지름길이다.

譯 태공이 말하기를, 외밭에서는 신을 고쳐 신지 말고 오얏나무 밑에서는 갓을 고쳐 쓰지 말라.

太公이 曰, 瓜田에 不納履하고 李下에 不正冠이니라.
태공 왈 과전   불납이   이하   부정관

◉ 瓜田(瓜:오이 과) 외밭, 오이밭 ◉ 納履(納:들일 납, 履:신 리) 신을 신다 ◉ 李下(李:오얏나무 리) 오얏나무 밑 ◉ 正冠(冠:갓 관) 관을 똑바로 고쳐 쓰다

◆ 신을 고쳐신다 put off one's shoes again to wear them comfortable(不納履) ◆ 갓을 고쳐 쓰다 put off one's hat again to put it upright 오이밭 cucumber plot(瓜田)

영문 Don't put off your shoes again to wear them comfortable in other's cucumber plot and don't put off your hat again to put it upright.

사실 다 보면 생각지도 못한 오해를 사는 경우가 많다. 선의에서 하는 행동이지만 내 마음처럼 봐주지를 않는 것이다. 선의가 선의로만 받아들여지지 않는 것을 시류 탓으로 돌리

기도 하지만 그것으로 모든 일이 해결되는 것은 아니다. 어쩔 수 없는 일이지만, 공연한 의심과 오해를 부르지 않는 분명한 태도, 생활의 지혜가 필요할 때다.

≪경행록≫에 말하기를, 비록 마음은 편할 수 있지만 몸은 일을 하지 않으면 안 되고, 도는 즐길 수 있지만 마음에 근심을 하지 않으면 안된다. 몸은 일을 하지 않으면 게을러서 허물어지기 쉽고, 마음에 근심을 하지 않으면 방탕에 빠져 올바른 행동을 하지 못한다. 그러므로 편안함은 일하는 데서 생겨야 언제나 기쁠 수 있고, 즐거울 수 있는 것은 근심하는 데서 생겨야 싫어함이 없으니 편안하고 즐거운 사람이 근심과 수고로움을 어찌 잊을 수 있겠는가.

景行錄에 曰, 心可逸이언정 形不可不勞요 道可樂이언정
心不可不憂니라. 形不勞則怠惰易弊하고 心不憂則荒淫
不定이라. 故로 逸生於勞而常休하고 樂生於憂而武厭하나
니 逸樂者는 憂勞를 豈可忘乎아.

⊙ 心可逸(逸:편안할 일) 마음이 편안할 수 있다. ⊙ 形(형상 형, 꼴 형) 몸 ⊙ 不可 안 된다 ⊙ 不勞(勞:수고할 로) 일을 하지 않다 ⊙ 不可不勞 일을 하지 않으면 안 된다 ⊙ 可樂(樂:즐거울 락) 즐길 수 있다 ⊙ 不可不憂(憂:근심할 우) 근심을 하지 않으면 안된다 ⊙ 怠惰(怠:게으를 태, 惰:태만할 타) 게을러지다 ⊙ 易弊(弊:폐단 폐·해질 폐) 허물어지기 쉽다 ⊙ 荒淫(荒:빠질 황, 淫:음탕할 음) 방탕에 빠지다, 음탕한 생활에 빠지다 ⊙ 不定 행동을 정하지 못하다, 올바른 행동을 하지 못하다 ⊙ 生於~ ~에서 생

기다 ◉ 常休(休:휴식 휴·좋을 휴) 언제나 편하다, 언제나 좋다
◉ 無厭(厭:싫을 염) 싫음이 없다 ◉ 逸樂者(逸:편안한 일) 편안
하고 즐거운 사람 ◉ 豈可忘乎(豈:어찌 기, 忘:잊을 망) 어떻게
잊을 수 있겠는가?

◈ 마음이 편하다 the heart is at ease(心可逸) ◈ 도는 즐길 수 있다
truth teaching may be pleasant ◈ 마음에 근심이 없다 the heart has
no concern : there is no concern within the heart ◈ 게을러서 허물
어지기 쉽다 it easy to become lazy and broken ◈ 방탕에 빠지다
dissipate oneself ◈ 올바른 행동을 하다 act in an upright manner ◈
싫어함이 없다 there is no dislike(無厭) ◈ 근심과 수고 grief and toil

영문 The heart may at first be at ease, but if the body does
not do any work, it's wrong. Truth teachings may be pleasant,
but if the heart has no concern, it is wrong as well. When
the body does not do any work, it is easy to become lazy and
broken and if there is no concern within the heart, one can
easily dissipate oneself and be incapable of acting in an
upright manner. Convenience should come out of working so
that one can be happy, and enjoyment has to come from
being serious consequently so that there is no dislike
;therefore how is the person who is always satisfied and
pleased able to forget grief and toil?

이 편하면서도 마음까지 행복한 인생을 누리는 사람은 얼
마나 될까? 그런 사람이 없지는 않겠지만 주변에서 찾아보
기는 쉽지 않은 듯하다. 재물이 많더라도 늘 걱정거리 속에
파묻혀 살거나, 아니면 마음은 편하다 해도 언제나 노동의
수고로움에서 헤어 나오지 못하는 경우가 대부분인 것이다.
확실히 마음의 행복은 쉽게 얻어지는 것이 아닌 듯하다. 끊
임없는 노력과 성실함을 통해 얻는 행복이야말로 오랫동안
사라지지 않는 참다운 행복일 것이다. 영국의 시인이자 화가

인 윌리엄 블레이크는 이렇게 말했다.

「행복하게 사는 사람은 대개 노력가이다. 게으름뱅이가 행복하게 사는 것을 보았는가? 노력의 결과로 얻은 성과에 대한 기쁨 없이는 누구도 참된 행복을 누릴 수 없다. 수확의 기쁨은 흘린 땀에 정비례하는 것이다.」

譯 귀로는 남의 그릇됨을 듣지 않고 눈으로는 남의 단점을 보지 않으며 입으로는 남의 허물을 말하지 않아야 군자라고 말할 수 있다.

耳不聞人之非하고 目不視人之短하고 口不言人之過라야
이 불 문 인 지 비   목 불 시 인 지 단   구 불 언 인 지 과
庶幾君子니라.
서 기 군 자

◉ 耳(귀 이) 귀로는 ◉ 目(눈 목) 눈으로는 ◉ 口(입 구) 입으로는 ◉ 不聞(聞:들을 문) 듣지 않다 ◉ 不視(視:볼 시) 보지 않다 ◉ 短(짧을 단) 단점 ◉ 不言 말하지 않다 ◉ 人之 사람들의 ◉ 庶幾~(庶:거의 서, 幾:거의 기·가까울 기) ~에 가깝다, 거의 ~라고 할 수 있다.

◈ 귀로 듣다 listen with one's ears to~ ◈ 눈으로 보다 look with one's eyes at~ ◈ 입으로 말하다 speak with one's mouth 허물 ◈ 결점 defect ◈ ~라고 말할 수 있다 can be said to~

영문 Only when one does not listen with one's ears to the talk of wrong doings, if one does not look with one's eyes, at the shortcomings of others and if one does not speak with one's mouth about the defects of others, then one can one be said to be a true gentleman.

한 옥일수록 티부터 찾아보는 게 사람의 마음이다. 혹시 작은 티라도 눈에 띠면 옥돌 전체가 나쁘다는 듯이 말한다. 제 허물보다 다른 사람의 허물을 먼저 보는 것이 우리 눈과 입의 습성인 것 같다.

상대방의 처지에 서 보지 않은 이상 그 사람을 비난해서는 안 된다. 아무리 밝은 촛불도 바람 부는 곳에 내놓으면 불길이 흔들리고 빛이 고르지 못한 법이다. 우리의 마음도 유혹에 흔들리는 촛불과 같을진대, 흔들리는 불길을 탓하기보다는 바람을 막으려 애써야 할 것이다.

채백개가 말하기를, 기뻐하고 노여워하는 것은 마음속에 있고 말은 입에서 나오는 것이니 말할 때 신중하지 않으면 안된다.

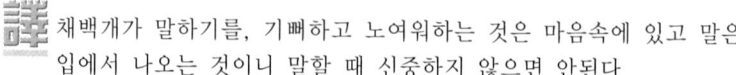

蔡伯喈曰, 喜怒는 在心하고 言出於口하나니 不可不愼이니라.
채 백 개 왈   희 노   재 심   언 출 어 구   불 가 불 신

◉ 在心 마음에 있다 ◉ 出於口 입에서 나오다 ◉ 不可不愼(愼: 삼가할 신) 삼가지 않으면 안 된다, 신중하지 않으면 안 된다

◈ 기뻐하고 노여워하다 feel glee and offended(喜怒) ◈ 마음속에 있다 be within the heart(在心) ◈ 말할 때 신중하지 않으면 안된다 if one is not careful, when talking, it is wrong(言出不司不愼)

Since feeling glee and offended is within the heart and talk comes only out of the mouth and if one is not careful, when talking, it is wrong.

루에도 열두 번 변하는 게 사람 마음이라고 한다. 그러나 회로애락의 감정이 없으면 인생은 매우 건조해질 것이다. 사랑을 속삭이고 불의에 분노하며 우정과 평화를 노래하게 하는 힘이 바로 감정이다. 한편 감정은 불행과 혼란을 부르기도 한다. 사소한 일에서 비롯된 증오와 복수심이 상대방과 자신의 파멸을 가져오는 경우가 드물지 않다. 동서고금을 통해 사람의 감정이 수양의 첫째 대상으로 꼽힌 이유가 이 때문일 것이다. 이와 관련하여 ≪채근담≫ 속에 기억할 만한 구절이 있다.

「남의 거짓을 알아도 말하지 않고 남에게 업신여김을 당해도 얼굴빛을 움직이지 않으면 그 속에 깊은 뜻이 있고 또한 끝없는 수용(受用)이 있다.」

譯 재여가 낮잠을 자고 있을 때 공자가 꿈속에 말하기를, 썩은 나무는 조각을 할 수 없고 썩은 흙으로 만든 담은 흙손질을 할 수 없다.

宰予晝寢이어늘 子曰, 朽木은 不可雕也요 糞土之墻은 不
재 여 주 침   자 왈 후 목   불 가 조 야   분 토 지 장   불

可圬也니라.
가 오 야

◉ 晝寢(晝:낮 주, 寢:잠잘 침) 낮잠을 자다 ◉ 子曰 공자가 말하다 ◉ 朽木(朽:썩을 후) 썩은 나무 ◉ 不可雕(雕:새길 조) 조각을 할 수 없다 ◉ 糞土(糞:똥 분) 썩은 흙 ◉ 糞土之墻(墻:담 장) 썩은 흙으로 만든 담 ◉ 不可圬(圬:흙손 오) 흙손질을 할 수 없다

◈ 썩은 나무 rotten wood(朽木) ◈ 조각하다 be carved into a

sculpture ◈ 썩은 흙으로 만든 담 the wall made of rotten mud soil
(糞土之墻) ◈ 흙손질을 하다 be done up(不可圬也)

영문 The rotten wood cannot be carved into a sculpture and
the wall made of rotten mud soil cannot be done up.

도 과 권력의 유혹 앞에서도 초연할 수 있는 사람은 매우 드
물다. 치러야 할 대가를 알면서도 유혹에 빠지는 게 사람
이다. 그렇다면 흔들리지 않는 마음의 자세는 어떻게 가능할
까? 프랜시스 베이컨은 이렇게 말한다.

「육체의 욕망, 교만, 욕심은 사람이 갖고 있는 세 가지 유
혹이다. 이로 인해 빚어지는 갖가지 불행이 인류의 무거운
짐이 되고 있다. 이 무서운 병을 고치는 방법은 오직 한 가
지니 곧 수양뿐이다.」

譯 자허원군 성유심문에 말하기를, 복(福)은 청렴하고 검소한 데서 생
기고 덕(德)은 자신을 낮추고 겸손한 데서 생기고 도(道)는 편안하
고 고요한 데서 생기며 생명은 온화하고 맑은 데서 생긴다. 근심은
많은 욕심에서 생기고 재앙은 많은 탐욕에서 생기고 실수는 경솔
하고 교만한 데서 생기며 죄악은 어질지 못한 데서 생긴다. 눈을
조심하여 남의 그릇됨을 보지 말고 입을 조심하여 남의 결점을 말
하지 말고 마음을 조심하여 스스로 탐내거나 화를 내지 말고 몸을
조심하여 나쁜 친구를 사귀지 말라. 이롭지 않은 말을 함부로 하지
말며 나와 관계없는 일을 함부로 하지 말라. 임금님을 높이 받들고
부모에게 효도하며 웃어른을 존경하고 덕 있는 사람을 우러러 받
들며 어진 사람과 어리석은 사람을 분별하고 무식한 사람을 꾸짖
지 말고 용서하라. 모든 일이 순리대로 찾아오면 물리치지 말고 이
미 지나갔거든 쫓지 말고 몸이 불우하게 되었어도 잘되기를 바라
지 말며 일이 이미 지나가 버렸으면 생각하지 말라. 총명한 사람도
어둡고 둔하여 어리석을 때가 있고 계획을 빈틈없이 잘 세웠어도

편의(便宜)를 잃는 수가 있다. 남에게 손해를 끼치면 마침내 자신도 손해를 입을 것이며 세력을 믿고 그것에 의존하면 재앙이 서로 다투어 따라 일어날 것이다. 경계하는 것은 마음에 있고 지키는 것은 의기(意氣)에 있다. 절약하지 않으면 집안이 망하고 청렴하지 않으면 지위를 잃게 된다. 그대에게 평생을 두고 스스로 조심해서 지킬 것을 권하노니, 감탄하고 놀라운 마음으로 잘 생각해 주기를 바란다. 위에는 하늘의 거울이 있어 밑을 비추어 살펴보고 밑에는 땅의 신령[地神]이 있어 살피고 있다. 밝은 곳에는 삼법(三法)이 서로 이어져 있고 어두운 곳에는 귀신이 서로 뒤를 따르고 있다. 오직 바른 것을 지키고 마음을 속이지 말도록 경계하고 또 경계하라.

紫虛元君誠諭心文에 曰, 福生於淸儉하고 德生於卑退하고 道生於安靜하고 命生於和暢이니라. 憂生於多慾하고 禍生於多貪하고 過生於輕慢하고 罪生於不仁이니라. 戒眼莫看他非하고 戒口莫談他短하고 戒心莫自貪嗔하고 戒身莫隨惡伴하라. 無益之言을 莫妄說하고 不干己事를 莫妄爲하라. 尊君王孝父母하고 敬尊長奉有德하고 別賢愚恕無識하라. 物順來而勿拒하고 物旣去而勿追하고 身未遇而勿望하며 事已過而勿思하라. 聰明도 多暗昧요 算計도 夫便宜니라. 損人終自失이요 依勢禍相隨라. 戒之在心하고 守之在氣라. 爲不節而亡家하고 因不廉而失位니라. 勸君自警於平生하나니 可歎可驚而可思니라. 上臨之以天鑑하고 下察之以地祇라. 明有三法相繼하고 暗有鬼神相隨라. 惟正可守요 心不可欺니 戒之戒之하라.

◉ 誠諭心文(諭:깨우칠 유) 정성껏 마음을 깨우치는 글 ◉ ~生於~ ~은 ~에서 나오다 ◉ 淸儉(淸:밝을 청, 儉:검소할 검) 청렴하고 검소한 것 ◉ 卑退(卑:낮출 비, 退:겸양할 퇴) 자신을 낮추고 겸양하는 것 ◉ 安靜(安:편안할 안, 靜:고요할 정) 편안하고 고요함 ◉ 命(목숨 명, 명령할 명) 생명 ◉ 和暢(暢:통달할 창) 마음이 온화하고 맑음 ◉ 憂(근심할 우) 근심걱정 ◉ 多慾 많은 욕심 ◉ 多貪(貪:탐할 탐) 많은 탐욕 ◉ 過(허물 과) 허물 ◉ 輕慢(輕:가벼울 경, 慢:거만할 만) 경솔하고 교만함 ◉ 罪(죄줄 죄) 죄악 ◉ 不仁(仁:어질 인) 어질지 못함 ◉ 戒~ 莫~ ~을 경계하여 ~을 하지 않다 ◉ 看他非 남의 그릇됨을 보다 ◉ 談他短(談:말씀 담, 短:잘못 단) 남의 단점을 말하다 ◉ 自貪嗔(貪:탐할 탐, 嗔:노할 진) 스스로 탐내거나 화를 내다 ◉ 隨惡伴(隨:따를 수, 伴:짝 반) 나쁜 친구와 사귀다, 나쁜 친구를 좇다 ◉ 無益之言(無:없을 무, 益:더할 익) 이롭지 않은 말 ◉ 妄說(妄:망녕될 망, 說:말씀 설) 함부로 말하다 ◉ 不干~(干:간여할 간) ~와 관계없다 ◉ 不干己事는 〈나와 관계없는 일〉. ◉ 妄爲 망녕되이 행하다, 함부로 하다 ◉ 尊(공경할 존, 높을 존) 높이 받들다 ◉ 尊君王 임금을 높이 받들다 ◉ 孝父母 부모에게 효도하다 ◉ 敬(공경할 경) 존경하다 ◉ 尊長 (尊:어른 존) 웃어른 ◉ 奉(받들 봉) 우러러 받들다 ◉ 有德 덕 있는 사람 ◉ 別賢愚(別:분별할 별, 나눌 별, 賢:어질 현, 愚:어리석을 우) 어진 사람과 어리석은 사람을 분별하다 ◉ 恕無識(恕:용서할 서) 무식한 사람을 꾸짖지 않고 용서하다 ◉ 物順來(順:순할 순, 차례 순) 일이 순리대로 오다 ◉ 勿拒(拒:막을 거) 물리치지 않다 ◉ 旣去而 이미 지나갔거든 ◉ 勿追(追:쫓을 추) 쫓지 않다 ◉ 未遇 (遇:만날 우, 기다릴 우) 아직 만나지 못하다, 불우한 처지에 놓이다 ◉ 勿望 잘되기를 바라지 않다 ◉ 事已過(過:지날 과) 일이 이미 지나가다 ◉ 勿思 생각하지 않다 ◉ 聰明(聰:귀밝을 총) 총명한 사람 ◉ 暗昧(昧:둔할 매) 어둡고 둔하다, 그 생각이 어리석다 ◉ 算計(算:셈놓을 산, 計:설 계) 계획을 짜 놓은 것, 치밀하게 계획을 짜다 ◉ 失便宜(便:편안할 편, 宜:편안할 의) 편의를 잃다 ◉ 損人 남에게 손해

를 끼치다 ◉ **自失** 자신도 손해를 입다 ◉ **依勢**(依:의지할 의, 勢: 권세 세) 세력을 믿고 그에 의존하다 ◉ **禍**(재앙 화) 재앙 ◉ **相隨** 서로 따라 일어나다 ◉ **戒之在心** 경계하는 것은 마음에 있다 ◉ **守 之在氣** 지키는 것은 기운(의기)에 있다 ◉ **爲不節**(節:절제할 절) 절약하지 않는다 ◉ **亡家** 집안이 망한다 ◉ **因不廉**(廉:청렴할 렴) 청렴하지 않음으로써, 청렴하지 않으면 ◉ **失位** 지위를 잃다 ◉ **君** 너, 그대 ◉ **勸君**(勸:권할 권) 그대에게 권한다 ◉ **自警**(警:경계할 경) 스스로 경계하다 ◉ **於平生** 평생토록, 일생동안 ◉ **可歎可驚** 가히 감탄하고 놀랍게 여기다 ◉ **可思** 잘 생각하다 ◉ **上** 위에는 ◉ **臨之以~** ~로서 임하여 있다, ~이 있다 ◉ **天鑑**(鑑:거울 감) 하늘의 거울, 하늘에 비춰봄, 하늘의 굽어봄 ◉ **察之以~** ~의 살 펴봄이 있다 ◉ **地祇**(祇:지신 기) 땅의 신령, 지신 ◉ **明有三法** 밝 은 곳에는 삼법이 있다 ◉ **相繼**(繼:이을 계) 서로 이어가다 ◉ **暗 有鬼神**(暗:어두울 암, 鬼:귀신 귀, 神:귀신 신) 어두운 곳에는 귀 신이 있다 ◉ **相隨**(隨:따를 수) 서로 따르다 ◉ **惟** 오직 ~하다 ◉ **正可守**(守:지킬 수) 바른 것을 지키다 ◉ **心不可欺**(欺:속일 기) 마 음을 속이지 않다 ◉ **戒之戒之** 경계하고 경계하다

◈ ~에서 오다, ~에서 생기다, come from~, derive from~ ◈ 복 good fortune ◈ 청렴 integrity ◈ 검소 frugality ◈ 덕 virtue ◈ 자신을 낮추다 humble oneself ◈ 도 truth teaching(道) ◈ 고요함 serenity ◈ 맑은, 투명한 transparent ◈ 많은 욕심 over-selfishness ◈ 탐욕 covetousness ◈ 경솔 rashness ◈ 죄악 wrong doings ◈ 흠 flaw ◈ 무모하게, 함부로 recklessly ◈ ~에게 효도하다 be filial pious to~ ◈ 우러러 받들다 look up to~ ◈ 순리대로 찾아오다 ~ find one's way to you in an orderly manner(物順來) ◈ 몸이 불우하게 되다 one's body meets with misfortune(身未遇) ◈ 남에게 손해를 끼치다 inflict injury upon others ◈ 절약하다 economize ◈ 권력을 믿다 rely upon force ◈ 망하다 collapse ◈ 감탄하고 놀라운 마음으로 생각해 주기 바란다 I dare advise you to bear in mind this in admiration and wonder ◈ 하늘에 거울이 있어 밑을 비추어 살펴보다 above in the heaven there is the mirror to shine and reflect all the things below ◈ 땅의 신령 earth god(地神) ◈ 속이지 않도록 경계하다 be cautious of deceiving the heart

영문 Good fortune comes from integrity and frugality. Virtue comes from humbling oneself and being modest. The Truth teaching(道) comes from peace and serenity and life comes from the heart that is mild and transparent. Anxiety comes from over-selfishness and misfortune from covetousness. Mistakes come from rashness and haughtiness and wrong doings from not being humane and benevolent. One's eyes always should be careful not to see the wrongs of others. One's lips should be careful not to talk of the flaws of others. One's minds always should be careful not to be recklessly covetous and get angry. One's person should be careful not to make relationship with a bad friend. One should not recklessly engage in non-beneficial talk nor in matters of no concern to oneself. One should highly regard the head of state, be filial pious to one's parents, respect the old, look up to people of virtue, distinguish between benevolent people and foolish ones and be forgiving instead of scolding ignorant people. If affairs find their way to you in an orderly manner, they are not to be rejected, and try to forget those matters which have already ended. Even though one's body meets with misfortune and recovery becomes hard, do not be sorry for it and do not think of what is gone by either. Wise people may be dull and foolish in darkness and no matter how tight and complete the plan may be its necessary and essential convenience can be forgotten, or lost. If one inflicts injury upon others, one inflicts damage as well upon oneself in the end and if one trusts and relys upon force, there will mutual conflicts and trouble follows. Being cautious is within the heart and sustaining it is in the spirit. If one does not economize, the house will collapse from within and if one is not be of integrity, one will lose one's social position. I dare advise you to bear in mind this in admiration and wonder forever throughout your life ; above in the heaven there is the mirror to shine and reflect all the things below, and below on the earth there is the earth-god that looks after and examines all in the world. Good omens(三法) follow one after another in harmoney and cooperation to make all things peaceful at the bright place and bad ghosts follow in conflicts at the dark place. Maintain only that which is right, and be cautious of deceiving the heart.

해 편의 결론과도 같은 구절로 어느 하나도 금언이 아닌 말이 없다. 미덕의 근원은 어떤 마음가짐에 있는지, 악덕의 원인은 어떤 태도에 있는지를 일목요연하게 정리한 내용이다. 시대가 아무리 달라졌다 한들 여기에 담긴 사람 사는 이치가 그 본질까지 달라졌으랴. 구절구절을 되새기고 또 되새겨도 지나치지 않을 것이다.

제2부

마음을 다스리는 지혜는 가까이 있나니

이야기
명심보감

분수를 지키면 욕됨이 없다

安分篇

안분편

≪경행록≫에 이르기를, 만족함을 알면 가히 즐거울 것이요 탐욕스 러움에 힘을 쓰면 곧 근심이 되느니라.

景行錄에 云, 知足可樂이요 務貪則憂니라.
경 행 록 운 지 족 가 낙   무 탐 칙 우

● 知足(知:알 지, 足:흡족할 족) 만족함을 알다 ● 可樂 가히 즐 길수 있다 ● 務貪(務:힘쓸 무) 탐욕에 힘쓰다

◈ 즐겁다 be pleased ◈ 만족함을 알다(知足) know one is pleased(知 可樂) ◈ 탐욕스러움에 힘을 쓰다. use force for covetousness.(務貪)

영문 One will be pleased when one knows one is satisfied. Anxiety will surely come, when one uses force for covetousness.

야 흔 아홉 마리 가진 목동이 한 마리 가진 목동을 시기한다 는 속담처럼 사람의 욕심에는 끝이 없다. 최근에 있었던 국민의식조사 결과, 우리 국민들이 만족스런 생활을 꾸리는 데 필요하다고 생각하는 비용이 월 평균 이백팔십만 원을

넘는다는 보도가 있었다. 일인당 국민소득이 1만불을 넘어선 지 얼마나 됐다고, 일년에 칠팔백만 원을 버는 사람들이 한 달에 이백팔십만 원을 쓰겠다는 꼴이다. 그러나 내 기억에는 헐벗고 배고팠던 지난날이 지금보다 물질적 불만이나 욕구가 덜했던 것 같다. 결국 지금 얼마만큼을 소유하고 있는가가 문제가 아니라 더 소유하려는 마음이 문제가 아닐까.

譯 만족할 줄 아는 사람은 가난하고 신분이 낮아도 역시 즐거우나, 만족할 줄 모르는 사람은 부자이고 신분이 귀해도 역시 근심 걱정이 많다.

知足者는 貧賤亦樂이요 不知足者는 富貴亦憂니라.
지 족 자   빈 천 역 낙   부 지 족 자   부 귀 역 우

◉ 知足者 만족할 줄 아는 자 ◉ 貧賤(貧:가난할 빈, 賤:천할 천) 가난하고 천하다, 빈천하다 ◉ 不知足者 만족할 줄 모르는 자 ◉ 富貴(富:부자 부, 貴:귀할 귀) 돈이 많고 귀하다, 부귀하다

◈ 만족하거나 즐거워 할 줄 안다 know how to be content or pleased ◈ (근심걱정에서 벗어나서) 행복하다 happy free from anxiety and worry ◈ (근심걱정이 많아서)불행하다 unhappy absorbed in anxiety and worry.

영문 The person who knows how to be content or pleased, though not wealthy and of low social status, is happy free from anxiety and worry; whereas the person who knows not how to be content or pleased, though wealthy and of high social status, is unhappy absorbed in anxiety and worry.

옛날에 자기의 낮고 천한 생활이 싫어 하늘을 날고 싶어하는 거북이가 있었다. 일단 하늘에 날아오르기만 하면 훌륭한 새들과 더불어 멋진 날을 보낼 수 있으리라 생각했다. 거북이는 궁리끝에 독수리를 찾아가 나는 법을 가르쳐 주면 바다의 값진 보물을 주겠다고 말했다. 독수리는 불가능한 일이라 거절하고 싶었지만 거북이의 소원을 뿌리치지 못했다. 그래서 거북이를 높은 하늘로 데려가 잡은 발을 놓으며, 「자, 어떠냐?」고 물었다. 거북이는 한 마디 대답도 못한 채 곧장 바위로 떨어져 죽고 말았다.

분수를 지키며 사는 것만으로도 우리는 충분한 행복을 누릴 수 있다.

譯 분수에 넘치는 생각은 다만 정신을 상하게 할 뿐이요, 함부로 하는 행동은, 오히려 재앙을 불러온다.

濫想은 徒傷神이요 妄動은 反致禍니라.
남 상　　도 상 신　　망 동　　반 치 화

◉ 濫想(濫:넘칠 람, 想:생각할 상) 분수에 넘치는 생각　◉ 徒～
(徒:다만 도) 다만 ～할 뿐이다　◉ 妄動(妄:망녕될 망) 함부로 행
동하다, 함부로 하는 행동　◉ 反(反:돌이킬 반) 도리어, 오히려
◉ 致禍(致:불러올 치) 재앙을 불러오다

◈ 분수에 넘치는 생각 overflowing in thought　◈ 공중루각과 같은
like building a castle in the air　◈ 정신을 상하게 하다, 정신에 나쁜
영향을 끼치다 have bad effects on the spirit(傷神)　◈ 함부로 하는
행동 reckless behavior(妄動)　◈ 재앙을 불러온다 beckon misfortunes
(bring unhappiness)(致過)

영문 Overflowing in thought like building a castle in the air will have bad effects on the spirit, and reckless behavior will beckon misfortunes.

제해 은이들이 곧잘 쓰는 말 중에 <주제파악>이라는 말이 있다. 쓸 데 없는 꿈과 헛된 행동을 나무라는 일침이다. 자신의 능력과 위치에 대한 냉정한 판단 없이 함부로 벌이는 행동은 자기와 타인 모두에게 누가 된다. 그러나 모든 사람에게 한 가지씩 타고난 재능은 있는 법이다. 남을 부러워하고 비교하기에 앞서 자기의 것을 소중히 여기는 자세가 필요하다.

譯 만족할 줄을 알아 늘 만족해 한다면 일생 동안 욕됨이 없을 것이며, 그칠 때를 알아 그때에 그친다면 일생 동안 부끄러움이 없다.

知足常足이면 終身不辱하고 知止常止면 終身不恥니라.
지 족 상 족   종 신 불 욕   지 지 상 지   종 신 불 치

◉ 知足常足(常:항상 상, 足:흡족할 족) 만족할 줄을 알아서 늘 만족해하다 ◉ 終身(終:마침 종, 끝 종) 죽을 때까지, 일생동안 ◉ 不辱(辱:욕될 욕) 욕됨이 없다 ◉ 知止常止(止:그칠 지) 그칠 때를 알아서 그때에 그치는 것, 물러설 때에 물러나다 ◉ 不恥 (恥:부끄러울 치) 부끄러움이 없다

◈ 욕됨이 업이 without being of disgrace(不辱) ◈ 일생을 살다 live a life time ◈ 그친다 the ends come ◈ 부끄러움이 없다 suffer no embarrassment(不恥)

영문 One who is always content because he knows how to be content lives a lifetime without being of disgrace. One who knows when the ends come suffers no embarrassment throughout his lifetime.

근 전직 대통령이 독직과 수뢰혐의로 구속되어 국민의 공분을 일으키고 있다. 나라 망신은 둘째로 치고 한푼 두푼 아껴가며 알뜰하게 살아온 진짜 <보통사람들>의 박탈감은 이루 말할 수 없을 정도였다. 파렴치한 죄목을 달고도 당당하고 특별한 수인을 보면서 사람이 저렇게까지 표리가 다를 수 있는가 의심해야 했다. 그 스스로 <보통사람>이라고 불리길 원했던 사람이기에 분노는 더 큰 것 같다. 아래에 인용한 구절은 이 경우에 딱 들어맞는 말이다.

「제 분수를 알고 지어지처(止於至處)하라. 마땅히 그쳐야 할 데서 알맞게 그쳐야 하늘의 화를 면할 수 있나니.」

≪서경(書經)≫에 이르기를, 가득 차서 넘쳐 흐르면 손실을 가져오고 겸손하면 이익을 얻게 된다.

書에 曰, 滿招損하고 謙受益이니라.
서   왈   만 초 손   겸 수 익

◉ 滿(찰 만) 가득 차서 넘쳐흐름 ◉ 招損(招:불러올 초, 損:상할 손) 손실을 가져오다 ◉ 謙受益(謙:겸손할 겸, 受:받을 수, 얻을 수) 겸손하면 이익을 얻는다

◈ 그릇에 물이 가득 차서 넘쳐흐르다 to fill a jar with water to the brim so that it overflows ◈ 손실을 가져오다 bring damage to~ ◈ 차지 않을 때도 만족할 정도로 겸손하다 so modest as to be satisfied even when it does not fill to the brim ◈ 이익을 얻는다 acquire benefit(受益)

영문 To fill a jar with water to the brim so that it overflows brings damage to one and one who is so modest as to be satisfied even when it does not fill to the brim acquires benefit.

차 면 기울고 기울면 다시 차는 게 세상의 이치다. 모든 것을 다 가지겠다고 꿈꾸는 사람이 있다면 먼저 무엇이건 비워져야 다시 찰 수 있다는 사실을 명심하기 바란다.

옛날에 수탉 두 마리가 암탉 한 마리를 서로 차지하려고 싸우고 있었다. 얼마 후 약한 놈이 힘센 놈에게 쫓겨 덤불 속에 숨어버렸다. 의기양양해진 힘센 수탉은 높은 담에 날아올라 활개를 치면서 큰소리로 울었다. 이때 갑자기 독수리 한 마리가 나타나더니 그 놈을 채어가 버렸다. 덤불 속에 남은 수탉은 절로 암탉을 얻어 같이 살게 되었다고 한다.

성(盛)하고 가득 찬 것이 반드시 좋은 것만은 아니다.

譯 《안분음》에 이르기를, 편안한 마음으로 분수를 지키면 몸에 욕됨이 없을 것이고 기틀을 잘 알면 마음은 저절로 한가하니, 비록 인간 세상에서 살더라도 도리어 인간 세상을 벗어나게 된다.

安分吟에 曰, 安分身無辱이요 知機心自閑이니 雖居人世
안 분 음 왈 안 분 신 무 욕   지 기 심 자 한   수 거 인 세

上이나 却是出 人間이니라.
상   각 시 출 인 간

◉ 安分(安:편안 안, 分:분수 분) 편안한 마음으로 분수를 지키다
◉ 知機(機:틀 기) 기틀을 알다 ◉ 心自閑(閑:한가할 한) 마음이
저절로 한가해지다 ◉ 雖~ 비록 ~라도 ◉ 居人世上 인간 세상

에 살다 ◉ 却是(却:도리어 각) 도리어 ◉ 出人間(出:나갈 출, 間: 사이 간) 인간 세상을 벗어남

◈ 분수에 맞춰 within one's means ◈ 기틀을 알다 know the important point ◈ 한가하다 be at rest ◈ ~에 살더라도 though living ◈ ~하게 된다 it comes that~

영문 If one lives a life within one's means with a contented heart, disgrace will not be brought upon one and when one knows the important points well, the heart of itself will be at rest, and so it comes that though living in the complicated world of man, one is able to escape this troubled world of man.

상 돌아가는 이치를 바로 알지 못하고 상황이 변할 때마다 분수를 넘어 흔들리다 보면 그 결말은 결코 좋을 수 없을 것이다.

옛날 고려 때 아버지의 권세만 믿고 으시대던 아들이 있었다. 어느 날 아버지가 투옥되자 그 많은 혼처도 한번에 끊기고, 아들은 죄인의 자식으로 살아갈 수밖에 없었다. 그런데 모두가 손가락질하는 그를 변함없이 사랑하는 처녀가 있었다. 가난한 집안에 수수한 용모였지만 언제나 따뜻하게 그를 대해 주었다. 두 사람이 백년가약을 맺을 무렵 아버지가 갑자기 풀려나게 되어 주변에는 다시 사람들이 몰려들기 시작했다. 아들은 돌변하여 가장 힘겨울 때 곁에 있어준 처녀를 버리고 부잣집 딸과 약혼을 해버렸다. 그런데 얼마 못 가 새로운 죄가 밝혀진 아버지가 다시 투옥되었고, 새 약혼녀는 물론 사람들의 발길이 다시 끊어졌다. 아들은 그제야 옛 여인의 참사랑을 깨닫고 달려갔다. 하지만 그 처녀는 이미 결혼한 뒤였다. 허탈감과 회한에 빠진 아들은 시름시름 앓던 끝에 결국 죽고 말았다는 이야기다.

공자가 말하기를, 그 지위에 있지 않으면 그 직(職)에 대하여 논하지 말라.

> 子曰, 不在其位면 不謀其政이니라.
> 자 왈   부 재 기 위   불 모 기 정

◉ 不在(不:아니 불, 在:있을 재) ~에 있지 않다 ◉ 其位(位:자리 위, 직위 위) 각기 맡은 바의 지위 ◉ 謀(謀:계교할 모·꾀할 모) 논의하다, 꾀하다 ◉ 其政(政:정사 정) 지위에 따르는 정사, 정(政)은 곧 직무(職務)를 의미함.

◆ 그 지위에 있다 occupy the position ◆ 그 직 the position concerned(職) ◆ ~에 대해 논하다 talk about

If one does not occupy the position, one should not talk about the work of the position concerned.

신이 맡은 일을 성실히 해나가는 사람은 과묵하다. 결코 다른 사람의 자리를 탐내지도 않는다. 그러나 작고 보잘 것 없는 일을 자랑삼는 자일수록 남에 대한 평가는 가혹하다.

옛날에 자기 자랑을 일삼던 램프가 있었다. 하루는 밤에 반딧불이 놀러 왔다. 마루 위에 걸려 있던 램프는 태양빛 보다도 자기가 더 밝다고 떠들었다. 이때 바람이 불자 램프 불은 힘없이 꺼지고 말았다. 할 말을 잃고 선 램프의 모습을 비웃으며 반딧불은 날아가 버렸다. 얼마 후 주인이 다시 램프에 불을 켜면서 조용한 말로 타일렀다.

「램프야, 잔말 말고 비추고만 있거라! 별빛은 꺼지는 일이 없지 않니?」

뜻을 지키기를 성(城) 지키듯 한다

存心篇

존심편

詳 ≪경행록≫에 이르기를, 밀실에 앉아 있더라도 마치 큰 거리를 통하듯 하고 작은 마음 다스리는 것을 마치 여섯 말이 끄는 수레를 부리듯 하면 가히 허물을 면할 수 있다.

景行錄에 云, 坐密室을 如通衢하고 馭寸心을 如六馬하면
경 행 록 운 좌 밀 실 여 통 구 어 촌 심 여 육 마

可免過니라.
가 면 과

◉ 坐密室(密:비밀할 밀) 밀실에 앉아 있다, 밀실에 있다 ◉ 通衢
(衢:네거리 구) 사방으로 통한 거리, 사람이 많이 다니는 거리 ◉
馭寸心(馭:말부릴 어) 작은 마음을 다스리다 ◉ 如六馬 여섯 말이
끄는 수레를 부리듯이 ◉ 免過(免:면할 면) 허물을 면하다

◈ 밀실 a secret room ◈ 앉아 있더라도 If sitting ◈ 큰 거리를 통하
다 pass down a large road(通衢) ◈ 여섯말이 끄는 수레 a chariot a
team of six horses pulling

영문 If sitting in a secret room is as if passing down a large
road and if controlling a small heart is as if driving a chariot
a team of six horses are pulling it is possible that a flaw can
be avoided.

야의 <천명편>에서 <하늘이 알고 땅이 알고 내가 알고 당신이 안다.>는 고사성어를 예로 든 적이 있다. 마음이 광명정대(光明正大)하다면 어디에 있든 그 행동에 다름이 있을 수 없다. 밀실에서건 광장에서건, 사람의 눈이 있건 없건 곧고 바른 몸과 마음의 태도를 유지해야 한다. 그러기 위해서는 마치 여섯 마리의 말을 부리듯이 주의와 노력을 기울여야 함은 물론이다.

≪격양시≫에 이르기를, 부귀를 지혜와 힘으로써 얻을 수 있었다면 공자도 나이 어려서 마땅히 제후가 되었을 것이다. 세상 사람들은 저 푸른 하늘의 뜻을 이해하지 못하고 부질없이 몸과 마음을 한밤중에 잠 이루지 못하면서 근심 걱정하게 만든다.

擊壤詩에 云, 富貴를 如將智力求인댄 仲尼도 年少合封
격양시　운　부귀　여장지역구　중니　연소합봉

候라. 世人은 不解靑天意 解靑天意하고 空使身心半夜
후　세인　불해청천의　해청천의　공사신심반야

愁니라.
수

◉ 如(如:어조사 어) 만일 ◉ 將~(將:장수 장) 힘 ◉ 將智力求 지혜와 힘을 가지고 ~을 구했다면 ◉ 仲尼(孔子) 공자 ◉ 年少 나이 어려서 ◉ 合(합할 합, 짝 합) 합당하다, ~되는 것이 합당했을 것이다. ◉ 封侯(封:벼슬할 봉, 候:벼슬이름 후) 재후가 되다 ◉ 世人 세상 사람들 ◉ 不解 이해하지 못하다 ◉ 靑天意 높푸른 하늘의 뜻 ◉ 空 부질없이 ◉ 使身心~ 몸과 마음으로 하여금 ~하게 하다 ◉ 半夜愁(愁:근심 수) 한밤중에 잠 이루지 못하면서 쑤심에 잠기다

◈ 어려서 제후가 되었을 것이다의 문장 과거사실의 반대되는 상황을 표시되었기 때문 가정법 과거완료 문장이 해당됨. would have become~ ◈ 부귀를 얻을 수 있다. become a wealthy and noble person. ◈ 어려서 마땅히 제후가 되었을 것이다. ~would have rightfully become a feudal lord when a child. ◈ 저 푸른 하늘의 뜻을 이해하지 못하다. do not understand the will of the blue heaven above ◈ 몸과 마음을 근심 걱정하게 만든다. create worry and anxiety over bodies and hearts.

영문 If master had been able to become a wealthy and noble person by wisdom and power he would have rightfully become a feudal lord when a child. The people of the world do not understand the will of the blue heaven above but uselessly create worry and anxiety over their bodies and hearts throughout the night.

〈**교양**〉 자소관>이라는 말이 있다. 최선을 다했는데도 일이 뜻대로 안 되면 우리는 곧잘 이런 탄식을 한다. 확실히 우리에게는 어떤 지혜나 힘으로도 이루기 어려운 일이 많다. 잘못된 희망이라면 빨리 버려야 할 것이요, 역부족이라면 차후를 기다려 용기를 잃지 말아야 할 것이다. 그리고 부족한 능력을 높이려고 애써야 할 것이다. 고대 로마의 철학자 세네카는 이런 말을 했다.

「운명의 장난이 재산을 빼앗아갈 수는 있으나 마음의 용기까지 빼앗아 가지는 못한다. 인생의 참된 재산은 무엇보다 용기다. 용기가 있는 한 실패에 탄식하지 않고 운명을 박차고 나갈 수 있다. 탄식한다고 해서 엎질러진 물을 다시 그릇에 담을 수 있겠는가? 인생에서 가장 쓸데없는 것이 탄식이다. 무엇을 얻을까 고민하기 전에 먼저 탄식을 버려라. 운명을 이기는 길은 먼저 자기를 누르고 자기 자신을 이겨내는 데 있다.」

譯 범충선공이 자제들을 경계하여 말하기를, 비록 어리석은 사람일지라도 다른 사람을 꾸짖는 데는 사리에 밝고 비록 총명한 사람일지라도 자신을 용서하는 데는 사리에 어둡다. 너희들이 마땅히 남을 꾸짖는 마음으로 자기 자신을 꾸짖는 데는 사리에 밝고, 비록 총명한 사람일지라도 자신을 용서하는 데는 사리에 어둡다. 너희들이 마땅히 남을 꾸짖는 마음으로 자기 자신을 꾸짖고, 자신을 용서하는 마음으로 남을 용서한다면 비록 성현의 경지에 이르지 못하더라도 근심할 것이 없다.

范忠宣公이 戒子弟曰, 人雖至愚라도 責人則明하고 雖有
聰明이나 恕己則昏이라. 爾曹는 但當以責人之心으로 責
己하고 恕己之心으로 恕人則不患不到聖賢地位也니라.

◉ 戒~ 曰 ~을 경계하여 말하다 ◉ 人雖至愚(雖:비록 수, 愚: 어리석을 우) 사람이 비록 매우 어리석어도 ◉ 責人(責:꾸짖을 책) 남을 꾸짖다 ◉ ~則明 ~데에는 이유가 명백하다 ◉ 恕己則昏(恕:용서할 서, 昏:날저물 혼, 어두울 혼) 자기를 용서하는 데는 사리가 어둡다 ◉ 爾曹(爾:너 이, 曹:무리 조) 너희들 ◉ 但當(但:다만 단, 當:마땅할 당) 다만, 마땅히 ◉ 以責人之心 남을 꾸짖는 마음으로 ◉ 恕己之心 자신을 용서하는 마음 ◉ 恕人則 남을 용서하다 ◉ 不患(患:근심 환) 근심하지 않다 ◉ 不到~ ~에 이르지 못하다, ~에 도달하지 못하다. ◉ 聖賢地位 성현의 경지

◈ 비록 어리석은 사람일지라도 even though one may be foolish as an idiot ◈ ~하는 데는 사리에 밝고 there may be good reason. ◈ 총명하다 할지라도 even though one may be wise as a sage ◈ ~

하는 데에는 사리가 어둡다. ~(하는 데에는)사리가 어둡다. there may be bad reason ◈ 사람을 꾸짖는 마음으로 ~을 꾸짖다. scold oneself with the heart of rightly scolding others. ◈ 자신을 용서하는 마음으로 다른 사람을 용서하다. forgive others with the heart of forgiving oneself.

영문 Even though one may be foolish as an idiot, when scolding others, there may be good reason and even though one may be wise as a sage, when forgiving oneself, there may be bad reason. When one scolds oneself with the heart of rightly scolding others and forgives others with the heart of forgiving oneself even though one is not a sage, there will be nothing to worry about.

2H 우리에게는 자신의 문제보다 타인의 결점이 먼저 눈에 띄는 것일까? 이솝우화에 그에 대한 설명이 나온다.

「사람은 누구나 두 개의 결점 주머니를 가지고 다닌다. 하나는 몸 앞에, 하나는 몸 뒤에. 그런데 앞쪽의 주머니에는 이웃사람의 결점이 가득 들어있고, 뒤쪽의 주머니에는 자기 자신의 결점이 가득 들어 있다. 그러므로 사람들은 자기 자신의 결점에는 눈이 어둡지만 이웃 사람의 결점은 결코 놓치는 법이 없다.」

참으로 날카롭기 그지없는 풍자이다.

譯 공자가 말하기를, 총명하고 생각이 깊을지라도 어리석은 체하며 이를 지키고, 공로가 세상을 뒤덮을지라도 겸양한 마음으로 이를 지키고, 용맹이 세상에 떨치더라도 두려운 마음으로 이를 지켜야 하고, 부유함이 온 세상을 차지하더라도 겸손한 마음으로 이를 지켜야 한다.

子曰, 聰明思睿라도 守之以愚하고 功被天下라도 守之以
자왈, 총명사예   수지이우   공피천하   수지이

讓하고 勇力振世라도 守之川去하고 富有四海라도 守之以
양   용역진세   수지천거   부유사해   수지이

謙이니라.
겸

◉ 思睿(睿:지혜스러울 예, 깊이 밝을 예) 생각이 슬기롭다, 생각이 밝다 ◉ 守之(守:지킬 수) 이를 지키다 ◉ 以愚(愚:어리석을 우) 어리석음으로, 어리석은 체 ◉ 以讓(사양 양), 以怯(겁낼 겁), 以謙(사양 겸)도 같은 맥락으로 옮김 ◉ 功被天下(被:덮을 피) 공이 천하를 덮다 ◉ 勇力振世(振:떨칠 진) 용맹이 세상에 떨치다 ◉ 富有四海 〈부유함이 온 천하를 차지함〉, 有는 차지한다는 뜻

◈ 어리석은 체하며 이를 지키다(현명하지 않은 체하며)지키다 must cowardly and humbly act otherwise to maintain ◈ 세상을 뒤덮다 be spread throughout the world ◈ 겸손하게 지키다 be sustained with a humble heart ◈ 용맹이 세상에 떨치다dauntlessness occurs all over the land ◈ 두려운 마음 fearfull heart ◈ 부가 온 세상을 차지하다 wealth is large enough to be shared throughout the land ◈ 겸손한 마음 modest heart

영문 Although one is wise as a sage and wisely considers all matters, one must cowardly and humbly act otherwise to maintain one's wiseness and even if one's virtue is spread throughout the world, it needs to be sustained with a humble heart and even though dauntlessness occurs all over the land, it must be sustained with a fearfull heart and though wealth is large enough to be shared throughout the land, it must be maintained with a modest heart.

상살이에는 나름의 방법이 있다고 한다. <처세술>이라는 이름의 방법이 바로 그런 것들이다. 그 가운데 가장 으뜸

가는 것은 무엇일까? 사람마다 다른 것을 들겠지만 겸양이란 덕목도 중요하다는 생각이 든다. 자기 PR의 시대라고는 하지만 <빈 수레가 요란하다.>는 속담은 여전히 진실인 것이다. 서양 속담에 이런 말이 있다.

　<마음이 고결할수록 목이 덜 뻣뻣하다.>

譯 《소서》에 이르기를, 박하게 베풀고 후한 것을 바라는 사람에게는 보답이 없고, 귀하게 된 후에 비천했던 때를 잊는 사람에게는 그 귀함이 오래가지 못한다.

素書에 云, 薄施厚望者는 不報하고 貴而忘賤者는 不久니라.
소 서 　운　박 시 후 망 자　　불 보　　귀 이 망 천 자　　불 구

◉ 薄施(薄:얇을 박, 施:베풀 시) 박하게 베풀다 ◉ 厚望(厚:두터울 후, 후할 우, 望:바랄 망) 후한 것을 바라다 ◉ 不報(報:갚을 보) 보답이 없다, 보답을 받지 못하다 ◉ 貴而忘賤者(忘:잊을 망) 귀하게 되고 난 후에 천했던 시절을 잊다 ◉ 不久(久:오랠 구) 오래 가지 못하다

◈ 후한 것을 바라다 expect something big ◈ 박하게 베풀다 give stingily ◈ 비천할 때를 잊는다 forget one's humble days(忘賤) ◈ 오래가지 않다 soon fade away(不久)

英文 To the person who expects something big after stingily giving there will be no reward and from the person who does not think of one's humble days of the past after becoming precious eventually his property and position will soon fade away.

譯 은혜를 베풀었거든 그 보답을 바라지 말고 남에게 주었거든 후회하지 말라.

施恩이어든 勿求報하고 與人이어든 勿追悔하라.
시 은 　　　물 구 보 　　　여 인 　　　물 추 회

◉ 施恩(施:베풀 시, 恩:은혜 은) 은혜를 베풀다 ◉ 求報(求:구할 구, 報:갚을 보) 보답을 바라다 ◉ 與人(與:줄 여) 남에게 주다 ◉ 追悔(追:쫓을 추, 悔:뉘우칠 회) 후회하다

◈ 보답을 바라지 않다 expect no reward ◈ 은혜를 베풀었다고 해서 for being grateful(施恩) ◈ 후회하지 않다 have no regret after... (勿追悔)

영문 One should expect no reward for being grateful and have no regret after having given to others.

중매체를 접하다 보면 무슨무슨 성금이나 모금행사가 꽤 많이 눈에 띈다. 길거리나 지하철에서도 작은 자선을 청하는 장애인이나 어린아이들을 어렵지 않게 볼 수 있다. 사회가 각박한 탓인지 아니면 내 마음이 순수하지 못한 탓인지 이런 모습을 보면 선뜻 자선을 베풀기보다 뭔가 미심쩍은 마음이 드는 것이 사실이다. 이럴 때는 작은 의심 때문에 손쉬운 자선조차 주저하는 나 자신을 책망하기도 한다.

　재미있는 것은 어렵게 사는 사람일수록 인정이 많다는 사실이다. 얼마 전 어느 신문사에서 이런 설문을 실시했다. 「만약 1억 원짜리 복권에 당첨된다면 어떻게 쓰겠는가?」 조사

결과 나이가 젊고 부유한 사람일수록 자선을 베풀겠다는 대답이 드물었다는 한탄스런 결과가 나왔다. 수천 억의 비자금을 쓰면서도 장애자 재활촌인 <꽃동네>에 쥐꼬리만한 돈을 기부했다는 전직 대통령의 기사를 보고 마음이 씁쓸했던 적이 있다. 겸손함에서 나오는 아량과 베풂이 아쉬운 때이다.

손사막이 말하기를, 담력은 크게 가지되 마음가짐은 섬세해야 하고, 지혜는 둥글게 가지되 행동은 떳떳하고 바르게 해야 한다.

孫思邈이 曰, 膽欲大而心欲小하고 知欲圓而行欲方이니라.
손 사 막　왈,　담 욕 대 이 심 욕 소　　　지 욕 원 이 행 욕 방

◉ 膽欲大(膽:쓸개 담, 欲:하고자할 욕) 담력을 크게 가지려 하다 ◉ 心欲小 마음가짐은 섬세하려 하다 ◉ 知欲圓(圓:둥글 원, 원만할 원) 지혜는 원만하려 하다 ◉ 行欲方(方:떳떳할 방) 행동은 방정하려 한다

◈ 담력을 크게 갖다 be fearless ◈ 마음가짐을 섬세하게 하다 delicacy is held in the heart ◈ 지혜를 둥글게 하다 desire harmonious wisdom ◈ 행동을 떳떳하게 하다 action is nothing less than honorable

영문 It is fine for one to be fearless but it is desirable that delicacy should be held in the heart and it is fine for one to desire harmonious wisdom but it is desirable that one's action should be nothing less than honorable.

예 문장은 원래《당서(唐書)》<은일전(隱逸傳)>에 나오는 구절로 문장을 지을 때 유의해야 할 점을 언급한 것이다. 하

지만 단지 문장에만 해당되는 것이 아니라 일상의 삶 속에서 가져야 할 마음가짐, 지켜야 할 행동의 규범으로도 삼을 만한 내용이다.≪논어≫<이인편(里仁篇)>에도 기억할 만한 구절이 있다.

「옛 사람은 말을 경솔하게 하지 않았다. 실천이 따르지 못할까 두려워 서다.」

譯 생각은 항상 전쟁터에 나가는 날처럼 하고 마음은 항상 다리를 건너는 것처럼 하라.

念念要如臨戰日하고 心心常似過橋時니라.
염 염 요 여 임 전 일   심 심 상 사 과 교 시

◉ **念念**(念:생각할 념) 생각하고 또 생각함 ◉ **臨戰日**(臨:임할 림,戰:싸움할 전) 전쟁터에 나가는 날 ◉ **常似**(似:같을 사) 항상 ~처럼 하다 ◉ **過橋**(過:건널 과, 橋:다리 교) 다리를 건너다

◈ 전쟁터에 나가는 날 the day one departs for the battlefield ◈ 마치 다리를 건너가는 것처럼 as if one were crossing a bridge.

영문 Thinking is always strained as if it were on the day one departs for the battlefield and the heart is always careful as if one were crossing a bridge.

르만 헤세가 한 말이 있다.
「큰 일에는 진지하게 대하지만 작은 일에는 손을 빼는 것이 당연하다고 생각하는 것, 몰락은 이로부터 시작된다. 인류 전체는 존경하면서도 자기의 아랫사람을 괴롭힌다든가, 조국,

교회당은 신성한 것이라고 여기면서도 일상적인 평범한 일은 소홀히 다루는 데에서 언제나 붕괴가 시작된다.」

사소한 일들이 쌓여 큰 것을 이룬다는 점을 생각하여 아무리 작은 것이라도 소홀함이 없도록 해야 할 것이다.

譯 법을 두려워하면 날마다 즐겁고 나랏일을 속이면 날마다 근심이 된다.

懼法이면 朝朝樂이요 欺公이면 日日憂니라.
구 법   조 조 낙   기 공   일 일 우

◉ 懼法(懼:두려워할 구) 법을 두려워하다 ◉ 朝朝樂 날마다 즐겁다 ◉ 欺公 공적인 일을 속이다, 나랏일을 속이다, 국가 관청을 속이다 ◉ 日日憂 날마다 근심이다

◈ 나랏일을 속이다 the matters of state are steeped in deception; be steeped in~ : ~으로 쌓여있다. ~으로 담겨져 있다.

영문 When one fears the law, each day one is pleasant and when the matters of state are steeped in deception, each day one is filled with anxiety.

법은 구성원 모두가 동의한 <금지의 약속>이다. 또한 모든 이의 욕구를 고루 만족시키기 위한 적극적인 의사표현이기도 하다. 그러나 법은 물 흐르듯 지켜질 때 생명력이 있다. 모든 이가 무리 없이 자연스럽게 지킬 수 있어야 훌륭한 법이다. 그러나 더 중요한 것은 법의 형식보다는 그것을 준수하려는 의지일 것이다. 우리 사회의 여러 부조리한 현상들의

원인이 어찌 법이 불완전해서겠는가. 공동의 약속을 가벼이 여기는 마음, 그것부터 고쳐야 한다.

譯 주자가 말하기를, 입을 지키는 것을 병(瓶)과 같이 하고 뜻을 지키기를 성과 같이 하라.

朱文公이 曰, 守口如瓶하고 防意如城하라.
주 문 공   왈   수 구 여 병   방 의 여 성

◉ 守口如瓶(瓶:병 병) 입을 지키기를 병처럼 하다, 병에서 쏟아진 물을 다시 담을 수 없듯이 한 번 나간 말은 다시 주워 담을 수 없으니 항상 입을 단단히 조심하라는 뜻 ◉ 防意如城(城:성 성) 뜻을 지키기를 성을 막듯이 하다, 나쁜 뜻이 마음 속에 싹트는 것을 마치 성곽으로 외적이 침입하는 것을 막듯이 하라는 뜻.

◈ 입을 지키다 hold one's tongue ◈ 병을 막다 close a bottle ◈ 뜻을 지키다 block the will ◈ ～와 같다 be similar to～ ◈ 성 castle(城)

영문 Consider that holding one's tongue is like closing a bottle and that blocking the will is similar to keeping a castle.

단속, 말조심만큼 사람들이 경계해 마지않는 행동은 없을 것이다.

이에 관한 속담이나 격언도 부지기수이다.

<물고기는 언제나 입으로 낚인다. 사람도 역시 입으로 걸려든다.>

<사람은 입이 하나 귀가 둘이다. 이것은 듣기를 배로 하라는 것이다.>(이상 탈무드)

　　<미련한 자의 입은 멸망의 문이 되고 입술은 영혼의 그물이 되느니라.>(구약성서 잠언)
　　<입은 마음의 문이니 입 지키기를 단단히 하지 못하면 비밀이 누설된다.>(채근담)

譯 마음이 남을 저버리지 않으면 얼굴에 부끄러운 빛이 없다.

> **心不負人**이면 **面無慙色**이니라.
> 심 불 부 인　　　　면 무 참 색

　　◉ 負人(負:저버릴 부) 남을 저버리다　◉ 慙色(慙:부끄러울 참) 부끄러운 빛

　　◈ ～을 저버리다 lay one's heart on the feet of～(負人)　◈ 부끄러운 빛이 있다 reveal ons's embarrassment(無慙色)

英文 If one does not lay one's heart at the feet of others, one's face will not reveal embarrassment.

　　아리스토텔레스는 이렇게 말했다.
　　「수려한 얼굴은 어떠한 추천서 못지 않게 효능이 있는 법이다.」
　　그러나 아리스토텔레스의 이 말이 단순히 잘 생기거나 못생긴 얼굴 모습만을 두고 하는 이야기는 아니라고 생각된다. 흔히 하는 말로 마흔 뒤의 얼굴은 자신이 책임져야 한다는 말이 있다. 사람의 내면적 품격은 아무리 감추려해도 얼굴과 행위에 나타나는 법이다.

譯 사람은 백 살을 살지 못하는데 부질없이 천 년의 계획을 세운다

人無百歲人이나 **枉作千年計**니라.
인 무 백 세 인   왕 작 천 년 계

◉ 百歲人(歲:나이 세·세월 세) 백 살 된 사람, 백 살을 사는 사람 ◉ 枉(굽을 왕) 곧게 나가지 못하고 굽어 나간다는 의미에서 잘못의 뜻이 됨, 이 뜻이 더 나아가 〈부질없이〉로 풀이됨 ◉ 作千年計 천년 계획을 세우다

◈ 백살까지 살다 live to be one hundred years ◈ 천년의 계획을 세운다 make plan for one thousand years.

영문 Although one does not live to be one hundred years, one uselessly makes plans for one thousand years.

백 년도 채 살지 못하면서 천 년 근심으로 사는 게 사람이다. 욕심을 조금만 줄여도 근심이 크게 덜어질 텐데, 이런 이치를 깨닫기가 쉽지 않다.

옛날에 꿀벌들이 자기들의 나약한 존재가 불만스러워 신에게 간청했다고 한다. 작은 몸집을 준 만큼 사람을 찔러 죽일 만한 무기도 함께 줘야 공평하지 않겠느냐고. 이런 꿀벌들의 생각이 괘씸해 신은 침을 주되 고통도 함께 주기로 했다. 사람을 한 번 쏘고 나면 꿀벌도 침을 잃게 돼 생명을 잃도록 한 것이다. 과욕에는 치명적인 결과가 따른다는 것을 명심하자.

譯 구래공 육회명에 이르기를, 관리가 공적인 일을 하다가 사곡(私曲: 부정)을 하면 벼슬을 잃었을 때 후회하고, 부유할 때 비용을 절약하지 않으면 가난해졌을 때 후회하고, 기예(技藝)를 젊었을 때 배우지 않으면 때가 지났을 때 후회하게 되고, 일을 보고도 배우지 않으면 그것이 필요할 때 후회하게 되고, 술에 취했을 때 함부로 말하면 술에서 깨었을 때 후회하게 되고, 몸이 건강할 때 휴식을 취하지 않으면 병들었을 때 후회하게 된다.

寇萊公六悔銘에 云, 官行私曲失時悔요 富不儉用貧時
구 내 공 육 회 명 운 관 행 사 곡 실 시 회 부 불 검 용 빈 시

悔요 藝不小學過時悔요 見事不學用時悔요 醉後狂言
회 예 불 소 학 과 시 회 견 사 불 학 용 시 회 취 후 광 언

醒時悔요 安不將息病時悔라.
성 시 회 안 불 장 식 병 시 회

◉ 官行 공적인 일을 하다, 나라 일을 하다 ◉ 私曲 사적인 이익을 위해 정도를 굽히는 것 ◉ 失時 벼슬을 잃었을 때 ◉ 悔 후회하다 ◉ 富不儉用(儉:검소할 검) 부유할 때 비용을 절약하지 않는다 ◉ 貧時 가난할 때 ◉ 藝不小學 기예(技藝)를 젊었을 때 배우지 않다 ◉ 過時 때가 지나갔을 때 ◉ 見事不學 일을 보고 배우지 않다 ◉ 用時 필요할 때 ◉ 醉後狂言(醉:술취할 취, 狂:미칠 광)술 취한 후 함부로 막말을 하다 ◉ 醒時(醒:술깰 성)술에서 깨어났을 때 ◉ 安不將息(將:가질 장) 몸이 건강할 때 휴식을 취하지 않다 ◉ 病時 병이 났을 때

◈ 관리 public official ◈ 공적인 일을 하다가 부정을 하다 engage in shady dealings instead of doing public affairs ◈ 비용을 절약하다 save on cost ◈ 기예 craft(技藝) ◈ 함부로 말하다 utter a random talk ◈ 술 취했을 when drunk on liquor ◈ 술 깨다 become sober ◈ 몸이 건강하다 be physically healthy

영문 A public official who engages in shady dealings instead of doing public affairs will regret what was done when his position is lost and one who is wealthy does not save on cost regrets it when he is poor and one who fails to learn a craft when young is full of regret when old, and one who fails to learn to do the work will regret it when it is necessary to do the work for oneself. One who utters a random talk when drunk on liquor is full of regret after becoming sober and one who is physically healthy is full of regret when ill from lack of rest.

소한 일 때문에 뼈에 사무치는 후회를 해본 적이 한두 번은 있을 것이다. 소를 잃기 전에 미리 외양간을 고치는 것보다 좋은 일은 없지만, 한편 참된 후회는 약이 될 수도 있다.

≪탈무드≫에 이런 말이 있다.

「항상 침묵을 지키는 사람은 하느님께 가까워지기가 쉽다. 그러나 입이 가벼운 사람은 그 입술을 쓸데없이 놀리고 그 후에 외로움과 초조함을 느낀다. 후회는 장차 그 사람이 그 후회한 것을 삼가 하려고 결심할 때에만 진실하다.」

譯 ≪익지서≫에 이르기를, 사고 없이 편안한 마음으로 집이 가난할지언정 걱정 있는 부잣집이 되지 말 것이며, 아무 걱정 없이 초가집에서 살지언정 걱정 많은 좋은 집에서 살지 말며, 차라리 병 없이 거친 밥을 먹을지언정 병이 들어 좋은 약을 먹지 말라.

益智書에 云, 寧無事而加貧이언정 莫有事而家富요 寧無事而住茅屋이언정 不有事而住金屋이요 寧無病而食麤飯이언정 不有病而服良藥이니라.

◉◉◉◉

◉ 寧(寧:차라리 영) 차라리 ~일지언정 ◉ 無事 사고 없다 ◉ 家
貧 집이 가난하다 ◉ 住茅屋(茅:띠 모) 초가집에 살다 ◉ 金屋 금
으로 만든 집, 좋은 집 ◉ 食麤飯(麤:거칠 추) 거친 밥을 먹다 ◉
有病 병이 있다 ◉ 服良藥(服:쓸 복) 좋은 약을 먹다

◈ 걱정 없이 편안한 마음의 가난한 집 a poor person with
contented hearts ◈ 걱정 있는 부자 집 an wealthy one steeped in
worry ◈ 걱정 없는 초가집 a humble house of thatched roof free
from worry(寧無事而茅屋) ◈ 걱정 많은 좋은 집 a well off one full of
stress ◈ 병 없이 거친 밥을 먹다 prefer eating bad rice without
illness ◈ 병들어 좋은 약을 먹을지언정 to eating fine medicine
when ill(不有病而服良藥)

성문 As a poor person with contented hearts need not become
a wealthy one steeped in worry, so a humble house of
thatched roof free from worry need not become a well-off
one full of stress, and by all means one should prefer eating
bad rice when healthy to eating fine medicine when ill.

제 정한 행복이란 무엇일까? 행복에 정답이란 있을 수 없지만
≪채근담≫이 제시하는 다음과 같은 행복도 하나의 실마
리가 될 수 있을 것이다.

「행복에는 여러 가지 형태가 있다. 돈 많은 것도 행복의
하나요, 지위와 명예를 가진 것도 행복의 하나임에 확실하다.
그러나 번잡한 일이 없고, 아무 사고 없이 평온하게 지내는
것이야말로 가장 큰 행복이다. 또 불행에도 여러 가지가 있
는데, 사람에 따라 그 형태가 천차만별이다. 그 중 가장 불행
한 것은 마음이 사방으로 흩어져서 스스로 마음의 갈피를
잡지 못하는 것이다. 마음을 조용히 여미고 있는 사람은 행
복하다.」

譯 마음이 편안하면 초가집도 안온하고 성품이 안정되면 나물국도 향기롭다.

心安茅屋穩이요 性定菜羹香이니라.
심 안 모 옥 온   성 정 채 갱 향

◉ 茅屋(茅:띳집 모, 띠 모) 초가집 ◉ 心安(安:편안 안) 마음이 평안하다 ◉ 穩(편안할 온) 안온하다, 편안하다 ◉ 性定(性:성품 성, 定:정할 정) 성품이 안정되다 ◉ 菜羹(羹:국 갱, 菜:나물 채) 나물국 ◉ 香(향기 향) 향기롭다

◈ 마음이 편안하면 when one's heart is at peace ◈ 초가집도 안온하다 even if one lives in a grass roofed house one is peaceful ◈ 성품이 안정되다 one's demeanour is stable ◈ 나물국 vegetable soup ◈ 향기롭다 aromatic

英文 When one's heart is at peace even if one lives in a grass roofed hut one is peaceful and when one's demeanour is stable and at ease even a bowl of insipid vegetable soup is tasty and aromatic

「물 먹고 물 마시며 팔굽혀 베고 눕더라도 즐거움이 그 안에 있으니 불의하게 얻은 부귀영화는 나에게 뜬구름과 같다.」

≪논어≫<술이편(述而篇)>에 나오는 구절로 마치 한 폭의 선화(禪畵)를 보는 듯하다. 물질적 풍요 없이도 넉넉한 마음 하나면 족하던 시대. 이러한 안빈낙도(安貧樂道)를 지금에 와

서 그대로 실행할 수야 없겠지만 같은 마음으로 살아가는 것까지 불가능하지는 않으리라.

譯　≪경행록≫에 이르기를, 다른 사람을 꾸짖는 사람과는 온전하게 사귈 수 없고 자기 자신을 용서하는 사람은 허물을 고치지 못한다.

景行錄에 云, 責人者는 不全交요 自恕者는 不改過니라.
경행록　운　책인자　불전교　자서자　불개과

◉ **責人者**(責:꾸짖을 책) 남을 꾸짖는 사람　◉ **不全交**(全:온전 전, 交:사귈 교) 온전히 사귀지 못한다　◉ **自恕者**(恕:용서할 서) 자신을 용서하는 사람　◉ **不改過**(改:고칠 개) 허물을 고치지 못한다

◈ ～하기가 어렵다 be hard to～, be hard ～ing　◈ 온전하게 사귀다 associate with in comfort　◈ 허물을 고치다 repair the defect

영문　One who often scolds others is hard to associate with others in comfort and nobody is able to repair the defect of his who easily forgives himself.

남의 행동은 하나 하나가 거슬리지만 내 행동에는 언제나 변명거리가 있게 마련이다. 다른 사람의 실수를 탓하면서도 나의 실수는 긴장 때문이라 변명하고, 다른 사람의 결단과 의지는 완고하다고 비난하지만 나의 결단은 굳세다고 말한다. 다른 사람의 친절은 아첨이고 나의 친절은 사려 깊은 마음씨에서 나온 것이라고 말한다.

　사람이란 이렇듯 남의 눈에 든 티는 보여도 자기 눈에 든

들보는 보지 못하는 법이다. 남의 잘못을 너그럽게 용서하는
사람일수록 자신에 대한 충고를 겸허하게 받아들일 수 있다.

아침 일찍 일어나면서부터 밤에 잠잘 때까지 충효만을 생각하는
자를 사람들은 알지 못하나 하늘은 반드시 알 것이며, 배불리 먹고
따뜻하게 옷을 입고 기꺼이 자기만을 위하는 자는 몸은 비록 편안
하나 그 자손들이 과연 어찌 될 것인가?

夙興夜寐하여　所思忠孝者는　人不知나　天必知之요
숙 흥 야 매　　소 사 충 효 자　　인 부 지　　천 필 지 지

飽食煖衣하여　怡然自衛者는　身雖安이나　其如子孫에　何오.
포 식 난 의　　이 연 자 위 자　　신 수 안　　기 여 자 손　　하

◉ 夙興夜寐(夙:일찍 숙, 興:일어날 흥) 아침에 일찍 일어나서 밤
에 잠이 들 때까지　◉ 所思~(所:가질 소) ~생각을 가지고 있다,
~생각을 하다　◉ 飽食煖衣(飽:배부를 포, 煖:따뜻할 난) 배불리
먹고 따뜻이 입다　◉ 怡然(怡:기쁠 이, 然:그럴 연) 기쁘게, 즐겁
게　◉ 自衛者(衛:호위할 위) 자기를 위하는 자　◉ 身雖安 몸은 비
록 편안하나　◉ 其如子孫(如:어조사 여) 何 그 자손들은 과연 어
찌 될 것인가

◈ 아침 일찍 일어나는 시간부터 밤에 잠자는 시간까지 from the
time he wakes early in the morning to the time he sleeps at night ◈
~만을 생각하다 think of nothing but~　◈ 충효 loyalty and filial
piety ◈ 배불리 먹기만 하고 따뜻하게 입다 do nothing but eat until
he is full, wears warm clothes ◈ ~에게 흠뻑 빠지다, 자기만을 위
하다 be enamoured of oneself ◈ ~는 어떻게 될까? what will~
become of~?

영문 One who thinks of nothing but loyalty and filial piety from the time he awakes early in the morning to the time he sleeps at night may not be known to the persons, but certainly to heaven. He who does nothing but eat until he is full, wears warm clothes and is gladly enamoured of himself has a body that is content and comfortable, but what in the world will his grand-children become of? Will they be really content and comfortable?

《중용》에서 말하는 忠恕(충서)에 대해 주자가 설명하기를, 충은 진기지심(盡己之心) 즉 자기의 정성을 다하는 마음이요, 서는 추기급인(推己及人) 즉 자신을 미루어 남에게 미치는 실천이라고 했다. 다시 말해 충은 마음(心)의 중심(中)으로 도(道)를 지키는 마음의 본연의 상태를 일컫는 말이다. 또한 《중용》에서 공자는 순 임금의 효를 칭송하며 말하기를, 덕으로 성인이 되고(德爲聖人) 높음으로 천자가 되시니(尊爲天子) 이보다 더 큰 효는 없다고 했다. 덕과 인격의 수양 그 자체가 바로 효의 근본이라는 것이다. 이렇듯 충과 효란 구체적인 실천 행위를 말함에 앞서 자기의 정성을 다하는 마음자세를 일컫는 말이다. 마땅히 지녀야 할 인간의 덕목인 것이다.

제 처자를 사랑하는 마음으로 부모를 섬긴다면 그 효도는 곧 지극할 것이고, 부귀를 보전하려는 마음으로 임금을 받든다면 그 어디에나 충성 아닌 것이 없다. 남을 책망하는 마음으로 자기 자신을 책망한다면 허물이 적을 것이며, 자기를 용서하는 마음으로 남을 용서한다면 사귐을 온전히 할 수 있을 것이다.

以愛妻子之心으로 事親則曲盡其孝요 以保富貴之心으로
이 애 처 자 지 심   사 친 칙 곡 진 기 효   이 보 부 귀 지 심

奉君則無往不忠이라. 以責人之心으로 責己則寡過요 以
봉 군 칙 무 왕 불 충   이 책 인 지 심   책 기 칙 과 과   이

恕己之心으로 恕人則全交니라.
서 기 지 심   서 인 칙 전 교

◉ 以(써 이) ~로, 따라서 ◉ 以愛妻子之心(愛:사랑 애, 妻:아내 처, 子:아들 자) 처자를 사랑하는 마음으로 ◉ 事親(事:섬길 사, 親:어버이 친) 어버이를 섬기다 ◉ 曲盡~(曲:굽을 곡, 盡:다할 진)~가 극진하다 ◉ 保富貴 부귀를 보전하다 ◉ 奉君(奉:받들 봉, 君:임금 군) 임금을 섬기다 ◉ 無往不(往:살 주)~ 어디에나 ~ 아닌 것이 없다 ◉ 無往不忠 어디에나 충성이 아닌 것이 없다 ◉ 責人之心 남을 꾸짖는 마음 ◉ 寡過(寡:적을 과) 허물이 적다 ◉ 恕己之心 자신을 용서하는 마음 ◉ 全交(全:온전 전, 交:사귈 교) 사귐을 온전히 할 수 있다

◈ 부모를 섬기다 serve one's parents ◈ 처자를 사랑하는 마음으로 with the heart of loving one's wife and children ◈ ~는 지극하다 be to the utmost ◈ 부귀를 보전하려는 마음으로 임금을 받들다 look up to a king with the heart of adding to riches and honors ◈ 남을 책망하는 마음으로 자신을 책망하다 place blame upon oneself with the heart of blaming others(以責人之心責己) ◈ 자신을 용서하는 마음으로 남을 용서하다 forgive others with the heart of forgiving oneself(以恕己之心恕人) ◈ 사귐을 온전히 하다 make possible perfect interaction with others

영문 If one serves one's parents with the heart of loving one's wife and children, filial piety will be to the utmost and if one looks up to a king with the heart of adding to his riches and honors there will be loyalty throughout the land. If one places blame upon oneself with the heart of blaming others, defects will be lessened and if one forgives others with the heart of forgiving oneself it will make possible perfect interaction with others.

孝 과 효, 우정을 지키는 자세를 솔직하고도 절실하게 해설한 구절이다. 여기서 볼 수 있듯이 옛 사람들은 아무리 고귀한 덕목이라 해도 먼 곳에서 구하지 않고 우리의 일상에서 미루어 실천할 수 있음을 강조했다. 무릇 자기 자신과 주변에서부터 출발하는 것, 이것이야말로 도덕의 시작이다.

譯 너희의 꾀함이 옳지 않으면 후회한들 어찌 거기에 미칠 수 있을 것이며, 너희의 소견이 뛰어나지 못하면 가르친들 무슨 이익이 있겠는가? 오로지 자기 이익만을 위한다면 그것은 도리에 어긋날 것이고, 자기의 사익만을 위하는 마음이 굳어지면 공익을 위하는 마음은 사라져 버릴 것이다.

爾謀不臧이면 悔之何及이요 爾見不長이면 敎之何益이리오.
이 모 부 장　　회 지 하 급　　　이 견 부 장　　교 지 하 익

利心專則背道요 私意確則滅公이니라.
이 심 전 칙 배 도　　사 의 확 칙 멸 공

◉ 爾謀(爾:너 이, 謀:꾀할 모) 너희의 꾀함 ◉ 不臧(臧:착할 장·어질 장) 옳지 못하다 ◉ 悔之何及(悔:후회할 회) 후회한들 어찌 그것에 미치겠는가 ◉ 爾見 너희의 소견 ◉ 不長 뛰어나지 못하다 ◉ 敎之何益(敎:가르칠 교) 가르친들 무슨 이익이 있겠는가 ◉ 利心專(利: 이로울 리, 專:오로지할 전) 오로지 자기 이익만을 위한다면 ◉ 背道(背:배반할 배) 도리에 어긋나다 ◉ 私意 자기 개인의 사익만을 위하는 마음 ◉ 確(굳을 확, 확실할 확) 굳어지다 ◉ 滅公(滅:멸할 멸) 공익을 저버리다, 공익관이 사라지다

◈ ~의 꾀함이 옳지 못하다 what ~ want to do and one's efforts are not just ◈ ~이 ~에 미치다 ~be attributed to~ ◈ ~해봤자 무슨 소용이 있겠는가? What is the use of ~ing? ◈ 오로지 자신의 이익만을 위한다면: if all is done only to benefit yourself ◈ 도리어 어긋나다 go against reason ◈ ~이 딴딴하게 굳어지다 be firmly bent on ~ing ◈ 사라져 버리다 disappear into oblivion

영문 If what you want to do and your efforts are not just, how can your regrets be attributed to them and if your ideas are not outstanding, what is the use of giving good ideas to you? If all is done only to benefit yourself, that goes against reason and if your heart is firmly bent on only gaining your personal benefit the portion of the heart that lives for the public interest will disappear into oblivion.

영국 속담에 <어리석은 사람은 물을 퍼내고 현명한 사람은 고기를 잡는다.>는 말이 있다. 세상 이치를 바로 알고 올바른 지혜와 그릇된 지혜를 잘 분간해서 행해야 한다는 말이다. 자기 이익에 빠져서 눈이 어둡게 되면 자신과 사회를 위한 더 큰 이익은 보이지 않는 법이다.≪탈무드≫에서는 이렇게 가르치고 있다.

「어떤 사람을 현인이라 하는가? 모든 것에서 배우려는 사람이다. 어떤 사람을 굳센 사람이고 하는가? 자기 자신을 억제하는 사람이다. 어떤 사람을 풍부한 사람이라고 하는가? 자기 소득에 만족하는 사람이다.」

譯 일을 만들면 일이 생기고 일을 덜면 일이 없어진다.

生事事生이요 省事事省이니라.
생 사 사 생　　생 사 사 생

● 生 만들다, 생기다 ● 生事 일을 만들다 ● 事生 일이 생기다
● 省(덜 성) 덜다, 없어지다, 여기에서 省을 '성'으로 읽지 않고 '생'으로 읽음.

◆ 일을 만든다 work is made ◆ 일이 생기다 work appears

영문 When the work is made, work appears and when work is done, work disappears.

의 하지 않는 자 먹지도 말라.>는 성서의 말도 있듯이 인간에게 일처럼 중요하고도 의미가 깊은 활동은 없을 것이다. 그러나 태초의 아담에게 주어진 벌 중의 하나가 일이었듯이 성서에서는 일을 의무 내지 고통과 결부시켜 보는 견해가 뚜렷하다.

　그러나 일이란 누가 내게 부과하는 것보다는 스스로 만들어 내는 부분이 더 큰 그런 종류의 것이다. 그러므로 일은 만들려 들 때는 한없이 많으면서도 줄이려 들면 또한 한없이 줄어들게 되어 있다. 사실 중요한 것은 일이 많고 적음보다도 맡은 일을 얼마나 즐겁게 할 수 있는가 하는 점이다. 즐겁고 보람있게 일하는 것이야말로 일을 <줄이는> 첩경이리라.

참고 또 참으면 불행이 비켜간다

戒性篇

계성편

譯 《경행록》에 이르기를, 사람의 성품은 물과 같아서 물이 한 번 기울어 엎질러지면 다시 담을 수 없듯이 성품도 한 번 방종하면 바로 잡을 수 없다. 물을 다스리려면 반드시 둑을 쌓아야 하듯이 성품을 다스리기 위해서는 반드시 예법을 지켜야 한다.

景行錄에 云, 人性이 如水하여 水一傾則不可復이요 性一
경행록 운 인성 여수 수일경칙불가복 성일

縱則不可反이니라. 制水者는 必以堤防하고 制性者는 必
종칙불가반 제수자 필이제방 제성자 필

以禮法이니라.
이 예법

◉ 水一傾(傾:기울어질 경) 물이 한 번 기울어져서, 물이 엎질러지다 ◉ 不可復(復:돌아올 복, 거듭 복) 다시 회복할 수 없다, 다시 담을 수 없다 ◉ 性一縱(縱:놓을 종) 성품이 한 번 방종해지다 ◉ 不可反(反:돌아올 반) 돌아올 수 없다, 바로 잡을 수 없다 ◉ 制水者(制:금할 제·절제할 제) 물을 다스리는 자 ◉ 必以堤防(堤:방축 제, 防:둑 방, 막을 방) 반드시 둑을 쌓다 ◉ 制性者(制:억제할 제) 성품을 올바르게 하는 자 ◉ 必以禮法(禮:예절 예) 반드시 예법을 지키다

124

◈ 물이 엎질러지다 water is spilled　◈ 방종하다 get engaged in self-indulgence　◈ 바로잡다 set right　◈ 물을 다스리다 handle water　◈ 성품을 다스리다 control one's personality　◈ 예법을 지키다 etiquette is adhered to

영문 As water is spilled it cannot be again filled because man's personality is like water in itself, so once one's personality gets engaged in self-indulgence, it cannot be immediately set right. All in handling water, the dike must be squarely built, so in controlling one's personality, etiquette must be squarely adhered to.

람의 마음은 물과 같다. 물이 끊임없이 흘러야 썩지 않듯이 사람의 마음도 갇히면 부패하고 만다. 그러나 흐르는 물도 탁하면 쓸모없는 법. 마음에 흘러드는 온갖 욕심과 허영을 늘 경계하고 비워내야 할 것이다.≪채근담≫에서는 이렇게 말한다.

「물은 물결이 일지 않으면 스스로 고요하고, 거울은 흐리지 않으면 스스로 맑다. 마음도 이와 같아서 흐린 것을 버리면 맑음이 저절로 나타날 것이요, 즐거움도 구태여 찾지 말 것이니 괴로움을 버리면 즐거움이 저절로 있을 것이다.」

譯 한때의 분함을 참으면 백날의 근심을 면할 수 있다.

忍一時之憤이면 免百日之憂니라.
인 일 시 지 분　　　면 백 일 지 우

◉ 忍(참을 인) ～을 참다 ◉ 一時之憤(時:때 시, 憤:분할 분) 한
때의 분함, 憤(분할 분)은 분(忿)으로도 씀. ◉ 免(면할 면) ～을
면하다 ◉ 百日之憂(憂:근심 우) 백날의 근심

◈ 한때의 분함을 참다 an anger is held back one time ◈ 백가지
근심 one hundred anxieties ◈ 백날이나 as long as one hundred
days.

영문 If an anger is held back one time, one hundred anxieties
can be avoided for as long as one hundred days.

「못 죽인 게 억울하다.」

이 섬뜩한 말은 지존파 검거 당시에 범인 한 사람이 내
뱉은 말이다. 이들의 비뚤어진 적대감과 분노가 가져온 결과
는 온 국민을 경악하게 했다. 한 순간의 충동을 참았더라면
이들도 평범한 청년들로 살아갈 수 있었을 것을, 맹목적 분
노가 가져온 결과는 그토록 참혹했던 것이다. 분노를 하되
올바르게 하라는 아리스토텔레스의 말이 있다.

「누구든지 분노할 수 있다. 그것은 매우 쉬운 일이다. 그러
나 올바른 대상에게, 올바른 정도로, 올바른 시간에, 올바른
목적으로, 올바른 방법으로 분노하는 것은 누구나 할 수 있
는 일이 아니며 또한 쉬운 일도 아니다.」

譯 가능하면 참고 또 참고 경계하고 또 경계하라. 참지도 않고 경계도
않으면 작은 일이 크게 될 것이다.

得忍且忍이요 得戒且戒하라. 不忍不戒면 小事成大리라.
득 인 차 인　　　 득 계 차 계　　　 불 인 불 계　　　소 사 성 대

◎◎◎◎

◉ 得 할 수 있다 ◉ 忍且忍(且:또 차) 참고 또 참는다 ◉ 戒且戒
경계하고 또 경계하다 ◉ 小事成大 작은 일이 크게 되다

◈ 참다 hold back ◈ 참고 또 참다 hold back and back again ◈ (참
지 않고) 그냥 밀고 나가다 let go instead of~

영문 When possible, hold back and back again and be careful
and careful again. If one lets go instead of holding back and
being cautious, small matters will become big ones.

우리 속담에 <참을 인(忍) 자 셋이면 살인을 면한다>는 말이
있다. 사실 참는다는 것은 참지 않는 것보다 훨씬 강한 힘
을 요구한다. 진정한 강자는 참는 사람인 것이다. 버트런드
러셀은 이렇게 말했다.

「참을성이 적은 사람은 그만큼 인생에 약한 사람이다.
한 줄기 샘물이 굳은 땅의 틈바구니를 헤치고 솟아 나오
듯이 참고 견디는 힘은 언젠가 광명을 얻게 된다. 장애와
곤란은 새로운 힘의 근원이다. 오늘 한 가지 어려운 일을
참고 극복하였으면 그 순간부터 그는 강한 힘의 소유자인
것이다.」

譯 어리석고 변변치 못한 사람이 화를 내는 것은 오로지 근본 이치를
알지 못하기 때문이다. 마음에 불길을 더하지 말고 다만 귓전을 스
치는 바람결인 듯 여겨라. 장점과 단점은 어느 집에나 있고 따뜻함
과 싸늘함은 어느 곳이나 같다. 옳고 그름이란 실상(實相)이 없어
마침내는 모두가 다 부질없는 것이 되고 마느니라.

愚濁生嗔怒는 皆因理不通이라. 休添心上火하고 只作耳
우 탁 생 진 노   개 인 리 불 통   휴 첨 심 상 화   지 작 이

邊風하라. 長短은 家家有요 炎凉은 處處同이라. 是非無相
변 풍   장 단   가 가 유   염 양   처 처 동   시 비 무 상

實하여 究竟摠成空이니라.
실   구 경 총 성 공

◉ 愚濁(愚:어리석을 우, 濁:흐릴 탁) 어리석고 흐리멍텅한 사람, 어리석고 변변치 못한 사람 ◉ 生嗔怒(嗔:노할 진) 진노하다, 화를 내다 ◉ 皆因~ 모두가 ~ 때문이다 ◉ 理不通(理:도리 리, 다스릴 리) 사리가 통하지 않는다, 근본 이치를 알지 못한다 ◉ 休(休:쉬일 휴)~ ~하지 않다, 쉬다 ◉ 添(더할 첨) 더하다 ◉ 休添 더하지 말라 ◉ 上火 불길을 돋우다 ◉ 只作(只:다만 지)~다만 ~로 여기다 ◉ 耳邊風(邊:가 변) 귓전을 스치는 바람결 ◉ 究竟摠(究:마칠 구, 竟:마칠 경, 摠:모두 총) 결국 모두 ◉ 炎凉(炎:불꽃 염, 凉:서늘할 량) ◉ 成空 허사가 되다

◈ 화를 확내다 burst with anger ◈ 근본이치 fundamental reason of life ◈ 마음의 불길을 더하다 make one's heart enveloped in flames ◈ 바람결이 귓전을 스치다 a light wind go past by ears ◈ 옳고 그름 right and wrong(是非) ◈ 실상이 없다 unsubstantial(無相實) ◈ 부질없다 be in vain

영문 A foolish and humble person bursts with anger because he does not know the fundamental reason of life. Don't make your heart enveloped in flames any more and think of anything as if it is a light wind going past by your ears. As there are both merits and demerits within every family, so there are both heat and chill anywhere in the world. What is called right or wrong is unsubstantial in itself and actually everything in the world is in vain.

게 흥분하는 사람도 남의 감정과 행동에는 냉철해진다. 세네카는 분노를 극복하는 방법을 이렇게 제시했다.

「분노할 때 자신을 억제하려면 다른 사람이 분노할 때 그것을 자세히 관찰해 보라.」

현명한 사람이라면 타산지석의 지혜를 얻을 수 있을 것이다.

자장이 떠나려고 공자에게 하직을 고하면서 말했다. 「바라건대 한 말씀 내려 주시면 몸을 닦는 아름다운 길로 삼겠습니다.」 공자가 말했다. 「모든 행동의 근본은 참는 것이 으뜸이다.」 자장이 말했다. 「참으면 어떻게 됩니까?」 공자가 말했다. 「천자가 참으면 나라에 해가 없고, 제후가 참으면 큰 나라를 이루고, 관리(官吏)가 참으면 그 지위가 올라가고, 형제가 참으면 집안이 부귀하게 되고, 부부가 참으면 일생을 해로할 수 있고, 친구가 참으면 이름을 더럽히지 않고, 자신이 참으면 재해가 없을 것이다.」

子張이 欲行에 辭於夫子할새 願賜一言이 爲修身之美하노
자장 욕행 사어부자 원사일언 위수신지미

이다. 子曰, 百行之本은 忍之爲上이니라. 子張이 曰, 何爲
자왈 백행지본 인지위상 자장 왈 하위

忍之리잇고. 子曰, 天子忍之면 國無害하고 諸侯忍之면 成
인지 자왈 천자인지 국무해 제후인지 성

其大하고 官吏忍之면 進其位하고 兄弟忍之면 家富貴하고
기대 관리인지 진기위 형제인지 가부귀

夫妻忍之면 終其世하고 朋友忍之면 名不廢하고 自身이
부처인지 종기세 붕우인지 명불폐 자신

忍之면 無禍害니라.
인지 무화해

◉ 欲行(欲:하고자 할 욕) 떠나고자 하다 ◉ 辭於~(辭:사퇴할 사, 말씀 사) ~에게 하직을 고하다 ◉ 夫子 공자孔子 ◉ 願 원컨대 ◉ 賜一言(賜: 줄 사) 한 말씀 내려주다 ◉ 修身之美 몸을 닦는 아름다운 길 ◉ 百行之本 모든 행동의 근본 ◉ 忍之爲上 참는 것이 그 으뜸이다 ◉ 何爲 어떻게 되는가? ◉ 天子忍之 천자가 참는다 ◉ ~無害(害:해칠 해) ~에 해가 없다 ◉ 諸侯 제후 ◉ 成其大 큰 나라를 이루다 ◉ 進其位 지위가 올라가다 ◉ 終其世 일생을 해로하다 ◉ 名不廢(廢:폐할 폐) 이름을 더럽히지 않다 ◉ 無禍害(害:해칠 해) 재앙과 해가 없다

◈ 한 말씀 내려 주십시오 Please give me a word of advice(願賜 一言) ◈ ~에게 하직을 고하면서 saying good-by to~ ◈ 몸을 닦는 아름다운 길로 삼겠다 I will take it my good way to polish myself(爲 修身之美) ◈ ~의 근본을 ~에 두다 base~on~ ◈ 해로하다 be made a happy life-long company ◈ 재해가 있다 meet with disaster and harm(無禍害)

성문 Che Chang, saying good-by, said to Master, "Please, give me a word of advice and I will take it my good way to polish myself." Master said, "You must base all of your behaviors on patience above all." Che Chang said again, 'What does patience bring about? Master replied, "If the Emperor is patient, there is no harm to the country, if the feudal lord is patient, he will establish a big country, If a bureaucrat is patient, his position will go up, if brothers are patient their family will be rich and honorable, if a husband and a wife are patient, they will be made a happy life-long company, if a friend is patient, he will not dirty his name and if a person himself is patient, he will never meet with disaster and harm.

해설 자는 이 구절에서 백행(百行)의 근본이 참는 것이라고 하면서 천자가 참았을 경우, 제후가 참았을 경우, 형제나 부부, 친구사이 또는 자기 자신이 참았을 경우에 얻을 수 있는

좋은 결과를 일일이 설명하고 있다. 건강이니 체력 관리니 하여 몸을 단련하는 데 관심이 많아진 요즘이다. 그러나 몸을 닦는 제일의 길은 감정을 다스리는 것이다.

자장(子張)이 말했다. 「참지 않으면 어떻게 됩니까?」 공자가 말했다. 「천자가 참지 않으면 나라가 텅 비게 되고, 제후가 참지 않으면 그 몸을 상하게 되고, 관리(官吏)가 참지 않으면 형벌에 죽게 되고, 형제가 참지 않으면 각각 헤어져 살게 되고 부부가 참지 않으면 자식들을 외롭게 만들고 친구끼리 참지 않으면 정과 뜻이 서로 갈라지게 되고, 자신이 참지 않으면 근심이 없어지지 않는다.」 자장이 말했다. 「참으로 참으로 훌륭한 말씀입니다. 참는다는 것은 참으로 어려운 일입니다. 사람이 아니면 참지 못할 것이요 참지 않으면 사람이 아닙니다.」

子張이 曰, 不忍則如何닛고. 子曰, 天子不忍이면 國空虛
자 장 왈 불인칙여하 자왈 천자불인 국공허
하고 諸侯不忍이면 喪其軀하고 官吏不忍이면 刑法誅하고
제후불인 상기구 관이불인 형법주
兄弟不忍이면 各分居하고 夫妻不忍이면 令子孤하고 朋友
형제불인 각분거 부처불인 영자고 붕우
不忍이면 情意疎하고 自身이 不忍이면 患不除니라. 子張이
불인 정의소 자신 불인 환부제 자장
曰, 善哉善哉라. 難忍難忍하여 非人不忍이요 不忍非人이
왈 선재선재 난인난인 비인불인 부인비인
니이다.

● 國空虛(虛:빌 허, 헛될 허) 나라가 텅 비다 ● 喪其軀(喪:상사 상, 죽을 상, 軀:몸 구) 그 몸을 상하다 ● 刑法誅(誅:벌줄 주, 베일 주) 형벌에 의해 죽게 되다 ● 分居 헤어져 살다 ● 令子孤

(令:하여금 령, 孤:홀로 고) 자식들을 외롭게 만들다 ◉ 情意疎 (疎:멀어질 소) 정과 뜻이 서로 갈리다 ◉ 不除(除:버릴 제) 없어지지 않다 ◉ 善哉 참으로 훌륭하다 ◉ 難忍 참기가 힘들다 ◉ 非人不忍 사람이 아니면 참지 못하다

◈ 참다, 인내하다 exercise patience(be patient) ◈ 떨어져 살다 fall apart and separated(各分居) ◈ 정과 뜻이 갈라지다 affection and will wear away(情意疎) ◈ 근심이 없어지지 않는다 anxiety does not go away

영문 Che Chang said to master, "If one does not exercise patients, What will happen?" master said, If the Emperor is not patient, the country will become poor and if the feudal lord is not patient, he will lose his life and if the bureaucrat is not patient, he will be punished by law and if brothers are not patient, they will fall apart and be separated into disappearance and if a husband and a wife are not patient, their children will be lonely and if friends are not patient, affection and understanding will wear away and if a person himself is not patient, anxiety does not go away. Che Chang said, "To be patient is good. To be patient is really difficult. If you are not a man, you are unable to be patient. If you are not patient, you are not a man."

앞 구절에서 공자가 참는 데서 오는 좋은 결과를 열거했다면 여기에서는 참지 못하는 데서 오는 나쁜 결과를 설명하고 있다. 흔히 보도되는 형사 사건의 원인을 볼 때 사건 대부분이 극히 사소한 일에서 시작된 것을 알 수 있다. 술집에서의 허세, 가정에서의 언쟁, 한두 마디 친구간의 모욕적인 말, 비난, 거친 행동 등의 사소한 일이 폭력, 살인으로 이어진 것이다. 자존심이나 위신, 허영심에 상처가 좀 났다는 이유로 판을 깨는 어리석음을 범하지는 말아야겠다.

譯 ≪경행록≫에 이르기를, 자기 자신을 굽힐 줄 아는 사람은 능히 중요한 지위에 있을 수 있고, 이기기를 좋아하는 사람은 반드시 적을 만나게 될 것이다.

景行錄에 云, 屈己者는 能處重하고 好勝者는 必遇敵이니라.
경 행 록   운   굴 기 자   능 처 중   호 승 자   필 우 적

◉ 屈己(屈:굽힐 굴) 자신을 굽히다　◉ 處重(處:처할 처, 重:무거울 중) 중요한 위치에 처하다　◉ 好勝(好:좋을 호, 勝:이길 승) 이기기를 좋아하다　◉ 遇敵(遇:만날 우) 적을 만나다

◈ 굽힐 줄 안다 know how to curve oneself　◈ 중요한 지위에 있다 hold an important position(處重)　◈ 이야기를 좋아하다 enjoy winning

英文 The person who knows how to curve himself is able to hold an important position and the person who always enjoys winning will surely meet his enemy.

≪손자병법≫의 지은이 손무는 춘추시대의 명장으로 병법의 대가였다. 난세에서 그가 겪은 경험과 지혜는 오늘날의 사람들에게도 큰 영향을 끼치고 있다. 그런 그가 특히 강조한 말이 있다.

「백전백승(百戰百勝)이 좋은 것이 아니다. 싸우지 않고 이기는 것이 가장 좋다.」

싸우지 않고 피하거나 타협을 할 수 있다면 그것을 택하는 것이 좋다는 것이다. 병법의 대가인 손무도 이런 생각을 했는데, 범인이야 말할 나위도 없을 것이다.

악한 사람이 착한 사람을 꾸짖으면 착한 사람은 전혀 대꾸하지 말라. 대꾸하지 않는 사람은 마음이 맑고 한가하지만 꾸짖는 사람은 입이 뜨겁게 끓을 것이다. 이는 마치 사람이 하늘에 침을 뱉는 것과 같아서 그 침은 다시 자기 몸에 떨어지게 된다.

惡人이 罵善人커든 善人은 摠不對하라. 不對는 心淸閑이요
악 인   매 선 인   선 인   총 부 대   부 대   심 청 한

罵者는 口熱沸니라. 正如人唾天하여 還從己身墜니라.
매 자   구 열 비   정 여 인 타 천   환 종 기 신 추

◉ 罵(罵:꾸짖을 매) 꾸짖다 ◉ 摠(摠:모두 총) 전혀 ◉ 不對(對: 대할 대) 대응하지 않다 ◉ 淸閑(淸:밝을 청, 閑:한가할 한) 깨끗하고 고요하다 ◉ 熱沸(熱:열 열, 더위 열, 沸:끓을 비) 뜨겁게 끓다 ◉ 正如 마치 ~와 같다 ◉ 唾天(唾:침뱉을 타) 하늘에 침을 뱉다 ◉ 還(돌아올 환) 도리어, 다시 ~하다 ◉ 從己身墜(墜:떨어질 추) 자기 몸에 떨어지다

◈ 전혀 대꾸하지 않다 absolutely not engage in retorting back(摠不對) ◈ 마음이 맑고 한가하다 have a clear heart and at rest(心淸閑) ◈ 입이 뜨겁게 끓는다 the mouth is boiling from heat(口熱沸) ◈ 하늘에 침을 뱉다 spill(spit) up at heaven(唾天)

영문 When an evil person scolds a good one, the latter must absolutely not engage in retorting back. The person who does not engage in retorting back has a clear heart and is at rest, but the mouth of the person who is scolding is boiling from heat. The action of the one who matches the scolding person is like spilling up at heaven so that spit will again come down to fall upon his head.

내가 만약 다른 사람으로부터 욕을 먹더라도 귀 먹은 척하고 옳고 그름을 따져 말하지 말라. 비유컨대 이는 불이 허공에서 타다가 끄지 않아도 저절로 꺼지는 것과 같다. 내 마음은 이 허공과 같은데 너희 입과 혀만 나불댈 뿐이다.

我若被人罵라도 佯聾不分說하라. 譬如火燒空하여 不救
아 약 피 인 매　　양 농 불 분 설　　　비 여 화 소 공　　　불 구

自然滅이라. 我心은 等虛空이어늘 摠爾飜脣舌이니라.
자 연 멸　　　아 심　　등 허 공　　　총 이 번 순 설

◉ 若(만약 약) 만약 ◉ 被人罵(被:입을 피, 罵:욕할 매) 욕을 먹다 被는 수동형을 이끎. ◉ 佯聾(佯:거짓 양, 聾:귀머거리 롱) 귀 먹은 척하다 ◉ 不分說 옳고 그름을 따져 말하지 않다 ◉ 譬(譬:비유할 비) 비유하자면 ◉ 火燒空(燒:불사를 소) 불이 허공에서 타다 ◉ 不救 불을 끄지 않다 ◉ 自然滅(滅:불꺼질 멸) 저절로 꺼지다 ◉ 等(같을 등) 같다 ◉ 摠(다 총) ◉ 飜脣舌(飜:날 번 · 번득일 번, 脣:입술 순, 舌:혀 설)입과 혀만 나불댄다

◈ 다른 사람으로부터 욕을 먹다 (be) the object of other's foul language(被人罵) ◈ 옳고 그름을 따져 말하지 않다 pay no attention to right and wrong(不分說) ◈ 불이 붙다 a fire ignite(火燒) ◈ 불을 끄다, 불이 꺼지다 a fire extinguish(火滅)

영문 Even though I may be the object of other's foul language, I must act as if I am deaf and pay no attention to its right or wrong. If I act in that way it is as if a fire will ignite in the emptiness and must go out of its own accord even if I do not extinguish it. My heart, just like that emptiness, is silent, but only your tongue is busy.

조심을 강조하는 데는 동서양이 따로 없다.≪탈무드≫는 이렇게 경고하고 있다.

「험담은 살인보다 위험하다. 살인은 한 사람만을 죽이지만 험담은 반드시 세 사람을 죽인다. 험담을 퍼뜨리는 사람, 그것을 듣는 사람, 그리고 험담의 대상이 되고 있는 사람.」

처세론의 대가로 알려진 미국의 데일 카네기는 더 강력하게 말한다.

「죽을 때까지 남의 원망을 듣고 싶은 사람은 남을 신랄하게 비판하는 짓을 일삼으면 된다.」

그러나 문제는 욕먹는 사람의 태도이다. 맞서서 이전투구라도 벌여야 할지, 귀를 막고 돌아서야 할지 망설여진다. 영국에 이런 속담이 전한다.

<좀처럼 말하지 않는 사람과 좀처럼 짖지 않는 개는 조심하라.>

모든 일에 인정을 남겨두면 훗날 좋은 낮으로 만나게 된다.

凡事에 留人情이면 後來에 好相見이니라.
범사   유인정   후내   호상현

◉ 凡事(凡:모두 범) 모든 일 ◉ 留人情(留:머무를 류) 인정을 남기다 ◉ 後來(後:뒤 후) 뒷날 ◉ 好相見 좋게 만나다

◆ 인정 humane things(인간다운 인정미가 있는 것들) ◆ ~을 남겨두다 do remaining ◆ ~때가 올 것이다 there will come a time when~(後來)

영문 If recognizing that all humane things one does remaining there will come a time when one will have a happy face.

사람이 혼자서는 살 수 없는 이상 남과 어울려 살려는 노력을 잊어서는 안 된다. 도시화와 산업화가 가속화할수록 더 필요한 것은 사람들 사이를 맺어주는 정(情)이다. 남을 돕고 남을 따뜻하게 대하는 일이야말로 사람으로서 당연히 행해야 할 미덕임을 기억하자.

우리 속담에 이런 말이 있다.

<팔백금으로 집을 사고 천금으로 이웃을 산다.>

널리 배워서 뜻을 두텁게 한다

勤學篇

근학편

공자가 말하기를, 넓게 배우고 뜻은 굳게 갖고 간절하게 묻되 가까운 것부터 생각해 나가면 인(仁)이 그 안에 있다.

子曰, 博學而篤志하고 切問而近思면 仁在其中矣니라.
자 왈 박 학 이 독 지   절 문 이 근 사   인 재 기 중 의

● 博學(博:넓을 박)넓게 배우다 ● 篤志(篤:굳을 독, 志:뜻 지) 뜻을 굳게 갖다 ● 切問(切:절실할 절, 問:물을 문) 깊이 묻다, 간절하게 묻다 ● 近思(近:가까울 근, 思:생각 사) 자기가 할 수 있는 가까운 것부터 생각하다 ● 仁在其中 인이 그 안에 있다.

◆ 넓게 배우다 learn broad and wide(博學) ◆ 굳은 뜻 a firm will(篤志) ◆ 간절하게 묻다 get an inquisitive enthusiasm(切問) ◆ ~을 생각하다 thought is directed at~ ◆ 가장 가까운 것으로부터 from the nearest

Learn broad and wide, have a firm will and get an inquisitive enthusiasm. And when thought is directed at those issues from the nearest benevolence is within it.

가번은 초등학교에 다니는 아이에게 물었다.

「너는 이담에 뭐가 되고 싶니?」

아이는 한참을 골똘히 생각하다가 대답했다.

「나는 의사가 될 거예요. 아픈 사람 몽땅 고쳐주는 의사!」

「그럼 공부 무지무지 많이 해야겠네!」 하고 겁을 주니,

「괜찮아요. 맨날맨날 조금씩 하면 다 할 수 있댔어요.」라며 태연한 표정이다.

그런 맑은 마음을 지키는 한 아이의 소망은 이루어질 것이다. 아이와의 대화를 생각하며, 우리는 왜 배우는 것일까 하는 질문을 새삼스레 던져 본다. 사람마다 다양한 목적이 있겠지만 옛 선비들은 오직 한가지를 위해 공부했다. 최고의 덕목인 인(仁)을 위하여. 무슨 책을 읽든 어떤 문파에 속하든 인(仁)을 깨닫고 실천하는 데 힘썼다. 무엇을 배우든 올바른 마음 위에 쌓는 것을 제일의 과제로 여겼던 것이다. 과연 올바른 생각 아닌가.

譯 장자가 말하기를, 사람이 배우지 않으면 재주 없이 하늘에 오르려는 것과 같고, 배워서 지혜가 깊으면 상서로운 구름을 헤치고 푸른 하늘을 보며 높은 산에 올라 사해를 굽어보는 것과 같다.

莊子曰, 人之不學은 如登天而無術하고 學而智遠이면 如
장 자 왈   인 지 불 학   여 등 천 이 무 술   학 이 지 원   여

披祥雲而觀靑天하고 登高山而望四海니라.
피 상 운 이 도 청 천   등 고 산 이 망 사 해

● 如登天而無術(登:오를 등, 術:술수 술, 꾀 술) 재주도 없이 하

늘에 오르려 하다 ◉ 智遠(지혜 지) 지혜가 깊다 ◉ 披祥雲(披:헤칠 피, 祥:상서 상) 상서로운 구름을 헤치다 ◉ 覩靑天(覩:볼 도) 푸른 하늘을 보다 ◉ 望四海(望:바라볼 망) 사해를 굽어보다

◈ 재주가 없다 have no talent(無術) ◈ 하늘에 오르다 climb up to heaven ◈ 상서로운 구름을 헤치고 through the auspicious clouds evaporating(披祥雲) ◈ 사해를 굽어보다 look down at the four seas (望四海)

영문 When a person is not learned, it is like having no talent when trying to climb up to heaven. When a person is learned and has deep wisdom, it is like looking up at the clear blue sky through the auspicious clouds evaporating and at the same time like looking down at the four seas from on the high mountain.

람이 배우는 까닭은 반드시 그 배운 것을 쓰기 위해서 만이 아니다. 「아는 것이 힘」이라는 F.베이컨의 말이 있지만 동양에서는 앎을 수단으로 보는 것과는 거리가 있는 생각을 하였다. 이 구절에서 장자가 보여 준 호연지기(浩然之氣)처럼, 배움과 앎이란 세상을 넓게 바라보고 인격을 닦기 위해서 필요한 것으로 생각하였다. 단지 실용적으로 쓰기 위해서 라면 모든 학생이 그 어려운 미적분이니 화학방정식이니 하는 따위를 배울 필요가 없을 것이다. 배움은 그 자체로도 가치가 있다.

譯 《예기》에 이르기를, 옥(玉)은 다듬지 않으면 그릇을 만들 수 없고 사람은 배우지 않으면 의를 알지 못한다.

禮記에 曰, 玉不琢이면 不成器하고 人不學이면 不知義니라.
예기   왈   옥 불 탁   불 성 기   인 불 학   부 지 의

⬤⬤⬤⬤

◉ 不琢(琢:옥다듬을 탁) 다듬지 않다 ◉ 成器(成:이룰 성, 器:그릇 기) 그릇을 만들다 ◉ 知義(義:옳을 의) 의를 알다

◈ 옥 rock of jade(玉) ◈ 다듬다 trim(琢) ◈ 그릇을 만들 수 없다 it is impossible to make ~into a dish ◈ 알지 못하다 have no idea of ◈ (不知)의 righteousness(義)

영문 If a rock of jade is not trimmed it is not possible to make it into a dish and if a person is not learned, he has no idea of righteousness.

譯 태공이 말하기를, 사람이 배우지 않으면 어둡고 어두운 밤길을 가는 것과 같다.

太公이 曰, 人生不學이면 如冥冥夜行이니라.
태 공　　왈　 인 생 부 학　　여 명 명 야 행

⬤⬤⬤⬤

◉ 冥冥(冥:어둘 명) 어둡고 어두운 ◉ 夜行 밤길을 가다

◈ 어두운 길을 가다 travel down a road in the dark of night(冥冥夜行)

영문 Darkness prevails when one is not learned and it is like traveling down a road in the dark of the night.

譯 한문공이 말하기를, 사람이 고금[[(古今:옛날과 현재의 학문과 사실 (史實)]을 알지 못하면 말과 소에 옷을 입힌 것과 같다.

韓文公이 曰, 人不通古今이면 馬牛而襟据니라.
한 문 공   왈   인 불 통 고 금   마 우 이 금 거

● 不通(通:통할 통) 알지 못하다   ● 襟据(襟:옷섶 금, 裾:옷뒷자 락 거) 옷깃과 옷자락, 옷을 입힌 것

◈ 과거와 현재 양쪽의 역사와 문화를 모르다 don't know the literature and history both of the past and of the present(不通古今) ◈ 말과 소에 옷을 입힌 것과 같다 it is as if the horse or ox were wearing the clothes(馬牛而襟裾)

영문 When a person does not know of the literature and history both of the past and of the present, it is as if the horse or the ox were wearing the clothes.

앞글 의 구절과 마찬가지로 배움의 중요성을 다시금 강조한 구절들이다. 사람이 배우는 까닭은 의(義)를 알기 위해서요, 밤길과도 같은 세상을 올바르게 살아가기 위해서라고 했다. 단지 더 많은 지식을 얻기 위해서가 아니라 덕성과 지혜를 쌓기 위해 배움이 필요하다는 것이다.

사서삼경 중의 하나인 ≪대학≫에서는 인간이 나아가야 할 바를 팔조목(八條目)으로 밝혀 놓았는데 그 첫째가 배움이다. 즉 <격물(格物), 치지(致知), 성의(誠意), 정심(正心), 수신(修身), 제가(齊家), 치국(治國), 평천하(平天下)>에서 각 단계는

앞의 단계를 바탕으로 해서 가능한데 <격물치지>가 첫 출발
점이 된다는 것이다. 이처럼 배움은 만사의 근본이 된다.

주문공이 말하기를, 집이 만약 가난해도 가난 때문에 배움을 그만
두어서는 안 되며 집이 만약 부자라도 부(富)를 믿고 배움을 게을
리해서는 안 된다. 만약 가난한 사람이 열심히 배우면 출세할 것이
며 부자가 열심히 배우면 곧 이름이 영광으로 빛날 것이다. 오직
배운 사람만이 훌륭하게 되는 것을 보았으며 배운 사람이 뜻을 이
루지 못한 것을 보지 못했다. 배운다는 것은 곧 몸의 보배요 배운
사람은 곧 세상의 보배이다. 고로 배우면 곧 군자가 되고 배우지
않으면 소인이 될 것이므로 후에 배우는 사람들은 각각 의당히 힘
을 써야 한다.

朱文公이 曰, 家若貧이라도 不可因貧而廢學이요 家若富
주문공 왈 가약빈 불가인빈이폐학 가약부
라도 不可恃富而怠學이라. 貧若勤學이면 可以立身이요 富
불가시부이태학 빈약근학 가이입신 부
若勤學이면 名乃光榮이라. 惟見學者顯達이요 不見學者
약근학 명내광영 유견학자현달 불견학자
無成이니라. 學者는 乃身之寶요 學者는 乃世之珍이니라. 是
무성 학자 내신지보 학자 내세지진 시
故로 學則乃爲君子요 不學則爲小人이니 後之學者는 宜
고 학칙내위군자 불학칙위소인 후지학자 의
各勉之니라.
각면지

◉ 家若貧(家:집 가, 若:만약 약, 貧:가난할 빈) 만약 집이 가난
하더라도 ◉ 因貧而廢學(因:말미암을 인: ~때문에) 가난 때문에
공부하는 것을 그만두다 ◉ 恃富而怠學(恃:믿을 시, 富:부자 부,
怠:게으를 태)부를 믿고 배움을 게을리하다 ◉ 立身 입신하다, 출

세하다 ◉ 名乃光榮 〈이름이 곧 더욱 영광스럽게 빛나다〉, 乃(곧 내) 곧, 바로 ◉ 惟見(惟:오직 유, 見:볼 견)~ 오직 ~만을 보다 ◉ 顯達(顯:나타날 현·밝을 현, 達:통할 달) 세상에 밝게 나타나다, 훌륭하게 되다 ◉ 惟見學者顯達은 오직 배운 사람만이 훌륭하게 되는 것을 보았다. ◉ 無成 뜻을 이루지 못하다 ◉ 乃身之寶 곧 몸의 보배이다 ◉ 世之珍(珍:보배 진)세상의 보배 ◉ 是故 고로, 그렇기 때문에 ◉ 爲君子 군자가 되다 ◉ 後之學者 뒤에 오는 학자 ◉ 宜 의당히 ◉ 各勉之(勉:힘쓸 면) 각기 힘쓰다

◈ 배운 사람이 뜻을 이루지 못한 것을 보지 못했다 There are not any learned people but are able to come true their dream ◈ 군자 a highly enlightened person(君子)

영문 Although a person family is poor, he should not give up studying merely because of poverty and although he is wealthy he should not believe in wealth and be lazy about learning. If a poor person studies hard, he will meet with success in life. If a wealthy person studies hard, his name will gloriously shine. Only those who are learned become great and there are not any learned people but are able to come true their dreams. Learning is the body treasure and the learned person is a treasure of the world. If a person learns, one will become a highly enlightened man; if one does not learn, will become a small man and a coming learning person must resort to using all of his natural talents to follow the learned persons.

풀이 선 성종 때 이육이 쓴 견문기 ≪청파극담≫에 이런 일화가 있다.

유효통 선생이 아들을 결혼시키며 예물로 함을 보냈다. 사돈인 정승 황보인이 그 함을 열어보니 모두 책뿐이었다. 그 자리에 있던 손님들이 모두 깜짝 놀랐다. 나중에 황보인이 까닭을 물으니 유씨는 이렇게 대답했다.

「황금이 상자에 가득하더라도 자식에게 한 권의 <경서>를 가르치는 것만 못하다는 옛말이 있으니, 혼인날 함에 어찌 책을 예물로 넣지 못하겠습니까?」

배움이란 어떤 예물보다도 소중한 보배이다.

휘종황제가 이르기를, 배운 사람은 벼(禾稻)와 같고 배우지 못한 사람은 쑥(蒿草)과 같다. 배운 사람은 벼와 같아서 나라의 좋은 양식(精食)이요 세상의 큰·보배이다. 배우지 못한 사람은 쑥과 같아서 농부가 미워하고 김매는 사람이 힘들어한다. 훗날 담을 면(面)한 듯 답답하여 후회한들 이미 때는 늦다.

徽宗皇帝曰, 學者는 如禾如稻하고 不學者는 如蒿如草로다.
휘종황제왈 학자 여화여도 불학자 여호여초

如禾如稻兮여 國之精糧이요 世之大寶로다. 如蒿如草兮여
여화여도혜 국지정양 세지대보 여호여초혜

耕者憎嫌하고 鋤者煩惱니라. 他日面墻에 悔之已老로다.
경자증혐 서자번뇌 타일면장 회지이노

● 禾(벼 화)와 ● 稻(벼 도)는 다 〈벼〉의 뜻이므로 ● 如禾如稻 는 벼와 같다 ● 蒿(다북쑥 호) 쑥 ● 兮 어조사 ● 精糧(精:정성 스러울 정, 깨끗할 정, 糧:양식 량, 먹이 량) 좋은 양식 ● 世之 大寶 세상의 큰 보배 ● 耕者憎嫌(耕:갈 경, 憎:미울 증, 嫌:싫어 할 혐) 농사 짓는 사람이 미워하다 ● 鋤者(鋤:김맬 서) 김 매는 사람 ● 煩惱(煩:번거로울 번, 번민할 번, 惱:번뇌할 뇌) 힘들어 하다 ● 他日 훗날 ● 面墻(墻:담 장) 담을 면하다 ● 悔之已老 후회해도 이미 늦다

◈ 벼 rice plant(禾稻) ◈ 쑥 wormwood(蒿草) ◈ 김매는 사람이 힘들 어하다 a burden to those who weed(鋤者煩惱) ◈ 담을 면하다 be surrounded by the walls on every side(面墙) ◈ 답답하다 stuffy

영문 One who is learned is like rice plant and one who is not is like wormwood. The learned, like grain, is like the country's good provisions and the great treasure of the world as well. The unlearned, like wormwood which the farmer despises, is a burden to those who weed. The unlearned person feels stuffy as if he is surrounded by the walls on every side, and for one who regrets not having learned, it is already too late.

움의 중요성과 함께 때를 놓치지 말고 배워야 함을 강조한 구절이다. 사람이 나이와 지위고하를 막론하고 늘 배우는 자세를 유지해야 함은 물론이다. 그러나 배움에는 확실히 때가 있다는 생각이다. 나이가 들어서도 배움을 계속한다는 것은 생각을 넓고 깊게 만드는 과정이며 자기와의 분투이지만, 젊었을 때의 배움이란 한평생의 정신적 성장을 위해 바탕을 마련하는 작업이다. 때를 놓치지 말고 부지런히 배우자.

譯 ≪논어≫에 이르기를, 배움에는 미치지 못한 것처럼 배우고 오직 배운 것을 잃을까 두려워하라.

論語에 曰, 學如不及이요 惟恐失之니라.
논 어   왈   학 여 불 급   유 공 실 지

◉ 不及(及:미칠 급) 미치지 못하다, 만족한 상태에 도달하지 못하다 ◉ 惟恐(惟:오직 유, 恐:두려울 공) 오로지 두려워하다 ◉ 失之(失:잃을 실) 그것을 잃다 之는 대명사로서 學, 〈배움〉을 의미함.

◈ 아무리 열심히 해도 however hard one may be ◈ 미치지 못한 것처럼 as if~ cannot learn enough(如不及) ◈ ~잊을까 두려워하다 fear ~ may be forgotten(for fear ~ should be forgotten)

영문 One should learn hard as if one cannot learn enough however hard one may try and also should fear what has been learned may be forgotten.

대한 과학자로 칭송받는 뉴턴이 이런 글을 쓴 적이 있다. 「내가 이 세상 사람들에게 어떻게 보일지 모르겠지만 나는 단지 해변에서 놀고 있는 소년과 같다. 때로 자갈이나 더 예쁜 조가비를 발견하고는 즐거워하는 소년이다. 그러나 거대한 진리의 바다는 내 앞에 아직 발견되지 않은 채 펼쳐져 있다.」

근대 과학의 초석을 다진 뉴턴도 진리의 바다 앞에서는 겸손했다. 그에게 진리의 세계는 아무도 항해하지 않은 바다와 같은 것이었다. 앎이란 이런 것이다. 벅찬 기대와 의욕을 끓어오르게 하는 미지의 대상인 것이다.

자식을 가르치는 것은 최선의 투자

訓子篇

훈자편

≪경행록≫에 이르기를, 손님이 찾아오지 않으면 집안이 비속해지고 시서(詩書)를 가르치지 않으면 자손이 어리석어진다.

景行錄에 云, 賓客不來하면 門戶俗하고 詩書無教하면 子
경 행 록   운   빈 객 불 내   문 호 속   시 서 무 교   자
孫愚니라.
손 우

● 賓客(賓:빈손 빈, 客:빈 객) 손님 ● 不來 오지 않다 ● 門戶俗(俗:속될 속) 집안이 비속해지다 ● 詩書無教 시서를 가르치지 않다 ● 子孫愚 자손이 어리석어지다

◈ 비속해지다 meanness prevails(俗) ◈ 시서를 가르치다 the book of poetry is studied(詩書無教)

영문 When there are no guests that come home to visit you, meanness prevails within your house and if the book of poetry is not studied, your descendants will become foolish.

이들은 스스로 배운다. 머리로만이 아니라 온몸으로. 이모나 삼촌을 흉내내기도 하고 TV속의 주인공이 되기도 한

148

다. 어디서 배웠는지 기상천외한 짓을 하여 어른들을 깜짝
놀라게 만들기도 한다. 물론 좋은 것만 배운다면 문제될 게
없다. 그러나 분별없는 아이들이 옳고 그름을 따질리 없다.
아이들의 배움은 많은 부분이 부모의 책임이다.

부모 스스로 건전한 생활을 하고 사람을 가려야 할 이유
가 여기에 있다. 어려운 살림, 바쁜 생활은 대개 핑계에 불과
하다. 참다운 교육은 가정에서 출발한다는 것을 명심하자.

譯 장자가 말하기를, 비록 작은 일이라도 그것을 하지 않으면 이루어
지지 않고, 자식이 비록 현명하더라도 가르치지 않으면 밝게 되지
못한다.

莊子曰, 事雖小나 不作이면 不成이요 子雖賢이나 不敎면
장 자 왈　　사 수 소　　부 작　　　불 성　　　자 수 현　　　불 교
不明이니라.
불 명

◉ 不作(作:만들 작) 하지 않다 ◉ 不成(成:이룰 성) 이루어지지 않
다 ◉ 不明(明:밝을 명) 밝지 못하다, 사물의 이치에 밝지 못하다

◈ 일이 아무리 작더라도, 비록 작은 일이라도 a matter however
small(雖小), However small a matter may be ◈ 그것을 하지 않으면,
정성을 드리지 않으면, if not attended to(不作) ◈ 가르치지 않으면
if not taught(不敎) ◈ 밝게되다 become bright(明)

영문 A matter however small, if not attended to, will not be
settled and a son however intelligent, if not taught, will not
become bright.

육을 하지 않아서가 아니라 너무 많은 교육을 해서 문제가 되는 세상이다. 최대의 투자가 최선의 결과를 낳는다는 부모들의 굳센 믿음 때문에 아이들은 늘 괴롭기만 하다.

「일이 비록 작아도 하지 않으면 이루지 못하고 자식이 비록 어질더라도 가르치지 않으면 밝지 못하다.」

이 구절에서 장자는 <어짊>과 <밝음>을 키우는 교육을 강조했다. 본말이 뒤집힌 교육은 짐이 될 뿐, 열 개를 얹어주기보다는 한 개라도 제대로 깨우치려는 노력이 필요한 때다.

≪한서≫에 이르기를, 황금이 궤짝에 가득 차 있더라도 자식에게 경서(經書)한 권을 가르치는 것만 같지 못하고, 자식에게 천금(千金)을 물려준다 해도 그것은 한 가지 재주를 가르치는 것만 같지 못하다.

漢書에 云, 黃金滿籯이 不如敎子一經이요 賜子千金이
한 서　운　황 금 만 영　　불 여 교 자 일 경　　사 자 천 금

不如敎子一藝니라.
불 여 교 자 일 예

◉ 滿籯(滿:찰 만, 籯: 농 영·상자 영) 궤짝에 가득 차다 ◉ 敎子一經(敎:가르칠 교, 經:경서 경) 자식에게 경서 한 줄을 가르치다 ◉ 賜子千金(賜:줄 사) 자식에게 천금을 주다 ◉ 一藝(藝: 재주 예) 한 가지 재주

◈ 궤짝에 황금이 가득 차 있더라도 although a chest is filled with gold to the brim(黃金滿瀛), hand over~ to~ ◈ ~에게 ~을 물려주다, ~와 같다 amount to ~

영문 Though a chest is filled with gold to the brim, it is not better than teaching even one volume of the Confucian classics to one's son and likewise handing over a great deal of money to one's son does not amount to teaching him one skill.

날에 가난하기 이를 데 없는 형제가 있었다. 농사일에 열심인 형과 달리 동생은 노름판을 전전하고 다녔다. 어느 날 벼락부자가 된 동생이 찾아와 큰 돈을 내놓으며 거드름을 피웠다. 죽으로 저녁을 때우던 형은 단호하게 거절하며 말했다.

「난 지금 비록 죽으로 끼니를 삼고 살지만 행복하단다. 한 포기 벼가 자라는 데도 일년 스물 네 절기를 알아야 하고 하늘과 땅의 기운을 느껴야 한다. 그리고 내가 흘린 땀만큼 낟알이 늘어나고 품앗이로 이웃과 정을 나누는 게 큰 즐거움이다. 그래서 비록 가난하게 살았지만 농사일만은 정성으로 가르쳐주신 부모님께 감사하게 되었단다.」

같은 부모 밑에서도 어떤 사람은 잔꾀와 편법을 배우는 반면 어떤 사람은 삶을 살아가는 올바른 도리를 배운다. 당신이 부모라면 무엇을 먼저 가르치겠는가.

지극한 즐거움으로는 책을 읽는 것보다 나은 것이 없고 지극히 요긴한 것으로는 자식을 가르치는 것보다 나은 것이 없다.

至樂은 莫如讀書요 至要는 莫如敎子니라.
지 낙   막 여 독 서   지 요   막 여 교 자

◈◈◈◈

◉ 至樂(至: 지극할 지) 지극한 즐거움 ◉ 莫如~ ~만한 것이 없다, ~보다 나은 것이 없다 ◉ 至要 지극히 요긴하다

◈ ~보다 더 ~한 것은 없다.(there is nothing we take more~ than) There is nothing we take more pleasure than reading a book(至樂莫如讀書) ◈ 자식을 가르치는 것보다 지극히 요긴한 것은 없다 There is nothing we need more importance than teaching our child

영문 There is nothing we take more pleasure than reading a book and there is nothing we need more importance than teaching our child.

치인이자 저술가, 그리고 과학자로 널리 알려진 벤자민 프랭클린은 독서광이었다. 그는 자서전에서 그를 위대하게 만든 것은 남다른 독서열이었다고 밝히고 있다.

「나는 형에게 만일 매주 식비로 주는 돈의 절반만 준다면 하숙을 하고 싶다고 말했다. 형은 순순히 들어주었고 나는 그 돈의 절반을 책 사는 데 보탰다. 형이나 다른 사람들이 식사하러 인쇄소 밖으로 나가면 나는 혼자남아 간단히 식사하고 그들이 돌아올 때까지 책 읽기에 힘썼다.」

책에서 얻는 것은 쉽게 눈에 띄지 않는다. 그러나 책이 주는 선물만큼 인생에서 값진 것은 없다.

여영공이 말하기를, 안으로는 어진 부모가 없고 밖으로는 엄한 스승과 친구(벗)가 없다면 일을 이룰 수 있는 사람이 드물 것이다.

呂榮公이 日, 內無賢父母하고 外無嚴師友而能有成者
여 영 공   왈   내 무 현 부 모   외 무 엄 사 우 이 능 유 성 자

鮮矣니라.
선 의

● 內無 안으로 없다 ● 賢父母(賢:어질 현) 어진 부모 ● 外無 밖으로 없다 ● 嚴師友(嚴: 엄할 엄, 師: 스승 사) 엄한 스승과 친구 ● 有成者 뜻을 이루는 자 ● 鮮(鮮: 드물 선) 드물다

◆ 안으로 어진 부모가 없으면 without benevolent parents in(內無賢父母) ◆ 밖으로 엄한 스승과 친구가 없으면 without stern teachers and friends out(外無嚴師友) ◆ 일을 이룰 수 있다 can attain one's purposes

영문 Few men are able to attain their purposes without benevolent parents in and stern teachers and good friends out.

드시 훌륭한 선생이 있어야 배우는 것은 아니다. 이 구절에서 말하듯 어버이와 형, 벗의 충고도 삶을 살아가는 데 귀중한 자산이 된다. 공자는 이렇게 말했다.

「세 사람이 길을 가면 반드시 나의 스승이 될 만한 사람이 있다. 그러므로 제자라고 하여 스승만 못한 것도 아니며, 스승이라고 하여 반드시 제자보다 어진 것도 아니다. 다만 도(道)를 물어 마음에 얻는 바가 앞서던가 늦던가 하는 차이가 있을 뿐이다.」

지금부터라도 두 눈을 크게 뜨고 가까운 사람에게서부터 배우도록 하자.

譯 태공이 말하기를, 남자가 교육을 받지 못하면 자라서는 반드시 어리석고 완고해지고, 여자가 교육을 받지 못하면 자라서는 반드시 거칠고 솜씨가 없어진다.

太公이 曰, 男子失教면 長必頑愚하고 女子失教면 長必
태공 왈 남자실교 장필완우 여자실교 장필

麤疎니라.
추 소

◉ 失敎(失:잃을 실) 교육을 받지 못하다 ◉ 長(자랄 장) 자라다
◉ 頑愚(頑:완고 완) 완고하고 어리석다 ◉ 麤疎(추: 거칠 추·추
할 추, 疎:성길 소) 거칠고 솜씨가 엉성하다

◈ 자라서 ~가 되다 grow to be~ ◈ 거칠고 솜씨가 없다 remain
crude and unrefined

영문 When a boy is not educated, he surely grows to be stupid
and foolish and when a girl is not educated, she as a woman
surely grows to remain crude and unrefined.

譯 남자가 나이를 먹으면 풍류나 술을 배우지 않도록 하고, 여자가 나이를 먹으면 놀러 다니지 않도록 하라.

男年長大어든 莫習樂酒하고 女年長大어든 莫令遊走하라.
남년장대 막습낙주 여년장대 막영유주

◉ 年長大(年:해 년, 長:클 장) 나이를 먹다 ◉ 莫習(習: 익힐 습)
배우지 않다 ◉ 樂酒 풍류와 술 ◉ 遊走(遊: 놀 유) 놀러다니다

◈ 풍류나 술을 배우다 be taught to endeavor to drink liquor in the
pursuit of elegance(習樂酒) ◈ 놀러 다니다 venture out in play

영문 As a man grows old, he should be taught not to endeavor
to drink liquor in the pursuit of elegance and as woman
grows old, she should be told not to venture about in play.

자와 여자에게 배움이 따로 있을 리 없다. 더구나 요즘은
거의 모든 분야에서 남녀가 구별 없이 능력을 발휘하는
세상이다. 남녀를 불문하고 능력을 쌓아야만 인정받는 시대
인 것이다. 그만큼 배움의 가치가 높아졌고 교육열 또한 뜨
겁다. 남자든 여자든 인간으로서의 가치를 인정받으려면 배
움은 필수적이다. 인격에도 남녀의 구별이 있을 수 없는 것
이다.

詳 엄한 아버지는 효자를 길러내고 엄한 어머니는 효녀를 길러낸다.

嚴父는 **出孝子**하고 嚴母는 **出孝女**니라.
엄 부   출 효 자   엄 모   출 효 녀

◉ 嚴父(嚴:엄격할 엄, 父:아버지 부) 엄격한 부친 ◉ 出(出: 낳을
출) 길러내다

◈ 엄한 아버지가 효자를 길러내다 a stern father raises a filial son

영문 A stern father raises a filial son and a stern mother raises a filial daughter.

자 녀를 교육하는 부모의 태도는 각양각색이다. 그러나 크게 보아 당근형과 채찍형으로 나눌 수 있다. 살살 달래거나 조용히 꾸짖는 부모가 있는가 하면 회초리부터 드는 부모가 있다. 중요한 것은 방법이 아니라 얼마만큼 자녀의 인격과 장래를 생각하여 제대로 가르치느냐 하는 것이다. 당나라의 시인 백낙천은 이렇게 말했다.

「밭이 있어도 갈지 않으면 창고가 비게 되고, 책이 있어도 가르치지 않으면 자손은 우매해진다. 창고가 비면 세월을 지내기가 구차하게 되고, 자손이 우매하면 예의에 소홀하게 된다. 오직 갈지 않고 가르치지 않음은 곧 부모의 허물이다.」

譯 사랑하는 아이에게는 매를 많이 때리고 미운 아이에게는 먹을 것을 많이 주라.

憐兒어든 多與棒하고 憎兒어든 多與食하라.
연 아　　다 여 봉　　　증 아　　다 여 식

◉ 憐兒(憐:사랑할 련, 兒:아이 아) 사랑하는 아이 ◉ 多與(與:줄 여) 많이 주다 ◉ 棒(몽둥이 봉, 두드릴 봉) ◉ 憎兒(憎:미워할 증) 미운 아이

◈ ~로서 벌을 주다 punish~ with~ ◈ 매를 때리다 punish~ with whip ~를 매를 때리다 ◈ 미운 아이 the child that is abhorred ◈ 먹을

것을 많이 주다 be well fed(多與食) ◆ ~하도록 하다 see to it that~

영문 One should often punish the child with a whip that is loved, and one should see to it that the child is well fed that is abhorred.

자 식을 위한다면 매를 아끼지 말라고 했다. 그런데 때려도 말을 안 듣는다면 어떻게 해야 할까? 흔히 말하듯 매가 능사는 아니다. 우리 조상들도 잘못을 깨닫지 못하는 자녀에겐 아예 매를 들지 않았다. 그 때문에 자녀는 매를 든 부모의 마음씀씀이에 그만큼 더 깊이 뉘우치고 반성했던 것이다. 매는 아주 조심스럽게 사용할 때만 효과가 있는 법이다. 매를 한 번 드는 데도 부모는 지혜로워야 한다.

譯 사람은 누구나 다 주옥(珠王)을 사랑하지만 나는 자손의 어진 것을 사랑한다.

人皆愛珠玉이나 我愛子孫賢이니라.
인 개 애 주 옥 　 아 애 자 손 현

◉ 皆(다 개) ◉ 子孫賢(賢:어질 현) 자손의 어진 것

◆ 주옥 jewel ◆ 사람은 누구이든 간에 ~을 좋아한다 any people love jewels~ ◆ 자손의 어진 것 benevolence of one's descendants (子孫賢)

영문 Any people love jewels; however, I am a man who rather loves the benevolence of my descendants.

옛날에 만석꾼으로 이름난 부자가 있었다. 값진 보화에 아름답고 어진 부인까지 얻어 남부러울 게 없었다. 그런 부자에게도 한 가지 소원이 있었으니 아들을 얻는 것이었다. 백일지성 끝에 떡두꺼비 같은 아들을 얻자 부자는 날아갈 듯 기뻤다. 그런데 산고를 못 이긴 부인이 몇 년만에 죽고 말았다. 부자는 슬픔에 빠져 술로 허송했다. 나날이 줄어드는 가산에도 아랑곳하지 않았다. 어느 해 큰 기근이 들자 도둑떼가 몰려와 모든 재산을 잃고 말았다. 그러나 총명한 아들은 정성으로 아버지를 보살피며 글공부에 더욱 힘썼다. 어느 날 소식을 듣고 찾아온 친구에게 부자는 아들을 소개하며 말했다.

「나는 모든 것을 잃었지만 가장 값지고 귀한 것만은 잃지 않았네.」

제3부

마음은 닦을수록 빛나는 거울

明心寶鑑

省心篇(上) 성심편(상)

省心篇(下) 성심편(하)

이야기
명심보감

올바름을 행하지 않음은 자기를 해치는 것

省心篇 (上)

성심편(상)

《경행록》에 이르기를, 금은보화는 쓰면 다 없어지지만 충효는 이를 누려도 다함이 없다.

景行錄에 云, 寶貨는 用之有盡이요 忠孝는 享之無窮이니라.
경 행 록   운   보 화   용 지 유 진   충 효   향 지 무 궁

◉ 寶貨(寶:보배 보, 貨:재물 화) ◉ 用之有盡(盡:다할 진) 쓰면 다하다, 쓰면 다 없어지다 ◉ 享之無窮(享: 누릴 향, 窮: 다할 궁) 누려도 다함이 없다, 누려도 다 없어지지 않는다

◈ 누려도 다 없어질 수 없다 cannot be exhausted when~ is enjoyed

Treasures of gold and silver run out when they are spent; however loyalty and filial piety cannot be exhausted when they are enjoyed.

년 5월 8일은 어버이날이다. 이날의 유래를 한번 알아보자. 미국에 어머니와 단둘이 살던 안나라고 하는 자비스럽고 효성스런 여자가 있었다. 어머니가 죽자 그녀는 슬픔과 회한

으로 괴로워하다가 일년에 단 하루라도 어머니를 기리고자 마음먹었다. 파티에 참석할 때면 늘 흰 카네이션을 달고서 사람들에게 <어머니의 날>을 만들자고 설득했다. 장장 7년 동안의 노력이 결실을 맺어 1914년 5월 둘째 일요일, 첫 <어머니의 날>이 선포되었다. 우리도 이 전통을 이어 <어머니의 날>을 제정하였다가 1974년에 <어버이의 날>로 바꾸었다.

효(孝)는 백행의 근본이라고 한다. 예로부터 효자 아닌 충신은 없는 법이라고도 했다. 어버이날에 잠깐 되새기고 말 것이 아니라 늘 가슴속에 지녀야 할 덕목이다.

集안이 화목하면 가난해도 좋지만 의롭지 않으면 부자인들 무엇하랴. 단 효하는 자식이 하나라도 있다면 많은 자손이 무슨 필요가 있겠는가?

家和면 貧也好어니와 不義면 富如何오. 但存一子孝면 何
가 화   빈 야 호   불 의   부 여 하   단 존 일 자 효   하
用子孫多리오.
용 자 손 다

● 貧也好 가난해도 좋다 ● 如何 무엇하랴 ● 但(다만 단) 단, 단지 ● 存一子孝(存: 있을 존) 효하는 자식이 하나라도 있으면 ● 何用 무슨 소용이 있겠는가? ● 子孫多 자손이 많다

◈ 집안이 화목하다 there is harmony within ◈ 효하는 자식이 하나라도 있다면 if ~ has but one son who is filial pious(存一子孝) ◈ 자손이 많은들 무슨 소용이 있겠는가? Why should there be concern of having numerous sons?(何用子孫多)

영문 Although a person may be poor, all is well if there is harmony within. If there is no righteousness, what's the use of being wealthy? If a father has but one son who is filial pious, why should there be concern for having numerous sons?

화만사성(家和萬事成)>이라고 했다. 가정이 화목하면 마음도 편하고 든든하여 모든 일이 잘 풀린다. 고대 그리스의 시인 소포클레스는 ≪안티고네≫에서 「자기 가정을 훌륭하게 다스리는 자는 국가의 일에 대해서도 가치 있는 인물이다」라고 했다. 그러나 가정의 화목은 이루기도 지키기도 힘들다. 「왕국을 통치하는 것보다 가정을 다스리기가 더 어렵다」는 말이 있을 정도이다. 그러면 가정의 화목은 어떻게 이루어야 할까. 무엇보다 중요한 것은 서로를 위한 작은 희생일 것이다. 양보와 희생이 모여 가정의 평화를 이루어 내는 법이다.

譯 아버지가 근심이 없는 것은 자식의 효도 때문이고 남편이 번뇌가 없음은 아내가 현명하기 때문이다. 말이 많아서 말로 실수하는 것은 다 술 때문이며 의가 끊어지고 친한 사이가 멀어지는 것은 오직 돈 때문이다.

父不憂心은 因子孝요 夫無煩惱는 是妻賢이라. 言多語失
부 불 우 심   인 자 효   부 무 번 뇌   시 처 현   언 다 어 실
은 皆因酒요 義斷親疎는 只爲錢이라.
　 개 인 주   의 단 친 소   지 위 전

◉ 不憂心(憂:근심할 우) 근심하지 않다 ◉ 因(말미암을 인)~ ~ 때문이다 ◉ 無煩惱(煩:번거로울 번, 惱:어지러울 뇌) 번뇌가 없는 것 ◉ 是(옳을 시)~ ~때문이다 ◉ 妻賢 아내가 현명하다 ◉ 言多語失(失:그르칠 실) 말이 많으면 말을 실수한다 ◉ 皆因酒 모두 술 때문이다 ◉ 義斷(斷:끊을 단) 의가 끊어지다 ◉ 親疎 친한 사이가 멀어지다 ◉ 只(다만 지) 단지, 오직 ◉ 爲 〈~때문이다〉, 因, 是, 爲는 〈~때문이다〉로 옮김. ◉ 錢(돈 전) 돈

◈ ~때문이다 it~ that 강조용법을 인용 예) He is happy because his son is diligent에서 It is because his son is diligent that he is happy 그가 행복한 것은 그의 아들이 근면하기 때문이다 ◈ 아버지가 근심이 없는 것은 자식의 효도 때문이다 It is because a son is filial pious to his father that his father is at ease (父不憂心因子孝) ◈ 남편이 번뇌가 없음은 아내가 현명하기 때문이다 It is because a wife is wise that her husband has no worldly passion(夫無煩惱是妻賢) ~은 ~ 때문이다 ~is because~ that~ ◈ 말이 많아서 말로 실수하는 것은 making a mistake by talking too much ◈ ~인 것은 오직 돈 때문이다 it is all because of money that~ ◈ 친한 사이가 멀어지다 distance between friends increases

영문 It is because a son is filial pious to his father that the father is at ease and it is because a wife is wise that her husband has no worldly passion. Making a mistake by talking too much is all because of liquor and it is all because of money that righteousness ends and distance between friends increases.

어구 느 지혜로운 아내에 대한 이야기가 있다.

이슬람의 성인 마호메트는 처음 신의 계시를 받고 두려움과 의심에 빠져 있었다. 그러나 아내 하디자는 그것이 신의 계시임을 확신하고 알라의 첫 번째 신자가 되었다. 당시는 부족마다 섬기는 우상이 있었기 때문에 무서운 박해가 뒤따랐음은 물론이다. 온갖 시련 속에서도 마호메트는 이슬람교

로 아랍세계를 통일했다. 이것은 아내 하디자의 절대적인 신뢰와 애정 때문이었다.

아내의 현명한 내조는 위대한 힘을 발휘한다. 남편과 자식의 운명뿐 아니라 세상을 바꾸기도 한다. 요즘은 현모양처를 봉건적 잔재로만 받아들이는 듯하다. 자식과 남편을 사랑하고 위하는 방법은 달라질 수 있다. 그러나 그 마음만은 예나 지금이나 같지 않을까?

이미 보통이 아닌 즐거움을 가졌거든 모름지기 예측할 수 없는 근심을 막아야 한다.

既取非常樂이어든 須防不測憂니라.
기 취 비 상 요   수 방 불 측 우

◉ **既取**(既:이미 기, 取:취할 취) 이미 갖다 ◉ **非常樂** 보통이 아닌 즐거움 ◉ **須**(모름지기 수) 모름지기 ◉ **防**(막을 방) 방비하다, 대비하다 ◉ **不測憂**(測:헤아릴 측, 憂:근심 우) 예측할 수 없는 근심

◈ 예측하지 못한 근심을 막다, 예측하지 못한 근심이 닥쳐 올 것에 대해 준비하다 prepare for unexpected anxiety(防不測憂)

영문 When too much joy has already come, one should prepare for unexpected anxiety.

로이 목마의 이야기를 모르는 사람은 없을 것이다.

그리스 각지에서 모인 영웅들이 트로이를 함락시키기 위하여 십 년 동안의 싸움을 벌였다. 그러나 왕과 신하, 백성이 똘똘 뭉쳐 싸우는 트로이를 쉽게 이길 수는 없었다. 지칠 대로 지친 그리스 군은 마지막 계략으로 병사를 숨긴 거대한 목마를 선물하고 물러났다. 똑같이 지쳐 있던 트로이 사람들은 뜻밖의 상황에 그간의 경계심을 풀고 말았다. 확인도 안 한 채 목마를 성문 안에 들여놓고 밤새도록 승전을 자축했다. 그러나 기쁨도 잠시, 행운의 전리품은 죽음의 사자로 변하고 말았다. 목마 안에 숨어 있던 그리스 병사들이 쏟아져 나와 성문을 열어 젖힌 것이다.

갑작스런 행운이 있으면 갑작스런 불행이나 근심도 있는 법이다. 늘 조심스런 마음가짐을 잃지 말아야겠다.

譯 사랑을 받을 때 욕된 일이 있을까 생각하고 편안하게 살 때에는 위험이 닥쳐오지 않을까 생각하라.

得寵思辱하고 **居安慮危**하라.
득 총 사 욕　　　거 안 여 위

◎ 得寵(得:얻을 득, 寵:사랑할 총) 사랑을 얻다, 사랑을 받다 ◎ 思辱(思:생각할 사, 辱:욕보일 욕) 욕됨을 생각하다 ◎ 居安 편안하게 살다 ◎ 慮危(慮:생각할 려·근심할 려, 危:위태할 위) 위태로울 때를 생각하다

◈ ~할 때 ~생각하고 when~, ~should fear ◈ ~할 때 ~을 생각하라 when~, ~should wonder ◈ 욕됨 shame(辱) ◈ 위험 danger(危)

영문 When love is received, one should fear there will be shame and when living in peace, one should wonder if there will be danger.

날에 한나라가 초나라를 꺾고 대륙을 통일했을 때의 일이다. 유방은 부하 중에서 가장 용맹하게 싸운 한신을 총애하여 초나라 왕으로 삼았다. 그런데 유방이 한신의 부하인 종리매를 잡아오라고 하자 처음에 그를 숨겨 주었던 한신은 고민 끝에 그를 체포하였다. 종리매는 한신의 옹졸함과 유방의 저의를 꾸짖고는 스스로 목을 베어 한신의 뜻에 따랐다. 한신은 총애를 잃지 않으려고 친구의 목을 바치기까지 했지만 유방은 그를 체포했다. 한신은 노기충천한 목소리로 말했다.

「사람들이 민첩한 토끼가 죽으면 훌륭한 사냥개가 삶아지고, 높이 나는 새를 잡으면 좋은 활도 사장되며, 적국이 무너지면 지혜 있는 신하도 망하게 마련이라 하던데 과연 그 말이 맞구나. 천하가 이미 평정됐으니 나 역시 사냥개처럼 삶아지는구나.」

편안하고 즐거운 때일수록 위급할 때를 생각해야 한다.

영화(榮華)가 가벼우면 욕됨이 얕고 이로움이 무거우면 해로움도 깊다.

榮輕辱淺이요 **利重害深**이니라.
영 경 욕 천   이 중 해 심

◉ 榮輕(輕:가벼울 경) 영화가 가볍다 ◉ 辱淺(淺: 물얕을 천) 욕됨이 얕다 ◉ 利重(利:이익 리, 重:무거울 중) 이로움이 무겁다 ◉ 害深(深: 깊을 심) 해로움이 깊다

◆ ~도 역시 그렇다 so is~

영문 When glory is light, so is disgrace. When glory is heavy, so is harm.

임과 권한이 큰 자리일수록 명예와 영광이 따른다. 대통령, 국회의원, 장관 등 높은 지위에 있을수록 일거수일투족이 국민들의 관심을 모은다. 그렇기 때문에 더욱 처신에 조심하고 겸손한 마음을 가져야 한다. 명예와 영광이 큰 만큼 사람들의 비난과 실망도 크게 마련이다. 목전의 영화와 이익에 급급하여 나라와 자신을 욕되게 한 두 전직 대통령을 보라.

큰 영화와 이익은 험한 절벽 위에 핀 꽃과 같다. 그 꽃을 따기 위해서는 성실하고 겸허한 자세로 올라야만 한다. 하지만 높은 절벽일수록 떨어지기도 쉬운 법이다.

사랑이 지나치면 반드시 그 소모가 심할 것이고, 명예가 지나치면 반드시 그 비방이 심할 것이고 기쁨이 지나치면 반드시 그 근심이 심할 것이며, 뇌물을 탐하는 마음이 지나치면 그 망함이 심할 것이다.

甚愛必甚費요 甚譽必甚毁요 甚喜必甚憂요 甚贓必甚
심 애 필 심 비   심 예 필 심 훼   심 희 필 심 우   심 장 필 심

亡이니라.
망

● 甚愛(甚:심할 심) 사랑이 지나치다 ● 必 반드시 ● 甚費(費: 쓸 비) 소모가 심하다 ● 甚譽 명예가 지나치다 ● 甚毁(毁:험담할 훼) 비방이 심하다 ● 甚贓(贓:뇌물 장) 뇌물을 탐내는 마음이 지나치다 ● 甚亡 심한 멸망

◈ 소모가 심할 것이다 it will be consumed in its extremity(甚費) ◈ 그 훼손이 심할 것이다 it will be dissipated(abandoned in) its extremity ◈ 뇌물을 탐하는 마음이 심하다 the heart has gone too far that seeks bribery(甚贓) ◈ 망함이 심하다 it falls in destruction in its extremity(甚亡)

영문 When love has gone too far it will be consumed in its extremity and when honor has gone too far, it will be slandered in its extremity and when happiness has gone too far, it will reach serious anxiety and when the heart has gone too far that seeks bribery, it will fall in destruction in its extremity.

주해 중국 명나라의 태조 주원장이 천하를 평정하고 나서 황후 마씨와 정승 상우춘을 한자리에 불러 모았다. 주원장이 말했다.

「우리 셋은 이미 생의 최고 목적을 이루었소. 그래도 무슨 욕망이 더 있다면 솔직히 말들을 해보오. 만약 그 말이 거짓이 아니라면 저기 뽕나무가 흔들릴 거요.」

먼저 주원장이 자신은 푸짐한 뇌물을 받을 때가 가장 기쁘다고 말했다. 황후는 잘 생기고 건강한 사나이와 어울리고 싶다고 말했다. 상우춘은 황제의 자리에 앉고 싶다고 말했다. 주원장의 말대로 세 번 모두 뽕나무가 우수수 흔들렸다.

이것은 <그 욕심에 뽕나무도 흔들리겠다>는 우리 속담에 얽힌 이야기이다. 이처럼 사람의 욕심에는 끝이 없다. 그리고 욕심은 여러 모습을 띠지만 종국에는 큰 화를 부른다. 기와 한 장 아끼려고 대들보를 썩이는 일은 말아야 한다.

공자가 말하기를, 높은 낭떠러지를 보지 않고서야 어찌 굴러 떨어지는 근심을 알 것이며, 깊은 연못에 와보지 않고서야 어찌 물에 빠져 죽는 근심을 알 것이며, 큰 바다를 보지 않고서야 어찌 풍파의 근심을 알겠는가?

子曰, 不觀高崖면 何以知顚墜之患이며 不臨深淵이면 何
자왈 불관고애 하이지전추지환 불임심연 하
以知沒溺之患이며 不觀巨海면 何以知風波之患이리오.
이지몰익지환 불관거해 하이지풍파지환

◉不觀(觀:볼 관) 보지 않다 ◉高崖(崖: 낭떠러지 애) 높은 낭떠러지 ◉何以知 어찌 알 수 있겠는가? ◉顚墜(顚: 엎드러질 전, 墜: 떨어질 추) 굴러 떨어지다 ◉患(근심 환) 근심 ◉不臨(임할 림, 볼 림)와보지 않다 ◉深淵(深:깊을 심, 淵:연못 연)깊은 연못 ◉沒溺(沒: 빠질 몰, 溺: 빠질 닉) 물에 빠져 죽다 ◉風波之患(波: 물결 파) 풍파의 근심

◈ 낭떠러지 cliff, precipice(절벽) ◈ 어떻게 근심할 수 있는가 how is he to fear~ ◈ 물에 빠지다 be drowned ◈ 풍파의 근심 the fear of a great wave

When a person has not seen the height of a cliff how is he to fear falling from it and when he has not come across a deep lake, how is he to fear being drowned in it and when he has not seen the great ocean how is he to know the fear of a great wave?

상일이란 몸소 경험해 보지 않고는 그 어려움을 알 수 없다는 뜻이다. 정보와 지식의 교류가 그 어느 때보다 활발한 시대라고 하지만, 책이나 대중매체를 통해 얻을 수 있는 경험에는 한계가 있다. 세상살이에는 체험해 보지 않고서는 그 정도를 실감할 수 없는 일들이 많다. 우리들은 대부분 숱

한 고난을 겪고서야 어른의 지혜를 깨닫는 법이다. 경험이란
이토록 소중한 것이다.

앞날을 알고자 하거든 먼저 지난 일들을 살펴라.

欲知未來어든 先察已然이니라.
욕 지 미 내   선 찰 이 연

● 欲知(欲:하고자할 욕, 知:알 지) 알고 싶어하다 ● 先察(察;살
필 찰) 먼저 살피다 已然 이미 지나간 일

◆ 미래를 알고자 하다 desire to know what the future will be (欲知
未來) ◆ 지남을 살피다 examine the past(察已然)

영문 What you should do first is to examine the past when
desiring to know what the future will be.

공자가 말하기를, 맑은 거울은 얼굴을 살피게 하고 지나간 일은 현
재를 알게 한다.

子曰, 明鏡은 所以察形이요 往者는 所以知今이니라.
자 왈   명 경   소 이 찰 형   왕 자   소 이 지 금

◉ 所以 ~을 ~하도록 하다 ◉ 察形(形:꼴 형) 꼴을 살피다, 얼굴을 살피다 ◉ 往者(往:갈 왕, 옛 왕, 者:것 자) 지나간 일 ◉ 知今 현재를 알다

◈ 맑은 거울은 얼굴을 살피게 하다 the face can be examined by looking at a clean mirror ◈ 지나간 일은 현재를 살피게 하다 The days gone by allow~ to know the present(往者所以知今)

영문 The face can be examined by looking at a clean mirror and the days gone by allow us to know the present.

자가 말하기를 「옛것을 잊지 않고 새것을 알면 스승이 될 수 있다(溫故而知新 可以爲師矣)」고 했다. 공자가 말한 옛것은 주나라 때의 문물, 특히 예(禮)와 악(樂)을 말한다. 공자는 제후들이 패권을 다투는 어지러운 시대에 이상적 시대로 여겨진 주나라 때의 문물과 제도 그리고 그 정신을 되살리기 위해 애썼다. 그는 옛 전통 위에 새로운 것을 받아들여야 제대로 된 정치와 사회를 구현할 수 있다고 보았던 것이다. 과거는 현재와 미래를 비추는 거울이다. 거울이 아무리 낡았다 해도 잘 닦기만 한다면 사물을 뚜렷하게 비춰 낼 것이다.

譯 지나간 일은 맑은 거울처럼 밝고 앞날의 일은 칠흑처럼 어둡다.

過去事는 **如明鏡**이요 **未來事**는 **暗似漆**이로다.
과거사   여명경   미내사   암사칠

◉ 如와 ◉ 似(似는:같을 사) ~와 같다로 옮김. ◉ 暗似漆(暗: 어두울 암, 漆: 캄캄할 칠) 칠흑(漆黑)처럼 어둡다

◈ 맑은 거울처럼 맑다 as clear as a clean mirror(如明鏡) ◈ 칠흑처럼 어둡다 as dark as a jet black(暗似漆)

영문 The matters of the past are as clear as a clean mirror and matters of the future are as dark as a jet black.

譯 ≪경행록≫에 이르기를, 내일 아침 일을 오늘 저녁 무렵에 꼭 알 수 없으며 오늘 저녁의 일을 오후 네 시에도 꼭 알 수가 없다.

景行錄에 云, 明朝之事를 薄暮에 不可必이요 薄暮之事를
경 행 록 운 명 조 지 사 박 모 불 가 필 박 모 지 사

晡 時에 不可必이니라.
포 시 불 가 필

◉ 明朝之事(明:밝을 명, 닥처올 명, 朝:아침 조) 내일 아침의 일 ◉ 薄暮(薄: 가벼울 박, 暮: 저물 모) 저녁때, 저녁 무렵 ◉ 不可必 꼭 할 수 없다, 꼭 알 수 없다 ◉ 薄暮之事 저녁의 일 ◉ 晡時(晡:신시 포, 저녁 포) 신시(申時), 오후 4시경

◈ 내일 일 the matters of tomorrow(明朝之事) ◈ 오늘 저녁 무렵에 꼭 알 수 없다 can certainly not be known later this evening(薄暮不可必)

영문 The matters of tomorrow morning can certainly not be known later this evening and the matters of this evening cannot be known at four o'clock this afternoon.

아철 일을 알고자 하는 사람의 마음은 어찌할 수가 없다. 해마다 정초가 되면 점 보는 집의 문앞이 분주해지고, 과학자

들은 시간의 벽을 넘기 위해 헛된 노력을 되풀이한다. 미래란 분명히 다가오는 것이지만 우리는 한치 앞을 알 수 없다. 우리 모두는 시간에 매인 존재이기 때문이다.

그러므로 중요한 것은 앞일을 미리 알아내는 것이 아니다. 불가능한 일에 정력을 낭비하기보다는 미래로 이어진 현재를 위해 애를 써야 한다. 사실 시간이란 과거·현재·미래로 이루어진 것이 아니라 현재의 끊임없는 연속이라 보는 것이 옳다. 지금 여기의(now and here) 일을 이루기 위해 최선을 다한다면 미래는 당연한 결과를 가져다 줄 것이다.

譯 하늘에는 예측할 수 없는 비바람이 있고 사람에게는 아침저녁으로 화(禍)와 복(福)이 있다.

天有不測風雨하고 人有朝夕禍福이니라.
천 유 불 측 풍 우　　인 유 조 석 화 복

◉ 天有~ 하늘에 ~이 있다　◉ 不測(測:헤아릴 측) 예측할 수 없는　◉ 人有~ 사람에게는 ~이 있다

◈ 하늘에는 예측할 수 없는 비바람 있다 there are the winds and rains in the heaven above that cannot be predicted(天有不測風雨)

영문 There are the winds and rains in the heaven above that cannot be predicted and there are misfortunes and at the same time good fortunes in men from morning to evening.

요즘은 일기예보가 큰 오차 없이 잘 들어맞는 듯하다. 예보 방법도 확률식으로 바뀌어 「오늘 비 올 확률은 80%입니다

」라는 식의 예보를 한다. 그래도 100%일 경우는 전무하다. 사람의 능력이 미치지 못하는 한계가 있기 때문이다. 하물며 우리의 인생을 예측하기란 더욱 힘든 일이다. 권력을 한 손에 쥐고 있던 사람이 하루아침에 죄인이 되는가 하면, 권력의 미움을 받던 이가 복권되어 많은 사람의 칭송을 받기도 한다. 이렇게 인생의 길흉화복은 끝없이 부침을 계속한다.

그래도 우리는 아침마다 일기예보를 듣는다. 그리고 인생을 계획하며 한발 한발을 미래로 내딛는다. 그 길에 도사린 영욕보다는 매순간의 걸음이 소중하기 때문이다.

譯 아직 석 자 흙 속으로 돌아가지 않고서는 백 년의 몸을 지탱하기가 어렵고, 이미 석 자 흙 속으로 돌아가서는 백 년의 무덤을 보전키 어렵다.

未歸三尺土하얀 難保百年身이요 已歸三尺土하얀 難保百
미 귀 삼 척 토   난 보 백 년 신   이 귀 삼 척 토   난 보 백

年墳이니라.
년 분

● 未歸(歸: 돌아올 귀) 돌아가지 않다 ● 三尺土(尺:자 척) 석 자의 흙, 죽어서 묻힐 땅 ● 難保(難:어려울 난, 保:보전할 보, 도울 보) 지탱하기가 어렵다 ● 已歸(已:이미 이) 이미 돌아가다 ● 墳(墳: 무덤 분) 무덤

◈ 석자 흙 the earth six foot deep ◈ 백년의 몸을 보전키 어렵다 to maintain safe and good this small body for one hundred years will be difficult(難保百年墳)

영문 Before I go back into the earth six foot deep, to maintain safe and good this small body for one hundred years will be difficult and after I have already placed my body under the earth, it will be also difficult to keep the grave for one hundred years.

해 (秦)나라의 왕 정(政)은 중국을 최초로 통일한 뒤 스스로를 시황제라 칭했다. 옛 전설의 삼황오제(三皇五帝)를 겸했으며 최초의 황제라는 뜻에서였다. 그는 자신이 이룬 무소불위의 권력을 영원히 지키고자 백방의 노력으로 불사의 영약을 찾았으나 오십을 못 넘기고 죽고 말았다.

인간에게 영원함이란 없다. 한번 나서 죽는 것은 거역할 수 없는 자연의 순리이다. 사는 것보다 죽는 것이 중요하다고 말한다. 죽음을 어떻게 받아들이느냐에 따라 그 사람의 삶은 크게 달라진다.

譯 《경행록》에 이르기를, 나무를 잘 기르면 뿌리가 튼튼하고 가지와 잎이 무성해서 마룻대와 대들보 감을 이루고, 물을 잘 다스리면 그 물의 근원이 크고 세고 물의 흐름이 길어 관개에 이로움이 크며, 사람을 잘 키우면 기상이 높고 식견이 밝아 충성스럽고 의로운 인물이 배출되니, 어찌 이와 같이 잘 기르지 않겠는가?

景行錄에 云, 木有所養이면 則根本固而枝葉茂하여 棟梁
경 행 록   운   목 유 소 양   칙 근 본 고 이 지 엽 무   동 양

之材成하고 水有所養이면 則泉源壯而流派長하여 灌漑之
지 재 성   수 유 소 양   칙 천 원 장 이 유 파 장   관 개 지

利博하고 人有所養이면 則志氣大而識見明하여 忠義之士
이 박   인 유 소 양   칙 지 기 대 이 식 견 명   충 의 지 사

出이니 可不養哉리오.
출   가 불 양 재

◉◉◉◉◉

◉ 有所養(養:기를 양) 기르는 바가 있다, 기르다 ◉ 根本(根:뿌리 근, 本:근본 본) 뿌리 ◉ 枝葉(枝:가지 지, 葉:잎 엽) 가지와 잎 ◉ 茂(무성할 무) 무성하다 ◉ 棟樑之材(棟:마룻대 동, 樑:들보 량) 동량감, 든든한 기초감, 마룻대와 대들보의 재목 ◉ 泉源壯(泉:샘 천, 壯:클 장·굳셀 장) 물의 근원이 크고 세다 ◉ 流派長(流:흐를 류, 派:물가닥 파, 長:길 장) 물의 흐름이 길다 ◉ ~利博(利:이로울 리, 博:넓을 박) ~에 이로움이 많다 ◉ 志氣大(志:뜻 지, 氣:생기 기) 기상이 크다, 기상이 높다 ◉ 識見明(識:알 식) 식견이 밝다 ◉ 忠義之士 충성스럽고 의로운 인물 ◉ 出(날 출) 배출되다 ◉ 可不養哉 이러한데 어찌 그런 사람을 기르지 않겠는가?

◈ 나무를 기르다 a tree is nurtured(木有所養) ◈ 무성하다 dense ◈ 관개에 이로움 be of benefit to irrigating(灌漑之利博) ◈ 충성스럽고 의로운 인물이 배출되다 the loyal and righteous personalities will appear(忠義之士出)

영문 If a tree is well nurtured, its roots will be strong, and its branches and leaves are dense, so beams and poles are made of it. If the water is well managed, its source will be large and powerful and the flow of the water will also be long and so it will be of great benefit to irrigating. If a person is well raised, his spirit will be high, awareness will be keen, and the loyal and righteous personalities will appear one after another. In knowing of this, why wouldn't anyone raise such a person?

《무드≫에 이런 이야기가 있다.

존경받는 랍비가 어느 마을을 방문하여 그 마을의 대표자를 찾았다. 마을에서 가장 높은 경찰관이 랍비를 맞으러 나오자 랍비가 말했다.

「우리는 당신이 아니라 마을을 지키는 사람을 만나고자

하오.」

그러자 마을의 수비대장이 찾아왔다. 랍비는 다시 고개를 저으며 말했다.

「우리가 만나고 싶은 사람은 경찰관도 수비대장도 아니요, 학교의 교사입니다. 경찰관이나 군인은 마을을 파괴하는 자이고 진정으로 마을을 지키는 자는 교사입니다.」

예로부터 우리 조상들은 교육을 <백년지대계>라고 했다. 인재를 기르는 것보다 더 좋은 투자는 없다.

譯 자기 자신을 믿는 사람은 남들도 역시 믿어 주기 때문에 오·월과 같이 적국(敵國)과 같은 사이라도 모두 형제처럼 될 수 있고, 자기 자신을 의심하는 사람은 남들도 역시 자기를 의심하게 되니 자기 이외의 사람은 모두 적국처럼 될 것이다.

自信者는 人亦信之하나니 吳越이 皆兄弟요 自疑者는 人
자 신 자   인 역 신 지   오 월   개 형 제   자 의 자   인
亦疑之하나니 身外는 皆敵國이니라.
역 의 지   신 외   개 적 국

◉ 自信者(信:믿을 신) 자기 자신을 믿는 사람 ◉ 人亦(亦:또역)~ 다른 사람 또한 ~하다 ◉ 信之 자기를 믿다 ◉ 吳越〈오(吳)나라와 월(越)나라〉, 서로 적국(敵國)인 두 나라 ◉ 自疑者(疑: 의심할 의) 자기 자신을 의심하는 사람 ◉ 身外(身:몸소 신) 자기 이외 ◉ 皆敵國(皆:다 개, 敵:적대할 적) 모두 적국

◈ 비록 모두 적국과 같은 사이라도 no matter if all countries are enemies(吳越) ◈ 자기 이외의 사람 everyone other than oneself

영문 Because others trust a person that trusts himself, no matter if all countries are enemies, all are able to be as brothers. Since others do not trust a person that does not trust himself, everyone other than himself will be as enemies.

사람들은 흔히 자신에 비추어 남을 판단한다. 가령 누군가 땅에 떨어져 있는 물건을 줍는 모습을 보았다고 하자. 주운 물건을 어떻게 할지 궁금할 것이다. 어떤 이는 그 사람이 물건을 주인에게 돌려주지 않으리라 생각할 것이고 어떤 이는 돌려주리라 믿을 것이다. 믿지 못하는 이라면 대개는 자신도 그런 경우에 돌려주지 않은 경험이 있게 마련이며, 믿는 이라면 그럴 경우에 반드시 돌려준 사람이다. 자신을 믿지 못하는 사람은 남도 잘 믿지 못하는 법이다. 독일의 소설가 아우엘 바하가 남긴 독설이 있다.

「아무도 믿지 않는 사람은 자기 자신이 누구에게도 신용받지 못하고 있다는 사실을 알고 있다.」

譯 의심스러운 사람은 쓰지 말고 쓴 사람은 의심하지 말라.

疑人莫用하고 **用人勿疑**니라.
의 인 막 용　　　용 인 물 의

◉ 莫用(莫:말 막, 用:쓸 용) tM지 않다, 쓰지 말라 ◉ 勿疑(疑:의심할 의) 의심하지 않다, 의심하지 말라

◈ 의심스러운 사람 a person who is untrustworthy(疑人) ◈ 쓴 사람 the person who is employed(用人)

영문 Do not employ one who is untrustworthy and do not doubt the person who is employed.

사회 생활을 하다 보면 이 구절의 교훈이 얼마나 값진 것인가를 알 수 있다. 의심이란 마약과 같아서 한 번 의심을 하게 되면 아닌 줄 알면서도 좀처럼 그 늪에서 벗어나기가 힘들다. 의심은 당사자뿐 아니라 의심하는 사람까지도 괴롭히는 법이다. 그래서 일단 의심이 가거나 못 미더운 사람이라면 아예 쓰지를 말아야 한다. 그리고 한 번 믿은 사람이라면 웬만한 일이 있더라도 전폭적으로 그 사람을 후원하고 믿어 주어야 한다. 이것은 꼭 지켜야 할 용인(用人)의 전략이다.

譯 《풍간》에 이르기를, 물 속 깊이 있는 물고기, 즉 낮은 데 있는 것은 낚시로 낚을 수 있고 하늘 높이 떠 있는 기러기, 즉 높은 데 있는 것은 활로 쏠 수 있지만 오직 사람의 마음은 바로 곁에 있어도 그 가까이 있는 사람의 마음을 헤아릴 수가 없다.

諷諫에 云, 水底魚天邊雁은 高可射兮低可釣어니와 惟有
풍 간　운　수 저 어 천 변 안　고 가 사 혜 저 가 조　　　유 유

人心咫尺間에 咫尺人心不可料니라.
인 심 지 척 간　지 척 인 심 불 가 요

◉ 水底魚(底:밑 저, 魚:고기 어) 물 속 깊은 곳의 물고기 ◉ 天邊雁(邊:가 변, 雁: 기러기 안) 하늘가 높은 곳의 기러기 ◉ 高는 天邊雁을 ◉ 低는 水底魚를 의미함. ◉ 可射(射:쏠 사) 활을 쏠 수 있다 ◉ 可釣(釣: 낚시 조 · 낚을 조) 낚시질을 할 수 있다 ◉ 有人心咫尺間(咫: 여덟치 지 · 짧을 지) 사람의 마음이 아주 가까

운 곳에 있다 ◉ 咫尺人心(尺:자 척) 가까이 있는 인심 ◉ 不可
料(料: 헤아릴 료) 헤아릴 수 없다

◈ 물 속에 깊이 있는 물고기 Fish that is deep under the water(水底
魚) ◈ 하늘 높이 떠 있는 기러기 a goose that is high in the sky(天
邊雁) ◈ 헤아리다·구별하다·알다 ascertain(料)

영문 Fish that is deep under the water can be hooked with a
hook and the goose that is high in the sky can be shot with
an arrow ; however, the person's heart cannot be ascertained,
even though he may be right next to you.

호랑이를 그림에 있는 호랑이 가죽은 그릴 수 있으나 뼈를 그리기
는 어렵듯이 사람을 앎에 있어서 그 얼굴은 알 수 있으나 그 마음
은 알 수 없다.

書虎畵皮나 難畵骨이요 知人知面이나 不知心이니라.
화 호 화 피   난 화 골   지 인 지 면   불 지 심

◉ **畵虎畵皮**(畵: 그림 화, 皮:가죽 피) 호랑이를 그림에 있어 가
죽은 그릴 수 있다 ◉ **難畵骨**(骨: 뼈 골) 뼈를 그리기는 힘들다.
知人知面과 不知心 사람을 앎에 있어 그 얼굴을 알 수 있으나,
그 마음은 알 수 없다.

◈ 사람의 얼굴을 알다 know a person by his face(知人知面)

영문 In drawing the tigers to draw their skins is easy, but their
bones difficult. Likewise so it is that knowing a person by his
face is possible, but knowing the person's heart is not.

리 속담에 <열 길 물 속은 알아도 한 길 사람 속은 모른다>고 했다. 또 <사람은 겪어 보아야 안다>는 말도 있다. 사람을 분별하는 것처럼 어려운 일은 없다. 산 속의 버섯이 아름다운 빛깔일수록 독버섯이기 쉽듯이 사람도 겉모습과는 딴판인 경우가 많다. 아름다운 외모가 추천장 역할을 할 수는 있겠지만 신용장의 역할까지 할 수는 없다. 그러나 안타깝게도 우리가 볼 수 있는 것은 추천장뿐이다. 사람을 새로 알게 되면 그 사람을 믿되 경솔한 대응을 늘 경계해야 한다. 사람에 대한 속단으로 일을 그르치는 경우가 얼마나 많은가.

얼굴을 맞대고 서로 이야기는 할 수 있지만 마음은 여러 산이 막힌 듯 멀리 멀어져 있다.

對面共話하되 心隔千山이니라.
대 면 공 화   심 격 천 산

◉ 對面(對: 마주설 대) 얼굴을 맞대다 ◉ 共話(共: 함께 공) 함께 이야기를 하다 ◉ 隔千山(隔: 막을 격·멀 격) 많은 산이 막힌 듯 멀리 떨어져 있다

◈ 맞대고 서로이야기 하다 face ~in mutual conversation ◈ 멀리 떨어져 있다 distance ~ far apart

영문 One faces others in mutual conversation ; however, there are numerous mountains that block the hearts from one another, distanceing them far apart.

주 다정한 사이인 양 얼굴을 맞대고 이야기를 주고받지만

마음은 서로 딴판이라는 뜻이니 사람의 마음이란 이토록 짐작할 수도 없을뿐더러 제어하기도 어렵다는 것이다. ≪대학≫에도 마음의 중요함을 강조한 말로 다음과 같은 구절이 나온다.

「마음이 거기 있지 아니하면 보아도 보이지 않고, 들어도 들리지 않고, 먹어도 그 맛을 모른다(心不在焉 視而不見 聽而不聞 食而不知其味).」

바다는 마르면 마침내 그 바닥을 볼 수 있지만 사람은 죽어도 그 마음 속을 알 수 없다.

海枯면 終見底나 人死엔 不知心이라.
해 고 종 견 저 인 사 불 지 심

◉ 海枯(枯: 마를 고) 바닷물이 마르다 ◉ 終(마침 종) 마침내 ◉ 見底(底:밑 저) 그 바닥을 보다 ◉ 人死와 不知心 사람은 죽어도 그 마음속을 볼 수 없다.

◈ 그 바닥을 볼 수 있다 the bottom surface can be seen(見底)

When the ocean dries up, in the end its bottom surface can be seen, but though a person dies, what is within his heart can not ever be known.

학이 발달하면서 바다 속이든 땅 속이든 인간의 손길이 미치지 못하는 곳은 거의 없다. 그러나 여전히 가려져 있는 것은 사람의 마음이다. 심리학이나 정신의학이나 여러 학문 분야가 있지만 사람의 마음은 여전히 당사자가 아니면 알 수가 없다. 하지만 개개인의 마음에도 공통분모는 있게 마련이며, 그런 공통분모를 잘 살핌으로써 다른 사람의 마음도 헤아릴 수 있다. 조금씩 열어 놓은 마음의 문을 통해 우리는 그 사람을 알 수 있는 것이다. 그러나 스스로는 전혀 마음 문을 열지 않으면서도 우리는 쉽게 남의 마음을 모른다고 한다.

譯 태공이 말하기를, 무릇 사람들은 그 앞날을 점칠 수 없고 바닷물은 말로 그 양을 측량할 수 없다.

太公이 曰, 凡人은 不可逆相이요 海水는 不可斗量이니라.
태공 왈 범인 불가역상 해수 불가두량

◉ 逆相(逆:맞을 역, 相:점칠 상) 운명을 점치다 ◉ 斗量(斗: 말 두, 量:헤아릴 량) 말로 되다

◈ '말'로 바닷물의 양을 되다 to measure in toe the quantity of the sea water(海水可斗量)

영문 To predict the future of the people is impossible, and to measure in toe(mal) the quantity of the sea water is impossible.

사 람의 앞날이란 봄에 솟아오르는 새싹에 견줄 수 있다. 두터운 땅을 뚫고 내미는 연두빛 새싹만 보고서는 어떤 꽃에서 열매가 맺힐지 알 수 없다. 사람도 이와 같이 어떤 이는 새싹 몇 장으로도 짐작이 되는 반면, 어떤 이는 꽃이 피고서야 알 수 있다. 또 어떤 이는 열매를 맺고서야 비로소

알 수 있게 된다. 이처럼 사람의 장래는 아무도 알 수 없다. 그런데도 사람들은 떡잎만 보고서 쉽게 판단하고 쉽게 결정한다.

≪경행록≫에 이르기를, 남과 원수를 맺는 것은 재앙의 씨앗을 뿌리는 것이요, 착을 버리고 행하지 않는 것은 자기 스스로를 해치는 것이다.

> 景行錄에 云, 結怨於人은 謂之種禍요 捨善不爲는 謂之
> 경행록 운 결원어인   위지종화   사선불위   위지
> 自賊이니라.
> 자적

◉ 結怨(結:맺을 결, 怨:원망할 원, 원수 원) 원수를 맺다 ◉ 種禍(種: 심을 종) 재앙의 씨를 뿌리다, 재앙을 심다 ◉ 捨善(捨: 버릴 사) 착함을 버리다 ◉ 自賊(賊: 해칠 적) 스스로를 해치다

◈ 착을 버리다 abandon self-restraint, abandon good(捨善) ◈ 행하지 않다 be in inaction(不爲)

영문 Making enemies with others is like spreading the seeds of trouble. Abandoning self-restraint and being in inaction are like inflicting damage on oneself.

날에 어떤 사람이 말과 당나귀에게 짐을 운반하게 했다. 여행 도중에 힘에 부친 당나귀가 말에게 부탁했다.

「내 목숨을 구해 줄 생각이 있다면, 내 짐을 조금만 당신이 져 주세요.」

말은 들은 척도 안했고, 당나귀는 결국 얼마 못 가서 죽고 말았다.

그러자 주인은 당나귀가 지고 있던 짐에다가 당나귀의 시체까지 말에게 지게 했다. 말은 탄식하며 말했다.

「아아, 정말 한심하게 되었구나. 조금만 도와주었더라면 괜찮았을 것을. 이제 그 녀석의 짐 전부에다가 그 녀석의 시체까지 지게 되었구나.」

화(禍)는 결코 먼 곳에 있지 않다. 가까운 선(善)을 행하지 않는 데서 화가 비롯되는 법이다.

譯 만약 한쪽의 말만 듣게 되면 문득 서로 멀어지는 것을 보게 된다.

若聽一面說이면 便見相離別이니라.
야 청 일 면 세   편 견 상 이 별

◉ 若(若: 만약 약) 만약에 ◉ 聽一面說(聽: 들을 청) 한쪽의 말만 듣다 ◉ 便(便: 문득 변·편할 편) 문득 ◉ 相離別(離:떠날 리, 別:이별 별) 서로 멀어지다

◈ 서로 떨어지다 the distance between the two sides grow farther (相離別)

영문 When only one side of a conversation is heard, suddenly it will be seen that the distance between the two sides grows farther.

친한 사이에도 의견충돌이나 다툼이 일어난다. 이유야 무엇이건 그럴 때는 사이에 끼인 제 삼자의 입장이 여간 난

처한 게 아니다. 대개의 경우 양쪽 모두 한 보씩만 양보하면
될 일인데 시비를 다투는 모습이 안타깝기만 하다. 그렇다고
함부로 끼여들 수도 없는 것이 잘잘못을 가리다보면 어느
한쪽을 편드는 결과가 되기 십상이기 때문이다.

　그러므로 정말로 크고 중요한 일이라면 모를까 사소한 다
툼이라면 지켜보는 게 상책이다. 서로 자기가 옳다고 우기는
양쪽에게 똑같이 「네 말이 옳다」고 한 황희 정승처럼.

譯 배부르고 따뜻하면 음탕한 욕망이 생각나고 배고프고 추우면 도덕
심이 생긴다.

　飽煖엔 思淫慾하고 飢寒엔 發道心이니라.
　포 난　　사 음 욕　　　기 한　　발 도 심

　◉ **飽煖**(飽: 배부를 포, 煖: 더울 난) 배부르고 따뜻하다 ◉ **思淫
慾**(淫:간음할 음, 방탕할 음, 慾:욕심 욕) 음욕을 생각하다 ◉ **飢
寒**(飢: 굶을 기) 배고프고 춥다 ◉ **發道心** 도덕심이 생기다

　◈ 음탕한 욕망이 생기다 thought turn to the desire for sex(思淫慾)

영문 When one's stomach is full and he is warm, thought will
turn to the desire for sex and when one is hungry and cold,
heart that is moral will appear.

직했던 옛 선비들은 지나친 재물과 안락을 늘 경계해 마
지 않았다. 안빈낙도(安貧樂道)라는 말처럼 가난한 가운데
서도 여유와 즐거움을 찾았던 것이다. 요즘은 오히려 가난이
범죄의 동기가 되어 여러 불행한 사건을 일으키곤 한다. 지

나친 부가 타락을 가져오는 것과 마찬가지이다. 검소하고 평
범한 생활을 유지하는 것도 쉬운 일이 아니다.

소광이 말하기를, 어진 사람이 재물이 많으면 그 지조를 손상하고,
어리석은 사람이 재물이 많으면 그 허물을 더한다.

疏廣이 曰, 賢人多財면 則損其志하고 愚人多財면 則益
소 광   왈   현 인 다 재   칙 손 기 지   우 인 다 재   칙 익
其過라.
기 과

◉ 多財(多:많을 다, 財:재물 재) 재물이 많다 ◉ 損其志(損:해볼
손) 지조를 손상하다 ◉ 益其過(益: 더할 익) 그 허물을 더한다

◈ 지조를 손상하다 integrity decreases(損其志) ◈ 허물을 더한다
the fault increases(益其過)

영문 When the benevolent person has a lot of material things,
his integrity decreases and when the foolish person has a lot
of material things, his fault increases.

아 무리 건전한 사람의 정신도 재물로 인해 흐려지는 예가
많다. 재물이 없을 때는 올바른 뜻을 가지고 살던 사람도
재물이 많아지면 그 뜻을 잊어버리고 교만하게 되기 일쑤이
다. 그래서 톨스토이는 부를 분뇨에 비유했다. 부란 쌓일수록
악취를 풍기지만 뿌려지면 흙을 기름지게 한다고. 어진 사람
이라면 부를 쌓아 두기 전에 거름으로 널리 사용할 것이다.

譯 사람이 가난하면 지혜가 짧아지고 (부유해서)행복의 경지에 이르면 마음이 존귀해진다.

人貧智短하고 福至心靈이니라.
인 빈 지 단   복 지 심 영

◉ 智短(智:지혜 지, 短:짧을 단) 지혜가 짧다, 지혜가 천박하다
◉ 福至(至:이를 지) 복에 이르다 ◉ 心靈(靈: 신령스러울 령) 마음이 신령스러워진다, 마음이 존귀해진다

◈ 부유해서 행복의 경지에 이르다 wealthy enough to be happy(福至心靈)

영문 When a person is poor, wisdom becomes short and if a person is wealthy enough to be happy, heart becomes noble.

지 나친 부가 정신의 타락을 가져오는 것처럼 지나친 가난도 우환이 되기 쉽다. 사람의 마음을 가장 상하게 하는 게 <빈지갑>이라고 유대인들은 말한다. 너무 궁핍하여 생활이 쪼들리면 지혜와 기상도 오그라들어 뜻을 마음껏 펼 수 없게 된다. 재물과 사람의 관계를 잘 읽어낸 구절이다.

譯 아무 일도 경험하지 않으면 아무 지혜도 자라지 않는다.

不經一事면 不長一智니라.
불 경 일 사   불 장 일 지

◉ 不經(經: 지날 경) 경험하지 못하다 ◉ 不長 자라지 않다

◈ 경험하다 experience(經) ◈ 아무 지혜도 자라지 않는다 no kind of wisdom is cultivated(不長一智)

영문 If one does not experience any kind of work, no kind of wisdom is cultivated.

오나르도 다빈치는 지혜를 경험의 딸이라고 했다. 경험은 그것이 혹독하면 할수록 더 깊은 깨달음을 가져다준다. 사람이 인생을 살아가면서 항상 좋은 일만 겪는 것은 아니다. 때론 많은 희생과 고통을 겪어야만 한다. 지혜란 이러한 힘든 역경을 통과하며 조금씩 뭉쳐지는 것이다. 지혜가 값진 것은 이 때문이다.

譯 하루 종일 시비가 있을지라도 이를 듣지 않으면 자연히 없어질 것이다.

是非終日有라도 **不聽自然無**니라.
시 비 종 일 유　　불 청 자 연 무

◉ 是非有 시비가 있다 ◉ 終日 하루 종일 ◉ 不聽 듣지 않는다
◉ 自然無 스스로 없어지다

◈ 하루종일 all day long ◈ 시비 arguing ◈ 듣지 않는다 pay no attention to~ (不聽)

영문 Though there may be arguing all day long, if one pays no attention to it, the arguing will stop of itself.

은 사람을 하나로 묶는 구실을 한다. 한자의 믿을 신(信) 자를 해자(垓字)하면 <사람의 말>이라는 뜻이 된다. 말이 란 그 자체가 믿음을 전제로 하여 성립한다는 의미가 깃들 여 있는 것이다. 성서의 창세기를 보면 오만해진 사람들이 신에게 이르기 위해 바벨탑을 쌓다가 신의 분노로 말이 통 하지 않게 되어 뿔뿔이 흩어지고 말았다는 전설이 나온다. 현명한 사람일수록 말을 가려서 하고 가려서 듣는다. 의심이 가는 말이라면 그 자체로 말의 값어치를 갖지 못하기 때문 이다.

譯 찾아와서 시비를 따지는 사람이 곧 시비하는 사람이다.

來說是非者는 便是是非人이라.
내 설 시 비 자　　편 시 시 비 인

◉ 說是非(說:말씀 설, 고할 설) 시비를 따지다　◉ 便是(便:문득 편) 곧바로

◆ 시비를 따지다 distinguish between right and wrong(便是是非非人)

영문 The person who comes to pick and argue to distinguish between right and wrong is a person who argues.

날에 닭과 꿩이 이웃하며 사이좋게 살고 있었다. 이를 시 기한 여우가 하루는 꾀를 내었다. 여우는 닭을 찾아가 이

렇게 말했다.

「얘, 꿩이 그러는데 너는 알만 잘 낳지 날지도 못한다면서.
정말이니?」

닭은 꿩이 그럴 리 없다고 생각하면서도 은근히 화가 치
밀었다. 여우는 닭과 헤어진 뒤 꿩에게 가서는 또 이렇게 말
했다.

「얘, 닭이 글쎄 넌 바스락 소리만 나도 머리를 박고 숨는
다고 하더라. 그 말이 믿기지는 않지만 혹시 정말이야?」

여우의 말이 떨어지기 무섭게 꿩은 닭에게 달려가 서로의
멱살을 잡았고, 그토록 친하던 닭과 꿩은 하루아침에 원수가
되고 말았다. 근거없는 말을 진실인 양 얘기하는 사람이 있
다면 우선 그 사람부터 경계하자.

≪격양시≫에 이르기를, 일생 동안 눈살 찌푸릴 일을 하지 않으면
세상에 응당 이(齒)를 갈 사람이 없다. 크게 떨친 이름을 어찌 보
잘 것 없는 돌에다 새기겠는가? 길가는 행인들이 입으로 말하는
것이 비석보다 더 났다.

擊壤詩에 云, 平生에 不作皺眉事하면 世上에 應無切齒
격양시 운 평생   불작추미사   세상   응무절치
人이라. 大名을 豈有鐫頑石가. 路上行人이 口勝碑니라.
인   대명   개유전완석   노상항인   구승비

◉ 不作~ ~일을 하지 않다 ◉ 皺眉事(皺:쭈그러질 추, 眉:눈썹
미) 눈썹 찡그릴 일, 눈살을 찌푸릴 일 ◉ 應無(應:응당 응)~ 응
당히 ~이 없다 ◉ 切齒人(切:끊을 절, 갈 절, 齒:이 치) 이를 가
는 사람 ◉ 大名 이름을 크게 떨친 사람 ◉ 豈(豈:어찌 개) 어찌

◉ 有鐫(鐫:새길 전) 새기는 바가 있다, 새기다 ◉ 頑石(頑:악할 완, 어리석을 완) 쓸모 없는 돌, 바탕이 좋지 않은 돌 ◉ 路上行人 길가는 사람 ◉ 口勝碑(勝:이길 승, 碑:비석 비) 입이 비석보다 낫다, 말로 전하는 것이 비석을 세우는 것보다 낫다

◈ 눈살을 찌푸리다 eyebrows are furrowed(作皺眉) 이를 갈다 (이 세상에 분해서) grind one's teeth with vexation in response to this world ◈ 이름을 새기다 carve the name ◈ 입으로 말하는 것이 비석에 새기는 것보다 낫다 it is better to speak of ～ than to carve into a stone monument

영문 If there is not a time in life when the eyebrows are furrowed, there will not be a person who grinds his teeth with vexation in response to this world. What is the use of carving the name of the greatly famous man into a useless rock? It is much better for those traveling persons to speak of the famous man with their mouths than to carve his name into a stone monument.

상을 원만하게 살아가기란 쉽지 않다. 선한 사람도 부지불식간에 원한을 사고, 생각지도 못한 곳에서 원수를 만나기도 한다. 악인은 이미 지은 죄로 인해 무수한 공덕비를 세워도 대가를 치르고야 만다. 왜냐하면 사소한 선악일지언정 모든 사람을 영원히 속일 수는 없기 때문이다.

譯 사향이 있으면 향기가 저절로 풍기는데 어찌하여 꼭 바람을 맞아야만 하는가?

有麝自然香이니 何必當風立가.
유 사 자 연 향   하 필 당 풍 입

◉◉◉◉

◉ **有麝**(麝: 사향노루 사) 사향이 있다 ◉ **自然香**(香:흠향할 향, 드릴 향) 저절로 향기롭다 ◉ **何必~** 어찌하여 꼭 ~하리오 ◉ **當風立**(當:맞을 당) 바람을 맞아서다, 바람을 맞다

◈ 사향이 있으면 When the musk is near ◈ 향기 fragrance ◈ 풍기다 permeate ◈ 저절로 of itself ◈ (바람, 비, 눈 등을) 맞다 expose oneself to~

영문 When the musk is near, its fragrance permeates of itself, and why is it that we always try to expose ourselves to the wind to prevail our fragrance?

조 재하는 모든 것은 향기를 가지고 있다. 풀은 풀대로 나무는 나무대로. 그러나 아무리 고운 꽃의 향기도 피기 전에는 맡을 수 없다. 사람 역시 무르익지 않은 인격은 향기가 날 리 없다. 한 떨기 꽃이 향기를 내기 위해 모진 비바람과 폭염을 견뎌 내듯이 훌륭한 인격은 오랜 수양과 실천을 통해서만 자라난다. 자신의 인격을 닦기 위해 최선을 다한 사람이라면 향기가 나지 않을까를 걱정할 필요가 없다.

譯 복이 있어도 다 누리지 말라, 복이 다하면 몸이 빈궁해진다. 권세가 있다고 다(함부로) 부리지 말라, 권세가 다하면 원수를 만나게 된다. 복이 있거든 늘 스스로 아끼고 권세가 있거든 항상 스스로 삼가토록 하라. 인생에 있어서 교만과 사치는 시작은 있으되 흔히 끝(결과)은 없다.

有福莫享盡하라 福盡身貧窮이니라. 有勢莫使盡하라 勢盡
유 복 막 향 진　　　복 진 신 빈 궁　　　　유 세 막 사 진　　　세 진

冤相逢이니라. 福兮常丘惜하고 勢兮常自恭하라. 人生驕與
원 상 봉　　　　복 혜 상 구 석　　　세 혜 상 자 공　　　인 생 교 여

侈는 有始多無終이니라.
치　　유 시 다 무 종

◉ 莫享盡(亨:형통할 형, 盡:다할 진) 다 누리지 말라 ◉ 福盡 복
이 다하다 ◉ 身貧窮(窮:궁구할 궁) 몸이 빈궁해지다 ◉ 有勢(勢:
권세 세) 권세가 있다 ◉ 使盡(使:부릴 사) 다 쓰다, 다 부리다
◉ 冤相逢(冤: 원수 원, 逢:만날 봉) 원수를 만나다 ◉ 常自惜(惜:
아낄 석) 늘 스스로 아끼다 ◉ 常自恭(恭:공경할 공) 항상 스스로
받들다 ◉ 恭 조심해 쓰다 ◉ 驕與侈(驕: 교만할 교, 侈: 사치할
치, 교만할 치) 교만과 사치 ◉ 多無終 흔히 나중(끝)이 없다

◈ 복이 다하면 몸이 빈궁해 진다 if good fortune is all used ◈ the
body becomes impoverished ◈ 권세가 있다 have authority ◈ 권세
를 부리다 authority is exercised ◈ 소중히 하다 cherish ◈ 삼가다,
존중하다 respect ◈ 교만 arrogance

영문 Though one may have good fortune, it should not all be
used. If good fortune is all used up. the body becomes
impoverished. Though one may have authority, it should not
all be exercised. If authority is all used one will then meet
one's enemy. Good fortune must always be cherished and the
existence of authority always respected. Arrogance and luxury
in life ordinarily later leads to no good.

사람이 추구하는 가치 중에는 일시적인 것이 있고 영원한
것이 있다. 권세와 재물, 명예는 그것이 아무리 화려하고
즐거운 것일지라도 일시적으로 머물렀다 사라질 뿐이다. 반
면에 겸허와 성실, 검소함과 같은 가치는 사람에게 단지 소

박한 행복을 줄뿐이나 평생 동안 함께 할 수 있는 가치이다.
어떤 영화와 부귀가 찾아오더라도 이런 가치들을 잃지 말아
야겠다.

譯 왕참정의 사류명에 이르기를, 여유를 가지고 재주를 다 쓰지 않았
다가 조물주에게 돌려주고, 여유를 가지고 봉록(俸祿)을 다 쓰지
않았다가 나라에 돌려주고, 여유를 가지고 재물을 다 쓰지 않았다
가 백성에게 돌려주며, 여유를 가지고 복을 다 누리지 않았다가 자
손에게 돌려주라.

王參政四留銘에 曰, 留有餘不盡之巧하여 以還造物하고
왕 참 정 사 유 명   왈   유 유 여 부 진 지 교   이 환 조 물

留有餘不盡之祿하여 以還朝廷하고 留有餘不盡之財하여
유 유 여 부 진 지 녹   이 환 조 정   유 유 여 부 진 지 재

以還百姓하고 留有餘不盡之福하여 以還子孫하라.
이 환 백 성   유 유 여 불 진 지 복   이 환 자 손

◉ 留有餘(留: 머무를 류) 여유를 갖다, 여유를 남겨두다 ◉ 不盡
之巧(巧: 재주 교) 재주를 다 쓰지 않다 ◉ 以還(還:돌아올 환)~
~에게 돌려주다 ◉ 造物 조물주 ◉ 綠(綠:녹봉 록) 봉록(俸祿) ◉
朝廷(廷:조정 정) 나라

◈ 여유를 갖다 keep a reserve ◈ 여유를 가지고 재주를 다 쓰지
않다가 Not using all of one's talent but keeping a reserve ◈ 조물주
에게 돌려주다 give ~back to the creates ◈ 봉록·봉급·연금
stipend ◈ 재물 material possessions

영문 Not using all of one's talent, but keeping a reserve, one
should give some back to the creator. Not using all of one's

stipend, but keeping a reserve, one should give some back to the state. Not using all of one's material possessions, but keeping a reserve, one should give some back to the people and not using all of one's good fortune, but keeping a reserve, one should give some back to one's offsprings.

날 한나라 때 소광(疏廣)이라는 학자가 있었다. 그는 태자의 스승으로 초빙되어 임금의 극진한 대접을 받았다. 이윽고 태자의 학식이 원숙해지자 소광은 주저 없이 사의를 표명했다. 임금과 태자는 그 뜻이 굳은 것을 알고 소광에게 많은 하사품을 내려 물러나게 했다. 금의환향한 소광은 일가 친척과 친구들 그리고 이웃들을 모아 매일같이 잔치를 베풀었다. 이를 걱정한 사람들이 자손을 생각하라고 충고하자 소광은 이렇게 대답했다.

「집과 전답이 있으니 저희가 부지런히 일하면 먹고살기 충분할 터인데 무엇을 더 보태 주겠는가? 만약 거기에 더 보탠다면 자손에게 게으름을 가르치는 게 아니겠는가?」

재물은 모으기보다 쓰기가 더 어렵다. 사심없이 나누고 베푸는 인정이야말로 자손을 위한 유산일 것이다.

황금 천 냥이 귀한 것이 아니고 다른 사람의 좋은 말 한마디를 듣는 것이 천금보다 낫다.

黃金千兩이 未爲貴요 得人一語가 勝千金이니라.
황 금 천 양　미 위 귀　득 인 일 어　승 천 금

◉ 未爲貴(未:아닐 미) 귀하게 되지 못하다, 귀하지 않다 ◉ 得人一語 사람의 좋은 말 한마디를 듣다 ◉ 勝(이길 승)~ ~보다 낫다

◈ 다른 사람의 좋은 말 한마디 one good word of advice spoken by another

영문 A thousand pieces of gold is precious, but to hear one good word of advice spoken by another is more precious than to possess a thousand pieces of gold.

세종 때의 명재상 맹사성은 말년에 벼슬에서 물러나 고향인 온양에 은둔해 있었다. 그의 높은 덕망을 본받고자 새로 부임한 관리마다 그를 찾아왔다. 어느 날 그가 밭을 매고 있는데 신임 사또가 인사를 왔다. 하지만 그는 행차를 알면서도 밭매기에만 열중했다. 이를 지켜보던 신임 사또와 대소 관리들도 달려들어 밭을 맸다. 어느덧 해가 기울자 맹사성이 일어나 일행을 불러 농주를 권하며 노고를 위로했다.

「오늘 하루 뜨거운 뙤약볕 아래 비지땀을 흘리며 들일을 하셨으니 백성들의 노고를 조금은 짐작하셨을 테고, 일한 후에 마시는 농주 맛도 이제 아셨겠지요. 앞으로 이 고장의 목민관으로서 부디 백성들의 어려움과 노고를 헤아려 선정을 베푸십시오……」

젊은 사또가 큰 감동을 받았음은 물론이다. 평생을 살찌우는 말 한마디는 천금으로도 살 수 없다.

譯 재주 있는 사람은 재주 없는 사람의 노예가 되고, 고생하는 것은 즐거움의 근원이 된다.

巧者는 拙之奴요 苦者는 樂之母니라.
교 자   졸 지 노   고 자   요 지 모

◉●◉●◉

◉ 巧者(巧:교묘할 교, 재주 교) 재주 있는 사람 ◉ 拙(拙:못생길 졸) 재주 없는 사람 ◉ 奴(奴: 남종 노) 노예 ◉ 苦者(苦:쓸 고, 괴로울 고) 고생하는 것

◈ 재주있는 사람 a person with talent(巧者) ◈ 재주없는 사람 a(the) person with no talent(拙) ◈ 즐거움의 근원 the source of pleasure (樂之母)

영문 A person with talent becomes the slave of the person with no talent and hardship is the source of pleasure.

자 자가 한 말 중에 <무용지용(無用之用)>이라는 말이 있다. 혜시가 어느 날 장자를 쓸모 없이 크기만 한 가죽나무에 빗대자 장자는 이렇게 말했다.

「비록 몸통은 울퉁불퉁하고 가지가 굽어져 쓸모가 없으나 벌판에 서 있으면 사람들이 찾아와 그늘 밑에서 쉬고, 목수가 도끼로 자르려 해도 힘이 들고 쓸모가 없어 내버려두니 이것이야말로 대용(大用)이 아닌가.」

작은 재주를 인정받은 사람은 그 재주 때문에 평생을 그 틀에 묶여 산다. 참된 재주란 보다 높은 경지의 도(道)를 알고 그것에 맞춰 사는 것이라고 했다.

작은 배는 무거운 짐을 실으면 감당하기 어렵고, 으슥한 길은 혼자 다니기에 좋지 않다.

小船은 **難堪重載**요 **深逕**은 **不宜獨行**이니라.
소 선　　난 감 중 재　　심 경　　　불 의 독 행

◉ **難堪**(堪: 견딜 감) 감당하기 어렵다 ◉ **重載**(重:무거울 중, 載: 실을 재) 물건을 무겁게 싣다 ◉ **深逕**(深:깊을 심, 감출 심, 逕: 길 경) 으슥한 길 ◉ **不宜**(宜:밝을 선, 펼 선, 뵐 선) 마땅치 않다, 좋지 않다 ◉ **獨行** 혼자 다니다

◆ 무거운 짐을 싣다 be heavily loaded(重載) ◆ 감당하지 못하다 can not be adequately handled(難堪) ◆ 으슥한 길 the quiet and lonely road(深逕)

영문 If a small boat is heavily loaded, it can not be adequately handled and it is not good for one to travel the quiet and lonely road by oneself.

든 일은 분수에 넘지 않게 행하라는 뜻이다. 우리 속담에 <뱁새가 황새를 쫓으려 하면 가랑이가 찢어진다>는 말이 있다. 분수를 지키기 위해서는 무엇보다 자기 자신에 대한 분별력을 갖는 것이 중요하다. 「자기를 알고 나서 남을 알면 백 번을 싸워도 지지 않는다」는 손자의 말처럼 자신을 냉정하게 바라보는 자세가 만사의 출발점이다.

譯 황금이 귀한 것이 아니라 편안하고 즐거운 것이 보다 값지다.

黃金이 未是貴요 安樂이 値錢多니라.
황 김   미 시 귀   안 낙   치 전 다

◉ 未是貴 귀하지 않다 ◉ 値錢多 값지다

영문 Gold is not a thing to be coveted. It costs less than peaceful mind and genuine pleasure.

◈ 귀한 물건 a thing to be coveted ◈ A가 더 값지다 A costs more valuable than B= B costs lese valuable than A(値錢多)

《파랑새》라는 동화를 기억할 것이다. 틸틸과 미틸이라는 남매가 꿈속에서 행복을 상징하는 파랑새를 찾아 온갖 나라를 헤매지만 끝내 파랑새를 찾지 못하고 돌아온다. 남매가 꿈을 깨고 보니 파랑새는 자기네가 기르고 있는 비둘기였다는 것.

사람들은 행복을 찾기 위해 분주히 돌아다닌다. 그래서 좋은 집과 높은 지위를 얻지만 그 자체가 곧 행복은 아님을 깨닫게 된다. 자기 주변에 깃들여 있는 편안함과 화목함이야 말로 진정 소중한 것임을 잊지 말자.

譯 집에 있을 때 손님을 맞아 대접할 줄 모르면 밖에 나갔을 때에 비로소 자기가 남을 소홀히 대접했던 주인임을 알게 된다.

在家에 不會邀賓客이면 出外에 方知少主人이니라.
재 가   불 회 요 빈 객   출 외   방 지 소 주 인

◉◉◉◉

◉ 在家(在:있을 재, 家:집 가) 자기 집에 있다 ◉ 不會(會:맞출 회, 모일 회, ~할 수 있을 회)~~할 줄 모르다, 알지 못하다 ◉ 邀賓客(邀:맞을 요, 賓:손 빈) 손님을 맞아 대접한다 ◉ 出外 밖에 나가 하다 ◉ 方 바야흐로 ◉ 少主人 남을 소홀히 대접한 주인

◈ 손님을 맞아 대접하다 receive and treat a guest(邀賓客) ◈ 나가 다 venture outside ◈ 소홀히 대접한 주인 a small and trifling landlord(少主人)

영문 If one does not know how to receive and treat a guest well at home, he will become known as a small and trifling landlord when venturing outside.

날 중국에 나무꾼 부부가 살았다. 하루는 나무꾼이 배고픈 호랑이를 만나 잡아먹히게 되었다. 나무꾼은 집에 가면 살 찐 돼지가 있다며 살려 달라고 애원했다. 깡마른 나무꾼보다 는 통통한 돼지가 낫다고 생각한 호랑이는 순순히 따라나섰 다. 집에 도착한 나무꾼이 서둘러 돼지를 끌어내자 아내가 이를 말리며 호랑이에게 말했다.

「집에 두부가 많으니 그것만으로도 배불리 드실 수 있을 텐데요.」

「안 돼, 저 손님은 고기만 드신다구.」

놀란 나무꾼이 말리는데도 아내는 두부를 가져왔다. 그러 자 호랑이는 벌컥 화를 내며 그 자리에서 나무꾼의 아내를 잡아먹었다.

이 구절에 이 이야기를 빗대는 것이 맞는지 어떤지 모르 겠다. 어쨌든 일단 손님을 맞이하기로 결정하였으면 성심 성 의를 다해 대접할 일이다.

가난하게 살면 번화한 시장거리에 살아도 아는 사람이 없고, 부유하게 살면 깊은 산골에 살아도 먼데서 찾아오는 친한 사람이 있다.

貧居鬧市無常識이요 富住深山有遠親이니라.
빈 거 요 시 무 상 지   부 주 심 산 유 원 친

● 貧居(貧:가난할 빈, 居:살 거) 가난하게 살다 ● 鬧市(鬧:시끄러울 요, 市:저자 시) 번화한 시장거리 ● 無常識(識:알 식) 아는 사람이 없다 ● 富住(富:부자 부, 住:살 주) 부유하게 살다 ● 有遠親(遠:멀 원, 親:일가 친) 먼 친척이 찾아오다, 먼 곳에 사는 친한 사람이 찾아오다

◈ 번화한 시장거리 the street of prosperous market(鬧市) ◈ 가난하면 when in poverty(貧居) ◈ 부자로 살면 when in wealth ◈ 가장 멀어도 찾아오는 친한 사람이 있다 even the most distant relatives will come over to visit~

Though one lives on the street of prosperous market, if in poverty, none will know him and though one lives in a deep, and remote mountain valley, if in wealth, even the most distant relatives will come over to visit him.

譯 사람의 의리는 다 가난을 따라(때문에) 끊어지고, 세상의 인정은 곧 돈 있는 집으로 향한다.

人義는 盡從貧處斷이요 世情은 便向有錢家니라.
인 의　　진 종 빈 처 단　　세 정　　편 향 유 전 가

◉ 人義 사람의 의리 ◉ 盡從貧處 다 가난을 따르다 ◉ 斷(끊을 단) 끊어지다 ◉ 世情 세상 인정 ◉ 便(便: 곧 변) 곧 ◉ 向(向:향할 향) 쏠리다 ◉ 有錢家(錢:돈 전) 돈 있는 집

◈ 사람의 의리는 가난 때문에 끊어진다 poverty breaks down the righteousness of man(人義盡從貧處) ◈ 인정 human affection ◈ ~로 향한다 gravitate(便向)

영문 Poverty breaks down the righteousness of man, and human affection in this world gravitates toward the house with money.

《사기(史記)》에 나오는 적공(翟公)의 이야기를 소개한다.
　적공이 높은 벼슬에 있을 때 집 문 앞에는 언제나 빈객이 득실거렸다. 그러나 그가 벼슬을 그만두자 빈객들의 발길이 뚝 끊어졌다. 찾는 이가 없는 문 앞에서는 참새떼 만이 하염없이 날아들 뿐이었다. 그러다 적공이 다시 벼슬을 하자 예전처럼 빈객들이 몰려들었다. 이를 본 적공은 문 앞에다 이렇게 써 붙여 놓았다.
　「한번 죽고 한번 사는 데서 서로 사귀는 정(交情)을 알고, 한번 가난하고 한번 부자가 되는 데서 서로 사귀는 실태(交態)를 알며, 한번 귀하고 한번 천하게 되는 데서 서로 사귀는 정이 나타난다. 이 얼마나 슬픈 일인가!」
　인생의 부침(浮沈)이 남의 일만은 아니다. 주리고 힘들 때를 생각하며 이웃과 친구를 대해야 한다.

차라리 밑 빠진 항아리는 막을지언정 코밑에 가로놓인 입은 막기가 어렵다.

寧塞無底缸이언정 難塞鼻下橫이니라.
영 색 무 저 항   난 색 비 하 횡

◉ 寧(寧: 차라리 영) 차라리 ◉ 塞(塞:막을 색) 막다 ◉ 無底缸(底:낮을 저, 缸: 항아리 항) 밑 빠진 항아리 ◉ 鼻下橫(鼻: 코 비, 橫: 가로 횡) 코 아래 가로놓인 것, 입

◈ ~일지언정 ~하다 it is less~ than~ ◈ 밑 빠진 항아리 bottomless jar ◈ 가로놓인 입 horizontal slot

영문 It is less difficult to try to block the bottom of a bottomless jar than the horizontal slot under one's nose — mouth.

날 어느 마을에 말버릇 사나운 청년이 살고 있었다. 누구든 자기 눈에 거슬리는 게 있으면 사정없이 험담을 해댔다. 어느 날 길을 가는데 한 농부가 기골이 비슷한 두 마리의 소로 밭을 갈고 있었다. 그는 농부에게 어느 소가 기운이 더 센지 물어 보았다. 헌데 농부는 몇 번을 물어도 아무런 대꾸없이 밭갈이만 계속하는 것이었다. 화가 치민 그는 끝내 큰소리를 질렀다. 그제야 다가온 농부는 귓엣말로 속삭였다.

「저 누렁소가 힘이 더 세지요.」

그가 그깟 말 한마디를 하려고 예까지 왔느냐고 묻자 농부가 대답했다.

「한 놈이 더 세다는 말은 다른 놈이 그보다 못하다는 것
인데 아무리 말 못하는 미물이지만 서운하지 않겠어요?」

농부의 말에 크게 깨달은 청년은 그 후로 언행을 삼가 해
나중에는 높은 지위에까지 올랐다고 한다. 열린 입으로 재앙
이 들고 닫힌 입에 복이 고인다는 사실을 명심하자.

譯 사람의 정은 모두 군색한 가운데서 멀어진다.

人情은 皆爲窘中疏니라.
인 정   개 위 군 중 소

◉ 窘中疏(窘: 군색할 군, 疏:성길 소) 군색한 가운데 거리가 멀
어지다

◈ 궁색한 가운데 amidst poverty

영문 A person's affection becomes remote amidst poverty.

《사기》 <급정열전(汲鄭列傳)>에 보면 한나라 무제 때 높은
벼슬을 지낸 급암과 정당시의 이야기가 나온다. 두 사람
은 모두 의리와 인정을 소중히 여기는 사람이었다. 항상 많
은 사람들이 찾아왔지만 귀천을 가리지 않고 극진히 대했으
며, 높은 벼슬자리에 있으면서도 늘 겸손했다. 그러나 두 사
람은 관직의 부침이 심했다. 급암은 매사에 직간을 하다가
무제의 미움을 사 면직되었고, 정당시 역시 연좌제에 걸려
평민이 되었다가 나중에 여남군 태수로 끝을 맺었다. 두 사
람이 벼슬자리에서 물러나자 평소 그렇게도 많던 빈객들은

발길을 끊고 찾아오지 않았다.

세상 인심은 이와 같다. 그래서 어려움을 겪어 보아야만
사람 마음을 알 수 있다고 한다.

譯 《사기》에 이르기를, 하늘에 제사를 올리고 사당에 제사를 올릴
때 술이 아니면 신(神)이 흠향하지 않고 임금과 신하, 친구들 사이
에도 술이 아니면 그 의리가 두터워지지 않는다. 싸운 후에 서로
화해를 하는 데에도 술이 아니면 권하지 않을 것이다. 그러므로 술
에는 성패(成敗)가 있으니 술을 함부로 마셔서는 안 된다.

史記에 曰, 郊天禮廟에 非酒不享이요 君臣朋友에 非酒
사 기   왈   교 천 예 묘   비 주 불 향   군 신 붕 우   비 주

不義요 鬪爭相和에 非酒不勸이라. 故로 酒有成敗而不可
불 의   투 쟁 상 화   비 주 불 권   고   주 유 성 패 이 불 가

泛飮之니라.
범 음 지

◉ 郊(郊:야외에서 제사지낼 교) 제사를 지내다 ◉ 郊天 하늘에
제사를 지내다 ◉ 禮廟(禮:절 예, 廟: 사당 묘) 사당에 제사를 올
리다 ◉ 享(享:흠향할 향, 드릴 향) 귀신이 흠향하다 ◉ 非酒 술
이 아니면 ◉ 不義 의리가 두터워지지 않는다 ◉ 鬪爭相和 싸움
을 한 후에 서로 화해하다 ◉ 不勸 권하지 않다 ◉ 酒有成敗 술
에는 성패가 있다 ◉ 泛飮(泛:뜰 범) 泛은 까다롭지 않고 대강대
강 하는 의미로 사용되기 때문에 '마구' '함부로' '부주의하게' 의
뜻으로 사용됨. 함부로 마시다

◈ 사당에 제사를 올리다 offer the sacrifice at the altar(効天禮廟) ◈
술이 없으면 if the liquor is not presented(非酒) ◈ 신이 흠향하지
않는다 the spirit will not receive the offerings ◈ 의리가 두터워지지

않는다 righteousness will not be sound ◆ 화해하다 reconciliation comes ◆ 함부로 마시다 drink liquor recklessly

영문 If liquor is not presented when offering the sacrifice at the altar and raising it to heaven, the spirit will not receive the offerings, and if liquor is not presented, righteousness will not be sound not only between the king and his ministers but also among the friends. To let mutual reconciliation come after a fight nothing other than liquor is to be presented. Therefore, from liquor can come success or failure, and so do not drink liquor recklessly.

인간이 처음 포도를 심고 있는데 악마가 다가와 무엇을 하느냐고 물었다. 인간이 훌륭한 식물을 심고 있다고 답하자 악마는 이런 식물은 본 일이 없다며 의아해 했다. 그러자 인간은 굉장히 달고 맛있는 열매가 열려 그 즙을 마시면 더없이 행복해진다고 자랑했다. 악마는 자기도 한몫 끼워 달라며 양과 사자와 돼지와 원숭이를 잡아 그 피를 비료로 썼다. 이렇게 해서 포도가 열리고 술이 처음 만들어졌다. 그 후로 인간은 술을 처음 마시면 양처럼 온순하지만 조금 더 마시면 사자처럼 사나워지고, 좀더 마시면 돼지처럼 추잡해진다. 그러다 너무 마시면 원숭이처럼 춤을 추기도 하고 노래를 하기도 하며 허둥거린다.

《탈무드》에 나오는 이야기이다. 술의 속성이란 이런 것임을 명심하자.

譯 공자가 말하기를, 도(道)에 뜻을 두고서 나쁜 옷을 입고 나쁜 음식을 먹는 것을 부끄럽게 여기는 선비와는 더불어 족히 의논할 수 없다.

子曰, 士志於道而恥惡衣惡食者는 未足與議也니라.
자 왈   사 지 어 도 이 치 악 의 악 식 자   미 족 여 의 야

◉士志於道 도(道)에 뜻을 둔 선비 ◉ 恥~者(恥:부끄러울 치) ~을 부끄러워하는 자 ◉ 惡衣惡食 나쁜 옷을 입고 나쁜 음식을 먹다 ◉ 未足(足:흡족할 족)~ 족히 ~할 것이 못된다 ◉ 與議 (議: 의논 의) 더불어 의논하다

◈ 도에 뜻을 둔 선비 a scholar who seeks for the truth teaching ◈ 나쁜 옷을 입는 것을 부끄럽게 생각하다 be ashamed to wear bad clothes(恥惡衣) ◈ 부끄러워하다 be embarrassed to~ ◈ ~할 수 없다 there is no ~ing~(未)

英文 All things considered, if a person who regards himself as a scholar who seeks for the truth teaching(道) is shamed to wear bad clothes and is embarrassed to eat bad food, there is no effectively engaging in discussion with him.

선비란 어떤 열악한 조건에서라도 의지를 꺾지 않고 뜻을 이루는 사람이어야 한다고 옛 사람들은 생각했다. 책을 읽을 등불의 기름이 없으면 반딧불 빛으로 책을 읽었다는 차윤(車胤)의 이야기와, 겨울밤에 쌓인 흰 눈에 책을 비춰 가며 읽었다는 손강(孫康)의 이야기가 생각난다. 진정으로 뜻이 곧은 사람이라면 환경이 어렵다는 변명을 하기 전에 먼저 이 <형설지공(螢雪之功)>의 고사를 생각해 보자.

譯 순자가 말하기를, 선비가 친구를 시기하면 어진 사람(친구)과 사귀어 친해질 수 없고 임금이 신하를 시기하면 어진 사람(신하)이 오지 않는다.

苟子曰, 士有妬友면 則賢交不親하고 君有妬臣이면 則賢
구 자 왈   사 유 투 우   칙 현 교 불 친   군 유 투 신   칙 현

人不至니라.
인 불 지

◉ 有妬友(妬: 투기할 투) 친구를 시기하다 ◉ 賢交不親(親:친할 친) 어진 사람과 사귀어 친해질 수 없다 ◉ 賢人不至(至:이를 도) 어진 사람이 오지 않는다

◈ 시기하다 be jealous of~(有妬) ◈ ~와 사귀다 engage in friendly talk with~

영문 If a scholar is jealous of his friends, he will be unable to engage in friendly talk with his good friends and if the king is jealous of his wise ministers they will not come to him any more.

륵(鷄肋)>이란 말의 뜻은 잘 알려져 있지만 이 말에 얽힌 고사까지 아는 사람은 드물다.

조조와 유비가 한중(漢中) 땅을 두고 치열한 싸움을 벌일 때다. 유비 군대의 강력한 수비에 막혀 조조는 전진하기도 철수하기도 곤란한 지경에 처하게 되었다. 조조는 이런 처지를 표현하듯 전군에 <계륵>이란 암호명을 내렸다. 말뜻을 몰라 장수들이 어리벙벙해 하는 가운데 주부(主簿) 벼슬을 하던 양수(楊脩)가 갑자기 휘하의 군졸에게 철수 명령을 내렸다. 양수

의 행동을 의아해 하는 장수들에게 양수는 이렇게 말했다.

「닭의 갈비는 먹자니 고기가 적고 버리자니 아까운 것이오. 주군도 한중 땅을 이렇게 생각하시니 곧 군사를 거두실 게 틀림없소.」

이 말을 전해들은 조조는 제멋대로 철수 명령을 내려 군기를 문란케 한 죄를 씌워 양수의 목을 베어 버렸다. 그의 명민함에는 감탄했지만 자기를 앞서는 꾀가 나중에 후환이 될까 두려웠던 것이다.

후세 사람들이 조조를 뛰어난 지략가로 평가하면서도 유비를 더 칭송하는 이유가 여기에 있다. 유비처럼 덕과 어짊을 보여 주기보다 경쟁심과 이기심에서 비롯된 행동을 자주 보였기 때문이다.

譯 하늘은 녹(祿) 없는 사람을 태어나게 하지 않고 땅은 이름 없는 풀을 기르지 않는다.

天不生無祿之人하고 **地不長無名之草**라.
천 불 생 무 녹 지 인   지 불 장 무 명 지 초

◉ 生(날 생) 태어나게 하다 ◉ 無祿之人(祿: 녹봉 록) 녹이 없는 사람, 재주 없는 사람 ◉ 長(자랄 장) 기르다, 자라게 하다

◈ 녹 없는 사람 · 재주 없는 사람 a person who does not have any gift ◈ 태어나게 하다 give birth to~, give rise to~

영문 Heaven does not give birth to a person who does not have any gifts and the earth does not give rise to grass which has no name.

추전국시대 때 조나라에 공손룡이라는 사람이 있었다. 그는 무엇이든 한 가지 재주만 있으면 누구나 식객으로 붙들어 두었다. 하루는 고함을 잘 지른다는 사람이 찾아와 머물기를 청하자 흔쾌히 맞아들였다. 그 사람은 일년이 넘도록 하는 일없이 놀고먹었지만 주인은 싫은 기색하나 없었다. 어느 날 공손룡이 연나라에 다녀오다가 큰 강을 만나 길이 막히게 되었다. 그날 안으로 꼭 건너야 했기에 멀리 강 건너의 뱃사공을 불렀지만 아무리 소리쳐도 사공은 듣지를 못했다. 드디어 때를 만난 그 사람은 자신만만하게 언덕 위에 올라 천둥같은 고함을 질러댔다. 그러자 소리를 들은 뱃사공이 배를 저어와 일행은 무사히 강을 건널 수 있었다.

사람은 누구나 제 역할과 몫을 타고난다. 단지 그것을 얼마만큼 빨리 발견해서 유용하게 쓰느냐가 문제이다.

큰 부자는 하늘의 뜻에 따라 이루어지고 작은 부자는 근면에 따라 이루어진다.

大富는 由天하고 小富는 由勤이니라.
대 부　유 천　　소 부　유 근

◉ 由天(由: 말미암을 유·인할 유) 하늘의 뜻에 달려 있다

◈ 큰 부자 a greatly wealthy person(大富) ◈ 작은 부자 a slightly wealthy person(小富) ◈ 하늘에 의해 결정된 사람 a man due to heaven ◈ 근면의 결과 the result of diligence.

영문 A greatly wealthy person is considered to be the man due to heaven and a slightly wealthy person the result of diligence.

날에 두 나그네가 해저물녘이 되어 한 마을에 들어섰다. 멀리 집 두 채가 보이는데 기와집은 이미 불이 꺼졌고 초가집에선 막 저녁을 짓고 있었다. 그것을 본 노인이 동행한 젊은이에게 이왕이면 넉넉한 집에서 묵어 가자고 했다. 젊은이가 기와집으로 발길을 돌리자 노인은 알부자는 초가집이라며 젊은이를 막았다. 어안이 벙벙해진 청년에게 노인은 이렇게 말했다.

「비록 겉보기엔 저 초가집이 가난해 보이지만 머지 않아 기와집을 살걸세. 한 집안이 잘되고 못됨은 식사시간으로 알 수 있지. 흥하는 집은 아침밥이 이른 반면 저녁밥이 늦네. 그만큼 오래 일하기 때문이지.」

과연 얼마 후 기와집은 재산을 탕진해 곁의 초가집 주인에게 집을 팔고 말았다고 한다. 그래서 예로부터 사람들은 큰 부자는 하늘이 내고 작은 부자는 저 하기에 달렸다고 말하는 것이다.

집을 일으킬 아이는 똥을 황금처럼 아끼고 집을 망칠 아이는 돈을 똥처럼 여긴다.

成家之兒는 惜糞如金하고 敗家之兒는 用金如糞이니라.
성 가 지 아   석 분 여 김   패 가 지 아   용 김 여 분

● 成家之兒(成:이룰 성, 家:집 가, 兒:아이 아) 집을 일으킬 아이 ● 惜~如~(惜: 아낄 석) ~을 ~처럼 아끼다 敗(패할 패, 무너질 패) 糞(똥 분) ● 用~如~ ~을 ~처럼 여기다

◆ 집을 일으키다 prosper one's family(成家) ◆ 똥을 황금처럼 아끼다

begrudge excrement as precious as gold(惜糞如金), begrudge:내놓기 아까워하다, 주기 꺼려하다 ◈ 집을 망치다 spoil one's family(敗家) ◈ 돈을 똥처럼 쓰다 waste money as trivial as excrement(用金如糞)

영문 A child who is to prosper his family begrudges excrement as precious as gold while a child who is to spoil his family wastes money as trivial as excrement.

예 날에 한 젊은이가 이름난 부자를 찾아갔다. 젊은이가 부자가 되는 길을 알려 달라고 하자 부자는 그를 마당으로 데리고 갔다. 그리고는 높은 나무 위로 오르게 한 뒤 한 손을 놓으라고 했다. 청년이 한 손을 놓자 부자는 다른 한 손도 놓으라고 했다. 그 말에 기가 막힌 젊은이가 죽으라는 말이냐며 버럭 소리를 질렀다. 그러자 부자는 껄껄 웃으며 말했다.

「돈이란 자네가 잡은 나무와 같은 걸세. 일단 그것을 손에 쥐면 목숨을 걸고 놓지 말아야 하네. 그것만 잘 지킨다면 부자가 될 수 있지.」

단순히 운이 좋아 부자가 되는 게 아니다. 부자란 남들이 쉽게 여기는 사소한 것까지 목숨처럼 아끼며 사는 사람들이다. 절약이 최선인 법이다.

譯 강절 소선생이 말하기를, 편안하고 한가롭게 산다고 하여 걱정거리가 없다고 말하지 않도록 신중하라, 걱정거리가 없다고 말하자마자 곧 걱정거리가 생긴다. 입에 맞더라도 음식을 너무 많이 먹지 말라, 병에 걸리기 때문이다. 마음에 쏙 드는 일이라도 지나치게 하면 반드시 재앙이 따르게 된다. 병이 든 후에 약을 먹는 것은 병들기 전에 스스로 예방하는 것만 못하다.

姜節邵先生이 曰, 閑居에 愼勿說無妨하라. 纔說無妨便
강 절 소 선 생　왈　한 거　신 물 설 무 방　재 설 무 방 변

有妨이니라. 爽口勿多能作疾이요 快心事過必有殃이라. 與
유 방　　상 구 물 다 능 작 질　쾌 필 사 과 필 유 앙　　여

其病後能服藥으론 不若病前能自妨이니라.
기 병 후 능 복 약　　불 약 병 전 능 자 방

◉ 閑居(閑:한가로울 한) 한가롭고 평안하게 살다 ◉ 愼勿說(愼: 삼가할 신) 삼가 말하지 않다 ◉ 無妨 방해되는 것이 없다, 걱정 거리가 없다 ◉ 纔說~(纔: 겨우 재, 잠깐 재) ~라고 말하자마자 ◉ 便有妨(便:곧 변, 妨:해로울 방, 방해할 방) 곧 걱정거리가 생 긴다 ◉ 爽口(爽: 시원할 상, 밝을 상) 입에 맞다 ◉ 勿多 많이 먹지 말라 ◉ 能作疾(疾:병 질) 병에 걸릴 수도 있다 ◉ 快心事 (快:쾌할 쾌, 빠를 쾌) 마음에 쾌적한 일 ◉ 必有殃(殃: 재앙 앙) 반드시 재앙이 있다 ◉ 與其病(與:줄 여) 병에 걸리다 ◉ 服藥 약 을 먹다 ◉ 不若(若:같을 약) 같지 않다 ◉ 自妨 스스로 예방하다

◆ ~하도록 신중하다 be prudent to~(愼) ◆ 걱정거리가 없다고 말 하자마자 On saying you have nothing to worry about 걱정이 곧 생 길 것이다 worry will occur to you soon, worry will come to you soon ◆ 음식이 입에 맞더라도 even though food tastes good to you(爽口 勿多) ◆ 병에 걸리기 쉬우니 너무 먹지 않다 don't eat too much for fear you should become ill(勿多能作疾) ◆ 마음에 싹 드는 일 something that really appeal to you(快心事) ◆ 지나치게 to excess ◆ 재앙이 반드시 따르다 calamity will certainly follow(必有殃) ◆ ~ 만 못하다 no match for(不若~)

영문 You should be prudent not to say that you have nothing to worry about because you now live a life of ease and leisure. On saying you have nothing to worry about, surely worry will occur to you soon. Do not eat too much food for fear you should become ill even though it tastes good to you. Even in doing something that really appeals to you, if it is done to excess, calamity will certainly follow. Taking medicine after becoming ill is no match for preventing your illness before becoming ill.

사상 한 왕조의 멸망은 반란이나 외적의 침입과 같은 직접적 요인 때문이지만 자세히 살펴보면 이미 왕조의 절정기부터 파멸의 싹이 트고 있었던 것을 알 수 있다. 은나라 주왕(紂王)의 경우도 마찬가지이다. 태평성대가 계속되는 가운데 주왕은 안일에 빠져 애첩 달기와 함께 온갖 사치와 향락을 일삼았다. 연못에서 술을 퍼마시고 숲을 이룬 고기를 뜯으며 갖가지 음탕한 짓을 하면서 밤낮없이 120일 동안이나 잔치를 벌이기도 했다. 결국 주나라의 시조 무왕(武王)의 혁명으로 주왕은 죽고 은왕조도 막을 내리게 되었다. 편안하고 한가로울 때일수록 타락을 경계해야 한다.

자동제군이 훈화에 이르기를, 아무리 좋은 약이라도 원한으로 인해 생긴 병은 치료하기 어려우며, 뜻밖에 생긴 재물도 명이 짧은 사람은 부자가 될 수 없다. 일을 일으키고 나서 일이 생겼다고 원망하지 말고, 남을 해침으로써 남이 자기를 해칠 때 그것을 성내지 말라. 천지만물에는 갚음(인과응보)이 있으니 그 응보는 멀면 자손에게 가까우면 자기에게 있다.

梓潼帝君垂訓에 曰, 妙藥도 難醫冤債病이요 橫財도 不
재동제군수훈 왈 묘약 난의원채병 횡재 불

富命窮人이라. 生事事生을 君莫怨하고 害人人害를 汝休
부명궁인 생사사생 군막원 해인인해 여휴

嗔하라. 天地自然皆有報하니 遠在兒孫近在身이니라.
진 천지자연개유보 원재아손근재신

◉◉◉◉

◉ 妙藥 (妙:묘할 묘, 신비할 묘) 묘약 ◉ 難醫(醫: 치료할 의) 고치기 어렵다 ◉ 冤債病(冤: 원통할 원, 債: 빚질·빌릴 채) ◉ 橫財(橫:거스를 횡) 뜻밖에 생긴 재물 ◉ 不富 부자가 되게 할 수 없다 ◉ 命窮人(命:운명 명, 窮:다할 궁, 궁구할 궁) 운명이 다한 사람, 명을 다한 사람 ◉ 窮人 명이 궁구한 사람, 명이 짧은 사람 ◉ 生事事生 일을 벌리면 일이 생기다 ◉ 君莫怨 그대들은 원망하지 말라. 汝도 君과 같은 의미이다. 따라서 ◉ 休嗔 성내지 않다, 성내지 말라 ◉ 害人人害 남을 해치면 남이 자기를 해친다 ◉ 天地自然 하늘과 땅 사이의 모든 일, 천지만물 ◉ 遠在兒孫 멀면 자손에게 있다 ◉ 近在身 가까우면 자기에게 있다

◈ 원한으로 인해 생긴 병 the illness that has come from grudge and regret ◈ 뜻밖에 생긴 재물 the treasures unexpectedly obtained ◈ ~을 원망하다 have resentment for~ ◈ 성내다 vent one's anger(vent one's anger) ◈ 인과응보 retribution

영문 No matter how good the medicine may be it cannot cure the illness which has come from grudge and regret. Even the treasures unexpectedly obtained cannot make you rich, if you do not live a long life. When disaster happens unexpectedly to you just because of you, you should have no resentment for it. So when others harm you because you harm them, do not vent your anger. There is retribution in this world. If it is far from you now, it will come to your offsprings, and if it is near you, it will be able to come directly to you soon.

도움 물나라에 재판이 열렸다. 새끼 양을 잡아먹은 늑대 한 쌍이 재판대에 섰고 동물들은 사형을 요구했다. 처벌을 피할 수 없게 되자 암컷 늑대는 뱃속에 든 새끼는 죄가 없으니 낳을 때까지 만이라도 살려달라고 재판관에게 호소했다. 동물들이 찬반으로 갈라져 시끄럽게 다투는 가운데 침묵을 지

키던 재판관이 마침내 판결을 내렸다.

「피고는 모두 사형이다. 암컷이 새끼를 낳게 해 피해자인 어미 양이 죽이도록 하는 것이 최선일 것이다. 당한 대로 갚음으로써 정의가 회복될 것이고 피고도 같은 어미 입장에서 자식 잃은 부모의 고통을 느낄 것이다. 그러나 그런 판결은 불가능하다. 따라서 법에 따라 늑대들을 사형에 처한다. 그리고 범죄자가 될 가능성이 큰 뱃속의 아이는 처음부터 존재하지 않는 것으로 생각하기로 한다.」

원한은 원한으로 되갚아지게 마련이다. 뿌린 대로 거두는 이치를 탓할 수는 없다.

譯 꽃은 졌다가 피고 피었다가 또 진다. 비단옷과 베옷은 바꿔 입을 수 있다. 재산이 많은 집이라고 반드시 부유하고 귀하지는 않으며, 가난한 집이라고 해서 언제까지나 적막하지는 않다. 사람을 치켜세운다고 반드시 푸른 하늘에 오르지는 않으며, 사람을 밀어뜨린다고 해서 반드시 개천 구렁텅이에 굴러 떨어지지는 않는다. 권하노니 모든 일에 하늘을 원망하지 말라. 하늘의 뜻은 인간에 대해 후하기 때문에 박함이 없다.

花落花開開又落하고 錦衣布衣更換着이라. 豪家未必常
화 낙 화 개 개 우 낙   금 의 포 의 경 환 착   호 가 미 필 상

富貴요 貧家未必長寂寞이라. 扶人未必上靑霄요 推人未
부 귀   빈 가 미 필 장 적 막   부 인 미 필 상 청 소   추 인 미

必塡溝壑이라. 勸群凡事를 莫怨天하라. 天意於人에 無厚
필 전 구 학   권 군 범 사   막 원 천   천 의 어 인   무 후

薄이니라.
박

● 花落花開(花:꽃 화, 落:떨어질 락, 開:열 개) 꽃이 지고 꽃이 피다 ● 開又落(又:또 우) 피었다 또 지다 ● 錦衣(錦:비단 금) 비단옷 ● 布衣(布:베 포) 베옷 ● 換着(換:바꿀 환, 着:입을 착) 옷을 바꾸어 입다 ● 豪家(豪:호걸 호) 부유한 집, 재산이 많은 집 ● 未必~常 반드시 ~하지 않다 ● 富貴 부유하고 귀하다 ● 長寂寞 언제까지나 적막하겠는가 ● 扶人(扶:붙들 부) 사람을 치켜세우다 ● 上(오를 상) 오르다 ● 靑霄(霄:하늘기운 소) 푸른 하늘 ● 堆人(堆:밀 퇴, 언덕 퇴) 사람을 밀어뜨리다 ● 塡(塡:막힐 진) 굴러 떨어져 막히다 ● 溝壑(溝:개천 구, 壑:구덩이 학) 개천 구렁텅이 ● 凡事 모든 일

◆ (꽃이)지다 give way ◆ 반드시 ~하지는 않다 not always, not necessarily ◆ 반드시 ~하다 by all accounts ◆ 개천구렁텅이 the depths of ditch ◆ 굴러 떨어지다 tumble down ◆ 박하다 heartless

영문 A flower gives way and blossoms and, after blossoming again gives way. It can happens that one changes from wearing silk clothes to hemp cloth. A house with a large amount of property is not always spiritually wealthy and noble, and living in an unpretentious and poor house by all accounts is not lonely. Persistently elevating a man does not necessarily raise him to the blue heaven above. when pushed down, one does not necessarily tumble down into the depths of ditch. The advice is ; Do not curse heaven for all matters. For humanity, the will of heaven is lenient and not heartless.

통을 당하는 사람은 「어찌하여 나만이 이런 고통을 당해야 하는가?」라고 말한다. 그러나 그것은 공평치 못한 생각이다. 왜냐하면 「나는 어찌하여 이렇게 편안하게 살고 있는가?」라는 말도 마찬가지로 해야 하기 때문이다. 사람은 누구나 고통을 지니고 있다. 각자의 고통은 세상의 모든 사람이 짊어진 무거운 짐 중에서 극히 작은 몫에 지나지 않는다. 그러므로 어떻게 혼자만 특별 대우를 받아 고통이란 짐을 덜

수 있기를 바라겠는가. 과연 내게 그런 자격이 부여되어 있는지 먼저 생각할 일이다.

감탄하여 놀라 마지않는다. 사람의 마음이 뱀처럼 독한 것을 보고, 하늘의 눈은 수레바퀴처럼 돌아가고 있음을 누가 알겠는가. 지난해에 망령되이 동쪽 이웃에 있는 물건을 가져왔더니 오늘은 그 물건이 북쪽 집으로 돌아갔구나. 불의로 얻은 재물은 끓는 물에 뿌려진 눈이고, 갑자기 얻은 전답은 물에 밀려온 모래 같다. 만일 간교한 거짓으로 생계를 삼는다면 그것은 아침에 피고 저녁에 지는 꽃과 같다.

堪歎人心毒似蛇라 誰知天眼轉如車오. 去年妄取東隣
감 탄 인 심 독 사 사   수 지 천 안 전 여 차   거 년 망 취 동 인

物터니 今日還歸北舍家라. 無義錢財湯撥雪이요 儻來田
물   금 일 환 귀 북 사 가   무 의 전 재 탕 발 설   당 내 전

地水推沙라. 若將狡譎爲生計면 恰似朝開暮落花니라.
지 수 추 사   야 장 교 휼 위 생 계   흡 사 조 개 모 낙 화

◉ 堪歎(堪:헤아릴 감, 歎:한숨쉴 탄) 감탄하여 마지않는다 ◉ 毒似蛇(蛇: 뱀 사) 뱀처럼 독하다 ◉ 誰知 누가 알리오, 아무도 모르다 ◉ 天眼轉如車(眼:눈 안, 轉:구를 전) 하늘의 눈이 수레바퀴처럼 돌아가다 ◉ 妄取(妄:망녕될 망, 取:취할 취) 망령되어 취하다 ◉ 東隣物(隣:이웃 린, 舍:집 사) 동쪽 이웃에 있는 물건 ◉ 還歸 돌아가다 ◉ 北舍家 북쪽에 있는 집 ◉ 無義錢財 불의로 얻은 재물 ◉ 湯撥雪(湯:끓을 탕, 撥:물뿌릴 발) 뜨거운 물에 뿌리 눈 ◉ 儻來(儻:문득 당) 뜻밖에 얻은 ◉ 田地 전답 ◉ 水推沙(推: 밀 퇴) 물에 밀려온 모래 ◉ 將狡譎爲生計(將:행장 장, 狡:교활할 교, 譎:간사할 휼)교활한 짓을 해서 생계를 삼다, 간교한 속임수로 생계를 삼다 ◉ 恰似(恰:흡사 흡) 같다

◈ 감탄하여 마지않다 having admiration cannot be helped ◈ 뱀처럼 독하다 as poisonous as a serpent ◈ 수레바퀴처럼 빨리 돌아가다 be turning round as fast as the wheel of cart 작년에 망령된 짓을 했다 The desires of yesteryear led me to unreasonable deed ◈ 끓는 물에 뿌려지는 눈 snow falling upon boiling water ◈ 갑자기 얻은 전답 the suddenly acquired rice paddy ◈ 물에 몰려오는 모래 a silt flowing beneath the water ◈ 간교한 거짓으로 생계를 삼다 make livelihood by lying and cheating

영문 Having admiration cannot be helped. A person's heart is as poisonous as a serpent. Who actually knows that the eyes of heaven are turning round as fast as the wheel of a cart so that there is nothing they cannot see? The desires of yesteryear led me to unreasonable deed. Something was illegally brought here in covetousness from the neighbor's house in the east and today I find it in the house in the north. But what was not righteously acquired is like snow falling upon boiling water and the suddenly acquired rice paddy is like the silt flowing beneath the water. If one makes a livelihood by lying and cheating, it is like the flowers blossoming in the morning and giving way in the evening.

E 문 일이지만 어쩌다 우연히 돈이 생기게 되면 그 돈은 그만큼 쉽사리 쓰여지는 것을 여러 번 경험한 터이다. 돈을 벌기 위한 노력이 따르지 않은 만큼 돈 자체의 가치도 부지불식간에 잊게 되는가 보다. 노력이 없이 얻은 재물, 권력, 명예는 쉽게 떠나간다. 무엇이든지 꾸준한 노력으로 그에 합당한 대가를 구해야 하며 정당한 방법으로 생활을 영위해 나가야 할 것이다.

재상의 수명을 고칠 수 있는 약은 없고, 돈이 있어도 자손의 현철함을 사기는 어렵다.

無藥可醫卿相壽요 有錢難買子孫賢哲이니라.
무 약 가 의 경 상 수   유 전 란 매 자 손 현 철

◉ 無藥(藥:약 약) 약이 없다 ◉ 可醫(醫:술의 의, 고칠 의) 고칠 수 있다 ◉ 卿相壽(卿:밝힐 경) 재상의 수명 ◉ 難買 사기 어렵다

◆ 수명을 고칠 수 있다(수명을 늘릴 수 있다) can lengthen the longevity of life

영문 There is no medicine that can lengthen the longevity of life even if it is a premier's life and though you have money, it is difficult to buy wisdom for your descendants.

명이라는 것을 잘 믿지는 않는 편이지만 가끔은 인간의 힘으로 어쩔 수 없는 부분이 분명히 있다는 생각이 든다. 이 구절에서 말하는 죽음이라든지 자식의 성공 같은 것이 대표적이다. 그토록 부유하고 행복한 사람도 죽음 앞에서는 어쩔 수 없고, 아무리 부모가 잘나고 유명해도 자식은 그와 딴판인 것을 주변에서 많이 보았다. 그렇다고 운명에 모든 것을 맡기고 앉아 있을 수만은 없다. 인간이 할 수 있는 한도까지 최선을 다하고 주어진 운명을 맞는다면 적어도 아쉬움은 없지 않겠는가.

하루라도 마음이 밝고 한가하면 그날 하루가 신선이다.

一日清閑이면 一日仙이라.
일 일 청 한　　　일 일 선

◉ 清閑 마음이 밝고 한가하다　◉ 一日仙(仙:신선 선) 그날 하루
가 신선이다

◈ 마음이 밝다 heart becomes enlightened　◈ 한가하다 free　◈ 신선
an immortal in the fairyland(仙)

Should your heart become enlightened and free even one
day on that day you will be as an immortal in the fairyland.

인생은 고해(苦海)라고 한다. 나이가 들면서 자신의 인생뿐
아니라 남의 인생까지 책임져야 하는 위치에 서게 되면
사는 것이 여간 어렵지 않다는 생각이 들곤 한다. 겉으로는
태평하지만 마음 한 구석에는 작든 크든 늘 근심이 깃들여
있다. 정말 하루라도 마음이 깨끗하고 편안할 때가 있다면
신선과 같은 기분이 들 정도이다. 결코 길지 않은 인생, 소박
하고도 편안한 가운데 보내야겠다.

즐거운 삶은 겸허한 마음에서 나온다

省心篇(下)

성심편(하)

진종황제가 친히 지은 글에 이르기를, 위태로움을 알고 험함을 인식하게 되면 마침내 그물을 벌려 놓은 문과 같이 복잡한 법망에 걸리지 않게 될 것이고, 착한 사람을 받들고 어진 사람을 추천하면 몸을 편안하게 하는 방법이 저절로 생길 것이다. 어짊을 베풀고 덕을 펴면 곧 대대로 번영을 가져오게 될 것이며, 시기하는 마음을 품고 원한에 대해 보복을 하면 자손에게 근심을 끼치게 될 것이고, 남에게 손해를 끼쳐서 자기에게 이익을 얻는 다면 끝내 현명한 자손을 갖지 못할 것이다. 모든 백성을 해롭게 함으로써 가문을 세운다면 어찌 오랫동안 부귀를 누릴 수 있겠는가? 이름을 바꾸고 몸을 달리하게 하는 것은 교묘한 말 때문에 생기는 것이고, 재앙으로 인해 몸이 상하는 것은 그 모두가 어질지 못함으로 해서 불러들이게 되는 것이다.

眞宗皇帝御製에 曰, 知危識險이면 終無羅網之門이요 擧
진종황제어제　왈　지위식험　　종무나망지문　　거

善薦賢이면 自有安身之路라. 施仁布德은 乃世代之榮昌
선천현　　자유안신지노라　시인포덕　　내세대지영창

이요 懷妬報寃은 與子孫之爲患이요 損人利己면 終無顯
　　회투보원　여자손지위환　　손인이기　　종무현

達雲仍이라. 害衆成家면 豈有長久富貴리오. 改名異體는
달운잉이라　해중성가　개유장구부귀리오　개명이체

皆因巧語而生이요 禍起傷身은 皆是不仁之召니라.
개인교어이생　　화기상신　개시불인지소

◉ 知危識險(險:험할 험) 위태로움을 알고 험한 것을 인식하다 ◉ 羅網之門(羅:벌릴 라) 그물을 벌려 놓은 문 ◉ 擧善薦賢(擧:들 거, 薦:천거할 천) 착한 사람을 받들고 어진 사람을 추천하다 ◉ 自有安身之路 저절로 몸을 편안하게 해주는 길 ◉ 施仁布德(施: 베풀 시, 布:베풀 포) 어짊을 베풀고 덕을 펴다 ◉ 乃(어조사 내, 곧 내) 이에, 곧 ◉ 世代 대대로 ◉ 榮昌(榮:영화 영, 昌:성할 창) 번영하다, 번영을 가져오다 ◉ 懷妬(懷: 품을 회, 妬:투기할 투) 투기하는 마음을 품다 ◉ 報冤(冤:원통할 원, 원수 원) 원수를 갚다 ◉ 與子孫 자손에게 ◉ 爲患(患:근심 환) 근심이 되다 ◉ 損人利己 남에게 손해를 끼쳐 자기가 이익을 얻다 ◉ 顯達(顯:나타날 현, 達:통달할 달) 현명한, 뛰어난 ◉ 雲仍(仍: 후손 잉) 자손, 칠팔대손 ◉ 害衆成家 백성을 해롭게 하여 집안을 일으키다 ◉ 豈 (豈:어찌 기) 어찌 ◉ 有長久富貴 오랜동안의 부귀를 누리다 ◉ 改名異體 이름을 바꾸고 몸을 달리하다 ◉ 因巧語而生 교묘한 말 때문에 생기다 ◉ 禍起傷身 재앙 때문에 몸을 상하다 ◉ 不仁之 召 어질지 못함을 불러들이다, 잘못을 초래하다

◈ ~에 걸리다 become caught up in~ ◈ 법망 the web of the law ◈ ~에 대해 보복하다 pass on revenge over~ ◈ ~를 해롭게 함으로써 on the burdening of~ ◈ 교묘한 말 ingenious speech ◈ 재앙으로 인해 몸이 상하는 것 injury to the body due to misfortune ◈ 불러 드리다 beckon.

영문 When danger is known and hazards are recognized, one does not become caught up in the complexities of the web of the law. When one advances and recommends good hearted people, the way to a peaceful life will follow of itself. Granting benevolence and spreading virtue will surely one day bring prosperity ; however, if one bears jealousness and passes on revenge over grudges, anxieties will pass on to one's descendants and if one passes on injury to others for one's personal gain, in the end the descendants will not be very wise. If a good family is founded on the burdening of the ordinary people, how in the world will one be able to enjoy riches and honors over a long period of time?

Changing one's name and altering one's personage can be possible because of ingenious speech. Injury to the body due to misfortune does beckon all the disasters only because one is not wise.

「 나라 경공(景公)은 말 4천 필을 가질 정도의 부자였으나 그가 죽었을 때 아무도 그의 덕을 칭송하지 않았다. 백이(伯夷)와 숙제(叔齊)는 수양산 기슭에서 의를 지키다 굶어 죽었으나 사람들은 아직까지도 그의 덕을 칭송하고 있다. 시경에 이르기를 <사람이 칭송하는 것은 부귀가 아니라 남다른 덕이로다> 하였는데, 경공과 백이·숙제를 가리킨 말이 아니겠는가?」

≪논어≫<계씨편(季氏篇)>에 나오는 공자의 말이다. 지금도 백이·숙제는 교과서를 통해 삶의 모범으로 칭송되고 있으나, 제나라 경공은 아는 사람이 없으니 그것은 덕이 없었기 때문이다.

신종황제가 친히 지은 글에 이르기를, 사람으로서 도리에 맞지 않는 재물은 멀리하고 술을 지나치게 마시는 것을 삼가하며 이웃을 반드시 가려서 살고 친구를 반드시 가려서 사귀며 남을 시기하는 마음을 내지 말고 다른 사람을 헐뜯는 말을 하지 말라. 가난한 친척을 소홀히 하지 말고 부자인 남에게 아첨하지 말며 자신을 이기기 위해서는 근검절약 하는 것이 첫째이다. 사람들을 사랑할 때에는 겸손하고 화목한 것을 으뜸으로 하며 언제나 지난날의 잘못을

생각하며 또 언제나 미래의 허물을 생각하라. 만약 나의 말을 따른 다면 국가를 오랫동안 다스릴 수 있을 것이다.

神宗皇帝御製에 曰, 遠非道之財하고 戒過度之酒하며 居
신 종 황 제 어 제   왈   원 비 도 지 재   계 과 도 지 주   거

必擇隣하고 交必擇友하며 疾妬를 勿起於心하고 讒言을 勿
필 택 인   교 필 택 우   질 투   물 기 어 심   참 언   물

宣於口하라. 骨肉貧者를 莫疎하고 他人富者를 莫厚하며
선 어 구   골 육 빈 자   막 소   타 인 부 자   막 후

克己는 以勤儉爲先이라. 愛衆은 以謙和爲首하며 常思已
극 기   이 근 검 위 선   애 중   이 겸 화 위 수   상 사 이

往之非하고 每念未來之咎하라. 若依朕之斯言이면 治國
왕 지 비   매 염 미 래 지 구   야 의 짐 지 사 언   치 국

家而可久니라.
가 이 가 구

● 遠 멀리하다 ● 非道之財 도리에 맞지 않는 재물 ● 戒 경계하다 ● 過度之酒 술을 지나치게 마시는 것 ● 居必擇隣 반드시 이웃을 가려서 살다 ● 交必擇友 반드시 친구를 가려서 사귀다 ● 疾妬勿起於心 다른 사람에게 질투심을 일으키지 말라 ● 讒言(讒:참소할 참) 참소하는 말, 헐뜯는 말 ● 勿宣於口(宣:베풀 선, 펼 선) 입밖에 내지 말라 ● 骨肉貧者 가난한 친척 ● 莫疎 소홀히 하지 말라 ● 克己 자신을 이기다, 사사로운 욕심을 이기다 ● 以勤儉爲先 근검절약하는 것을 첫째로 하다 ● 愛衆 사람들을 사랑하다 ● 以謙和爲首(謙:사양할 겸) 겸손하고 화목한 것을 으뜸으로 삼다 ● 常思 항상 생각하다 ● 已往之非(往:옛 왕) 지나간 과거의 잘못 ● 每念 언제나 생각하다 ● 未來之咎(咎:허물 구) 앞으로 있을지 모르는 허물 ● 若依(依:의존할 의) 만약 따른다면 ● 朕之斯言(朕:나 짐, 斯:망령될 기) 나의 이 말 ● 治國家而可久 국가를 오래오래 다스리다

◆ ~은 멀리하다 distance oneself from~ ◆ 도리에 맞지 않는 재물 material things that go against reason(非道之財) ◆ 지나치게 마

시다 overindulge in the liquor ◈ 헐뜯는 말 slander(讒言) ◈ 소홀히
하다 be careless about(疎) ◈ 아첨하다 flatter ◈ 자신을 이기다
overcome oneself ◈ 과거에 저지른 잘못 wrongs done by you in
the past

영문 You ought to distance yourself from those material things
that go against reason and be careful not to overindulge in
liquor. and carefully choose your neighbors in life and
certainly choose your friends to interact with and you should
not be jealous of others and never engage in slander.

　You should not be careless about poor relatives, you
should not flatter the wealthy persons and in order to
overcome yourself you must first of all be diligent and frugal.
When loving others, you should put being humble, and
harmony in front and always think about the wrongs done by
you in the past. Also, you should always think about a possible
fault in the future. Should you go along with what I say, you
will be able to govern the nation for a long, long time.

자해 시 눈을 들어 자기 자신과 주변을 살펴보자. 그러면 환희
와 희망보다는 온갖 환멸과 절망이 먼저 보인다. 되도록
후회 없는 삶을 살고 싶지만 뜻대로 되기가 쉽지 않다. 일찍
이 몽테뉴는 이렇게 말했다.

「잠을 깬 사람에게는 밤이 짧고, 피곤한 사람에게는 십 리
길이 멀고, 참된 이치를 모르는 바보에게는 인생이 길다. 만
일 내가 이 인생을 다시 되풀이해야 한다면 내가 지내 온
생활을 다시 살고 싶다. 과거를 후회하지도 않고 미래를 겁
내지도 않을 것이니 말이다.」

삶이란 바라보기 나름이다. 할 수만 있다면 삶의 전모를
알았으면 좋겠지만 그것은 불가능하다. 한 순간 한 순간을
진실하고 성의 있게 사는 수밖에는 없다.

고종황제가 친히 지은 글에 이르기를, 한 점의 불티도 넓고 넓은 숲을 태울 수 있고 반 마디의 그릇된 말로도 일생 동안 쌓은 덕을 손상시킨다. 몸에 한 올의 실을 둘렀어도 항상 베 짜는 여인의 수고를 생각하고 하루 세끼의 밥을 먹을 때도 항상 농부의 고생을 생각하라. 구차하게 탐을 내고 질투하고 남에게 손해를 끼치면 마침내 단 10년 동안의 편안함도 갖지 못할 것이며, 선을 쌓고 어짊을 보존한다면 반드시 자손들에게 영화가 있게 될 것이다. 복은 착함으로 인해 생긴다는 것은 모든 것이 다 선행을 쌓음으로써 생기기 때문이고, 평범함을 넘어 성인의 경지에 들어가는 것은 모든 것이 다 진실함으로써 얻어지기 때문이다.

高宗皇帝御製에 曰, 一星之火도 能燒萬頃之薪하고 半句非言도 誤損平生之德이라. 身被一縷나 常思織女之勞하고 日食三飧이나 每念農夫之苦하라. 苟貪妬損은 終無十載安康하며 積善存仁이면 必有榮華後裔리라. 福緣善慶은 多因積行而生이요 入聖超凡은 盡是眞實而得이니라.

◉ 一星之火 한 점의 불 ◉ 能燒(燒:불사를 소, 탈 소) 수 있다, 태울 수 있다 ◉ 萬頃之薪(薪: 풀 신) 넓고 넓은 숲 ◉ 半句非言 반 마디의 그릇된 말 ◉ 誤損(誤:그릇할 오, 잘못할 오) 그르치고 손상시키다 ◉ 平生之德 평생의 덕 ◉ 身被一縷(被:덮을 피, 이불 피 縷:실 루) 몸에 한 올의 실을 감다(덮다) ◉ 常思 늘 생각하다 ◉ 織女(織:짤 직, 실뽑을 지) 베 짜는 여인, 옷감 짜는 여인 ◉ 日食三飧(飧:저녁밥 식) 하루에 세 끼 밥을 먹다 ◉ 每念 늘 생각하

다 ◉ 農夫之苦 농부의 고생 ◉ 苟貪妬損(苟: 구차할 구) 구차하게 탐내고 시기하고 남에게 손해를 끼치다 ◉ 終(마침 종) 마침내 ◉ 十載安康(載:해 재) 10년 동안의 평안함 ◉ 積善存人 착함을 쌓고 어짊을 보존하다 ◉ 必有~ 반드시 ~이 있다 ◉ 榮華後裔(裔:후손 예) 후손에게 영광이 있다 ◉ 福緣善慶(緣: 인할 연) 복은 착함으로 인해 생긴다 ◉ 多因~而生 모두 ~때문에 생기다 ◉ 積行 선행을 쌓다 ◉ 人聖超凡(超:뛰어넘을 초, 凡:보통 범) 평범함을 뛰어넘어 성인의 경지에 들어가다 ◉ 盡是(是:이 시, 옳을 시, 바를 시)~ 모두가 ~이다 ◉ 眞實而得 진실함으로써 이에 얻어진다

◈ 한 점의 불티 a spark(一星之火) ◈ 태우다 ignite the burning(燒) 넓고 넓은 숲 a vast and deep forest(萬頃之薪) ◈ ~에 손상시킨다 bring fatal damage to~ ◈ 베 짜는 여인 the woman weaving the hemp thread into the cloth(織女) ◈ 구차하게 탐을 내다 miserably exhibit covetousness(苟貪) ◈ 질투하는 마음으로 남에게 손해를 끼치다 jealously inflict harm upon others(妬損) ◈ 평범함을 넘어서 경지에 들어가다(入聖超凡) go beyond mediocrity into the realm of~

영문 As one spark can ignite the burning of a vast and deep forest so one mistaken word brings fatal damage to virtue accumulated over a lifetime. Remember the endless hard work done by the woman weaving the hemp thread into the cloth that envelops your body. And remember the constant hard work of the farmer whenever you eat your daily bowl of rice. If you miserably exhibit covetousness and jealously inflict harm upon others, you will not have no more than ten years of peace in the end, but if you accumulate goodness and ensure benevolence in deeds, prosperity will surely come to your descendants. Good fortune comes entirely from doing good because all the good fortunes are due to the accumulation of good deeds. Going beyond mediocrity into the realm of becoming a holy person is entirely the result of doing good deeds and of acquiring truthfulness.

「타
오 신이 순진하고 맑은 마음을 가졌다면 열 개의 진주 목
걸이보다도 더 귀한 행복의 빛이 될 것이다. 당신이 지
금 불행한 환경에 처해 있다 하더라도 그 마음이 진실하다
면 아직도 변함없는 행복을 지니고 있는 것이다. 왜냐하면
진실한 마음에서만 인생을 헤쳐나갈 참된 지혜가 생겨나기
때문이다. 당신이 아무리 지위가 높고 지식이 많더라도 진실
을 잃는다면 그것들은 당신의 몸에 붙어 있지 않을 것이다.」

진실한 삶을 권유한 페스탈로치의 글이다. 예나 지금이나,
동양이나 서양이나 진실함의 소중한 가치는 변함이 없다.

譯 왕량이 말하기를, 그 임금을 알려면 먼저 그 신하를 보고 그 사람
을 알려면 먼저 그 친구를 보고 그 아버지를 알려면 먼저 그 아들
을 보라. 임금이 거룩하면 그 신하가 충성스럽고 아버지가 인자하
면 그 아들이 효성스럽다.

王良이 曰, 欲知其君커든 先視其臣하고 欲知其人커든 先
왕 양   왈   욕 지 기 군   선 시 기 신   욕 지 기 인   선
視其友하고 欲知其父커든 先視其子하라. 君聖臣忠하고 父
시 기 우   욕 지 기 부   선 시 기 자   군 성 신 충   부
慈子孝니라.
자 자 효

◉欲知 알려고 하다 ◉ 先視(視:볼 시) 먼저 보다 ◉ 君聖 임금
이 거룩하다

◈ 알려면 to know~ ◈ 인자한 benevolent

영문 To know a king, first look at his ministers and to know
a man, first look at his friends and to know a father, first

look at his son. If the king is sacred, his ministers are loyal and if the father is benevolent, his son is filial.

 날에 한 농부가 밭갈이할 소를 사려고 장터에 나갔다. 그간 부리던 늙은 황소를 이끌고 장터에 도착했지만 내놓은 소들이 너무 많았다. 마을 주변 좋은 소장수들이 가는 데마다 제 소가 가장 튼튼하고 부지런한 소라며 농부의 팔을 끌었다. 무언가 골똘히 생각하던 농부는 늙은 황소를 조용히 풀어놓았다. 그러자 늙은 황소는 울타리를 한 바퀴 돈 뒤 어느 어린 황소 앞에 섰다. 잠자코 기다리던 농부는 군말없이 그 황소를 샀다. 그 모습을 지켜보던 한 소장수가 농부에게 까닭을 물었다.

「저 늙은 황소는 우리 마을에서 가장 부지런하고 튼튼한 소였소. 또한 오랫동안 나와 고락을 같이 한 소요. 그러니 저 황소가 고르는 소는 의심 없이 믿을 만한 소가 아니겠소?」

사람을 알려면 먼저 그 친구를 보라고 했다.

《가어》에 이르기를, 물이 지극히 맑으면 고기가 없고 사람이 너무 깨끗하면 친구가 없다.

家語에 云, 水至淸則無魚하고 人至察則無徒니라.
가 어 운 수 지 청 칙 무 어 인 지 찰 칙 무 도

◉ 至淸(至:지극할 지, 淸:밝을 청) 지극히 맑다 ◉ 至察(察:깨끗할 찰) 지극히 깨끗하다 ◉ 無徒(徒:무리 도) 친구가 없다

◈ 지극히 맑다 extremely clean(至淸) ◈ 너무 깨끗하다 too clean(至察)

영문 When water is extremely clear it has no fish and, when a person is too clean he has no friends.

역 꽃은 진흙과 구정물로 악취가 나는 연못에서 피어오른다. 썩은 연못에서도 필요한 자양분을 취할 수 있기 때문이다. 그러나 연꽃의 잎에는 무수한 솜털이 있어 어떤 이물질도 받아들이지 않는다. 이 때문에 연꽃은 언제나 맑은 자태를 지킬 수 있다. 이렇게 아름답고 신비한 연꽃에서 석가모니는 큰 깨달음을 얻고서 이렇게 말했다.

「길거리에 버려진 쓰레기더미 속에서 실로 향기로우며 마음을 밝혀 주는 백련이 피어난다.」

진정으로 맑고 아름다운 사람은 물의 청탁을 탓하지 않는다. 주어진 상태에서 동요됨 없이 제 몫의 삶을 아름답게 빚어낼 뿐이다.

譯 허경종이 말하기를, 봄비는 땅을 기름지게 하지만 길가는 행인은 그 진흙탕을 미워하고, 가을달은 높이 밝게 빛나고 있지만 도둑은 그 밝은 비침을 싫어한다.

許京宗이 曰, 春雨如膏나 行人은 惡其泥濘하고 秋月揚
허 경 종 이 왈 춘 우 여 고 행 인 오 기 이 녕 추 월 양
輝나 盜者는 憎其照鑑이니라.
휘 도 자 증 기 조 감

◉ 如膏(膏:기름질 고) 기름지게 하다 ◉ 惡其泥濘(惡:미워할 오,
泥:진흙 니, 濘:진흙 녕) 그 진흙탕을 미워하다 ◉ 揚輝(揚:드날릴
양, 輝:빛날 휘) 아주 밝게 빛나다 ◉ 照鑑(照:비칠 조, 鑑:비칠

감) 환하게 비치다

◈ 땅을 기름지게 하다 make the soil fertile(如膏) ◈ 진흙탕 the slippery and muddy earth(泥濘) ◈ 가을달은 높이 빛나다 autumn moon shines brightly above(秋月揚揮).

영문 The spring rains make the soil fertile, but the person walking on the road dislikes the slippery and muddy earth. And the autumn moon shines brightly above, but the thief in the night dislikes its bright beams.

실 조 때의 영의정 노수신은 성품이 온후해 많은 사람들의 존경을 받았다. 그런 그도 간신들의 모함을 받아 귀양살이를 겪어야 했다. 유배지의 수령이었던 홍인록은 조정 간신들의 사주를 받아 사사건건 트집을 잡았다. 문밖 출입은 물론이요 중죄인이라 하여 쌀밥을 못 먹게 했으며 달 밝은 밤에 퉁소 소리 듣는 것조차 막았다.

얼마 후 노수신은 누명이 풀려 복직을 했다. 때마침 홍인록이 죄를 지어 파직될 처지에 놓였지만 노수신은 그를 변호하고 승진까지 시켜 주었다.

이기심으로부터 자유로울 수 있는 사람은 그리 흔치 않다.

譯 《경행록》에 이르기를, 대장부(군자)는 착함을 보는 데 밝으므로 명분과 절의를 태산보다 더 무겁게 여기고, 마음씀이 밝고 깨끗하므로 삶과 죽음을 기러기 털보다 더 가볍게 여긴다.

景行錄에 云, 大丈夫는 見善明故로 重名節於泰山하고
경 행 록   운   대 장 부   견 선 명 고   중 명 절 어 태 산

用心精故로 輕死生於鴻毛니라.
용 심 정 고   경 사 생 어 홍 모

◉◉◉◉

◉ 見善明 착함을 보는 데 밝다 ◉ 故 때문에 ◉ 重名節 명분과 절의를 무겁게 여기다 ◉ 於泰山(於:어조사 어, 泰:클 태) 태산보다 더 ~하다 ◉ 用心精 (精:깨끗할 정, 밝을 정) 마음씀이 밝고 깨끗하다 ◉ 輕死生(輕:가벼울 경) 삶과 죽음을 가볍게 여기다 ◉ 輕~於鴻毛(鴻:기러기 홍, 毛:털 모) 기러기 털보다 ~을 더 가볍게 여기다

◈ 대장부(군자) a heroic and just man(大丈夫) ◈ ~하는데 밝다 bright in ~ing(明) ◈ 명분과 절의 moral duty and honour and faith (名節) ◈ ~을 ~하게 여기다 regard ~ to ◈ 기러기 털보다 더 가볍다 it to be lighter than a feather of a wild goose(經於鴻毛)

영문 A heroic and just man is so bright in viewing goodness that he regards moral duty, honour and faith to be heavier than the huge mountains and he is also so clear and clean in using his heart that he regards life and death to be lighter than a feather of a wild goose.

조 때의 선비 최영경의 삶도 소개할 만하다. 최영경은 학식과 인품이 뛰어난 사람이었지만 벼슬을 탐하지 않기로 유명했다. 그 성품에 따라 의로운 일이 아니면 요지부동이었다. 가세가 곤궁하여 며칠씩 굶고 남의 옷을 빌려 입었어도 결코 부끄러워하지 않았다. 조정 대신들의 끈질긴 권유로 정오품의 자리에까지 올랐지만 자진해서 물러나고 말았다. 이렇게 고결한 성품이라 시기하는 자들이 많아 정여립 모반사건으로 누명을 쓴 채 옥사하고 말았다. 이때가 그의 나이 예순 둘이었다.

최영경의 삶은 참된 선비의 모범을 보여 준다. 세상이 혼탁할수록 이런 분들의 삶은 더욱 빛나게 마련이다.

남의 흉한 일을 보면 민망스럽게 여기고 남의 좋은 일을 보면 즐거워하고 남의 위급함을 보면 그것을 건져 주고 남의 위험을 보면 그것을 구해주라.

悶人之凶하고 樂人之善하며 濟人之急하고 救人之危니라.
민 인 지 흉   낙 인 지 선   제 인 지 급   구 인 지 위

◉ 悶(悶:민망할 민) 민망히 여기다 ◉ 人之凶(凶: 악할 흉) 남의 흉 ◉ 樂 즐거워하다 ◉ 人之善 남의 좋은 일 ◉ 濟(濟: 구할 제) 구해주다, 건져주다 ◉ 救人之危(救:구원할 구, 危:위태로울 위) 남의 위급함

◈ 민망스럽게 여기다 feel embarrassed ◈ 건져주다 help ◈ 구해주다 save

When seeing other's evil, feel embarrassed. When seeing other's good deed, be pleased ; when seeing other's crises, help them and when seeing other's dangers, save them.

날에 새끼를 잃고 슬픔에 빠진 암사슴이 있었다. 숲속에서 길 잃은 늑대 새끼를 보자 젖을 먹였다. 때마침 지나가던 스님이 이 광경을 보고 크게 놀라며 충고했다.

「아니, 저렇게 어리석을 수가 있나! 넌 지금 누구에게 젖을 먹이고 있느냐? 그렇게 한다고 해서 늑대들이 고마워할 줄 아느냐? 그러기는커녕 나중에 자라 널 해칠 것이다!」

그러나 암사슴은 이렇게 대꾸했다.

「그럴지도 모르지요. 하지만 그런 일은 생각하고 싶지 않습니다. 지금 저는 엄마로서의 일을 하고 있을 뿐입니다.」

선행이란 대단한 일이 아니다. 눈앞에 쓰러진 이가 있으면 일으켜 주고 배고픈 이가 있으면 조금이라도 나누는 것이다. 남의 어려움을 내 것처럼 느끼는 데서 선과 덕은 비롯된다.

譯 눈으로 직접 본 것도 정말 모두 사실일까 하고 두려워하는데 뒤에서 하는 말을 어떻게 깊이 믿을 수 있겠는가?

經目之事도 恐未皆眞이어늘 背後之言을 豈足深信이리오.
경 목 지 사   공 미 개 진   배 후 지 언   기 족 심 신

● 經目(經: 지날 경) 눈을 거쳐 지나간 것, 직접 본 것 ● 恐(두려울 공)~ ~이 아닐까 하고 두려워하다 ● 背後之言(背:등 배) 뒤에서 하는 말 ● 豈足深信(豈:어찌 기) 어떻게 족히 깊이 믿을 수 있는가?

◈ 뒤에서 하는 말 what is being said behind one's back ◈ 깊이 믿다 deeply believe(深信)

영문 Even though you yourself see something with your own eyes, you are still afraid if it is truly real, and how are you able to deeply believe what is being said behind your back?

조충 국 위나라의 신하 방충이 태자와 함께 조나라에 인질로 가게 되었다. 떠나기 전 그는 혜왕을 만나 「지금 어떤 자가 시장에 호랑이가 나타났다고 말하면 믿으시겠습니까?」라고 물었다. 혜왕은 「믿지 않는다.」고 답했다. 다시 한번 방충이 같은 질문을 했다. 혜왕은 「아마 반신반의할 것이오.」라고 말했다. 마지막으로 방충이 또 한번 같은 질문을 하자 혜왕은 「그

러면 믿겠지요」라고 대답했다. 그러자 방총은 이렇게 말했다.

「시장에 호랑이가 나타날 리 없습니다. 그래도 세 사람이 똑같은 말을 하면 없던 호랑이도 생깁니다. 제가 머나먼 조나라에 가 있는 동안 저를 모함하는 자가 세 사람은 더 될 것입니다. 부디 잘 살피시길 바랍니다.」

혜왕은 눈으로 본 것만 믿겠다고 굳게 약속했다. 그러나 방총이 떠나자 그를 모함하는 자가 하나 둘 나타났고 끝내 그는 혜왕의 의심 때문에 돌아올 수 없었다.

근거없는 소문이 눈앞의 칼보다 무서운 법이다.

譯 자기 집의 두레박줄이 짧은 것은 탓하지 않고 다만 남의 집 우물이 깊은 것만 탓한다.

不恨自家汲繩短하고 只恨他家苦井深이라.
불 한 자 가 급 승 단   지 한 타 가 고 정 심

◉ 不恨(恨:뉘우칠 한, 한탄할 한) 탓하지 않다, 한탄하지 않다
◉ 汲繩(汲: 물기를 급, 繩: 줄 승·이을 승) 두레박 줄 ◉ 苦井深(苦:괴로울 고, 井:우물 정, 深:깊을 심) 우물 깊은 것을 고통으로 여기다

◈ 탓한다 accuse~(恨) ◈ 두레발 줄(the rope of one's well-bucket) (汲繩)

영문 Do not accuse that other's well is deep, when actually the fault is merely that the rope of your well-bucket used at home is too short.

명한 구절이고 자주 쓰이는 말이니 기억해 둘 만하다. 우리 속담에 남의 흉이 하나면 제 흉이 열이라고 했다. 아무리 남의 눈에 있는 티끌이 커 보여도 제 눈에 든 들보부터 빼고 볼 일이다.

뇌물을 받고 부정을 저지르는 사람이 세상에 넘쳐흐르건만 박복한 사람만이 죄로 붙잡힌다.

臟濫이 滿天下하되 罪拘薄福人이니라.
장 남   만 천 하   죄 구 박 복 인

◉ 臟濫(臟:뇌물받을 장, 濫:함부로할 람) 뇌물을 받고 부정을 저지르다, 뇌물을 받기 위해 자기의 권력이나 신분을 함부로 남용한다는 의미에서 쓰이는 말 ◉ 罪拘(拘:잡을 구) 죄로 잡히다 ◉ 薄福人(薄:얇을 박, 福:복 복) 박복한 사람

◈ 뇌물을 받다 receive bribe(臟) ◈ 부정을 저지르다 commit injustice(濫) ◈ 박복한 사람 a person whose destiny is pitiful ◈ 죄로 붙잡힌다 be bound to law(罪垢薄福人)

영문 The people receiving bribes and committing injustices are flooding this world but why are only those people whose destinies are pitiful are bound to the law?

도소를 탈옥하여 주택가 한가운데서 활극을 벌이다가 <유전무죄 무전유죄(有錢無罪 無錢有罪)>란 말을 남기고 잡힌 어느 범인이 생각난다. 세상이 그리 공평치만은 않은 것 같다. 다같은 죄를 범하고도 무사한 사람이 있는가 하면 대가

를 치르는 사람이 있으니 말이다. 그렇다고 해서 운을 기대
하고 죄악을 저질러야 할까?

詳 하늘이 만약 정도를 벗어나면 바람이 불지 않아도 비가 오고, 사람
이 만약 상도(常道)를 벗어나면 병들지 않아도 죽게 된다.

天若改常이면 **不風卽雨**요 **人若改常**이면 **不病卽死**이리라.
천 약 개 상　　　　불 풍 즉 우　　　　인 약 개 상　　　　불 병 즉 사

● 改常(改:고칠 개, 常:항상 상) 상도를 어기다, 정도를 벗어나
다 ● 不~卽(곧 즉)~ ~가 아니라도 ~이다(되다)

◈ 정도를 벗어나다 stray from the right path(改常) ◈ 상서롭지 못한
일이 일어나다 something inauspicious happens ◈ 상도를 걷다
tread the path of virtue

영문 If heaven strays from the right path, something
inauspicious will happen to the world, and even if a person
does not tread the path of virtue, he will be striken illness to
death.

람들에게 정도(正道)에서 벗어난 행동을 하지 말 것을 강
조한 구절이다. 우리는 흔히 편리하다고 해서, 또는 빠르다
고 해서 정해진 규정과 절차를 무시한 채 목적을 이루려고
한다. 그러나 정해진 길을 무시하면 당장의 효과는 좋을지
몰라도 언젠가는 탈이 나게 되어 있다. 그렇게되면 애초의
순수한 목적까지도 의미가 희석되고 만다. 주의할 일이다.

譯 ≪장원시≫에 이르기를, 나라가 바르면 하늘의 뜻도 순하고 관리가 깨끗하면 백성이 저절로 편안해진다. 아내가 현명하면 남편의 화가 적고 자식이 효성스러우면 아버지의 마음이 너그러워진다.

壯元詩에 云, 國正天心順이요 官淸民自安이라. 妻賢夫
장 원 시　운　국 정 천 심 순　　관 청 민 자 안　　처 현 부
禍少요 子孝父心寬이니라.
화 소　자 효 부 심 관

◉ 國正(正:바를 정) 나라가 바르다 ◉ 天心順(順:순할 순) 하늘의 마음이 순하다 ◉ 官淸(官:벼슬 관) 관리가 깨끗하다 ◉ 民自安 백성이 저절로 편안해지다 ◉ 妻賢夫禍少(賢:어질 현, 禍:재앙화) 아내가 현명하면 남편의 화가 적다 ◉ 子孝父心寬(寬: 너그러울 관) 자식이 효성스러우면 아버지의 마음이 관대해진다

◈ 순하다 benevolent(順) ◈ 백성이 저절로 편하다 the ordinary people are of themselves at peace(民自安) ◈ 남편의 화가 적다 one's husband's misfortune is minimum(夫禍小)

영문 When the nation is right, heaven is benevolent and when the bureaucrats are clean, the ordinary people are of themselves at peace. When a wife is wise, her husband's misfortune is minimum and when a son is filial pious to his parents, his father's heart is merciful.

해 사람의 올바름으로 다른 여러 사람이 덕을 입는다면 그보다 즐거운 일이 어디 있겠는가. 세상은 공직자의 청렴함과 아내들의 어진 마음, 자녀들의 효성 등 작은 올바름이 쌓여서 아름답게 만들어지는 것이다.

공자가 말하기를, 나무는 먹줄을 따르면 곧아지고 사람은 다른 사람의 충고를 들으면 마음이 성스러워진다.

子曰, 木從繩則直하고 人受諫則聖이니라.
자 왈   목 종 승 칙 직   인 수 간 칙 성

◉ 從繩(繩: 먹줄 승) 먹줄을 따르다 ◉ 受諫(諫: 간할 간) 다른 사람의 충고들 듣다

◈ 먹줄 a carpenter's Chinese inkline(從繩) ◈ 커서 ~가 되다 grow to become~

When a tree grows straight following a carpenter's Chinese inkline, it grows to become strong and upright and when a person listens to the good advice of others, his heart becomes noble.

날 연산군 때 최부와 송흠이라는 선비가 있었다. 벼슬은 최부가 높았지만 홍문관에서 함께 일하고 있었고 고향도 가까운 처지라 가깝게 지내는 터였다. 함께 고향으로 휴가를 간 뒤 송흠이 몇 리 떨어진 최부의 집을 찾아왔다. 점심 겸 상을 물린 뒤 최부가 느닷없이 무슨 말을 타고 왔느냐고 물었다. 송흠은 역마를 타고 왔다고 말했다. 그러자 최부는 집에 올 때까지만 탈 수 있는 역마를 어찌 사사로운 일에 이용하느냐고 물었다. 생각지도 못한 힐책에 송흠은 몹시 부끄러워 돌아갈 때는 역마를 끌고 걸어갔다.

휴가가 끝나고 얼마 뒤 홍문관을 떠나게 된 송흠은 최부

에게 정중히 사과했다. 최부는 「자네는 나이가 젊네. 후에는 더욱 조심해야 할 것일세」라며 타일렀다.

　좋은 약은 입에 쓰다고 했다. 그것을 잘 알면서도 충고를 하고, 또 달게 받아들인 옛 선비들의 모습을 배워야 한다.

한 줄기 푸른 산은 경치가 그윽하고, 옛사람이 가꾸던 땅을 후세 사람이 차지했구나. 후세 사람들이여, 그 땅을 차지했다고 해서 기뻐하지 마라. 그 땅을 다시 차지할 사람이 바로 그대 뒤에 있느니라.

一派靑山景色幽러니 前人田土後人收라. 後人收得莫歡
일 파 청 산 경 색 유　　전 인 전 토 후 인 수　　후 인 수 득 막 환

喜하라. 更有收入在後頭니라.
희　　갱 유 수 입 재 후 두

◉ 一派(派:물가닥 파) 한 줄기　◉ 景色(景:경치 경, 色:빛 색) 경치　◉ 幽(깊을 유) 깊을 유　◉ 前人田土 옛사람이 가꾸던 땅　◉ 後人收 후세 사람이 차지하다, 收(收: 걷을 수)는 거두어들이다 보다는 차지하다로 옮기는 것이 적절하다.　◉ 收得 차지하다, 得이 첨부되어 의미를 더 명확히 하였다.

◈ 한줄기 푸른 산의 경치 The beauty of a lush and green mountain side(一派靑山更色)　◈ 그윽하다 calm and still(幽)　◈ 가꾸다 cultivate　◈ 기뻐하다 be gleeful

영문 The beauty of a lush and green mountain side is calm and still. The land that the older pioneer generations cultivated have come to be occupied by their descendants.

　The descendants that now cultivate that land ought not to

be gleeful, for that land will soon again be taken by the people of the generations that follow.

<지공개념>이란 말이 있다. 땅이든 재물이든 이 사회 속에서 그것을 얻었다면 그것은 어느 한 사람이 소유하고 있을지라도 반드시 그 사람만의 것은 아니다. 로빈슨 크루소처럼 자기 혼자 만들어 낸 것이 아니기 때문이다. 이 뜻을 잘 알면 독점된 부를 왜 사회에 환원해야 하는지 쉽게 이해할 수 있을 것이다.

譯 소동파가 이르기를, 아무 까닭 없이 천금을 얻는 것은 큰 복이 있어서가 아니니 반드시 큰 재앙이 있을 것이다.

蘇東坡 云, 無故而得千金은 不有大福이니 必有大禍일지
소 동 파 운 무 고 이 득 천 금   불 유 대 복   필 유 대 화
니라.

◉ 無故(故:까닭 고) 아무 까닭 없이 ◉ 有大福 큰 복이 있다

◈ 아무 까닭 없이 for no apparent reason ◈ 반드시 큰 재앙이 있을 것이다 a great deal of misfortune is bound to follow(必有大禍)

英文 If a great deal of money is acquired for no apparent reason, that is not because of large amount of good fortune. On the contrary a great deal of misfortune is bound to follow.

例 날 어느 고을에 새 수령이 부임해 왔다. 어느 날 수령은 이속들을 모두 불러 며칠 후면 내 생일이나 뇌물 따위는

가져오지 말라고 했다. 이속들은 묻지도 않은 생일을 먼저 밝힌 속셈을 비웃으면서도 생일날이 되자 제각기 값진 뇌물을 마련해 바쳤다. 수령은 역정을 내는 체하면서 할 수 없다는 시늉을 하며 뇌물을 챙겼다. 얼마 지나지 않아 수령은 또 이속들을 불러 부인의 생일이 아무날임을 밝혔다. 이속들은 울며 겨자 먹기로 다시 뇌물을 바쳤다. 그로부터 몇 달이 지나자 이번에는 손자놈 첫돌이 다가왔다. 이제는 이속들도 백성들을 족칠 수밖에 없었다. 그러자 참다못한 백성들이 마침내 동헌을 부수고 수령을 잡아죽였다.

불의로 쌓은 부는 사상누각일 뿐이다. 어디까지나 정도(正道)를 걸어야 할 것이다.

譯 강절 소선생이 말하기를, 어떤 사람이 찾아와서 점을 묻기를 「어떤 것이 화(禍)가 되고 어떤 것이 복(福)이 됩니까?」라고 했다. 「내가 다른 사람을 해롭게 하면 화가 되고 다른 사람이 나를 해롭게 하면 그것이 복이 된다」고 했다.

康節邵先生이 曰, 有人이 來問卜하되 如何是禍福고. 我
강 절 소 선 생   왈   유 인   내 문 복   여 하 시 화 복   아
虧人是禍요 人虧我是福이니라.
휴 인 시 화   인 휴 아 시 복

● 有人 어떤 사람 ● 來問卜 (卜:점 복) 찾아와서 점을 묻다 ●
我虧 (虧: 이지러질 휴) 내가 남을 해롭게 하다

◈ ~에게 화가 되다 bring harm to~

영문 A person came to my door and said asking me to have

his fortune told, "What will become misfortune and what good fortune?" I said, "If you bring harm to others, that will be your misfortune and if others bring harm to you, that will be your good fortune."

옛날 어느 섬마을에 마음씨 착한 부부가 살고 있었다. 남편이 사람들과 고기잡이를 나간 어느 날 폭풍이 갑자기 몰아쳤다. 온 마을의 아낙들이 모여 용왕님께 빌었지만 밤이 되도록 배는 나타나지 않았다. 그 와중에 한 집에서는 불이 났다. 하지만 남자들이 없어 끄지를 못하자 불길은 더욱 커져 삽시간에 집 한 채를 몽땅 태우고 말았다. 아침이 되자 그렇게도 기다리던 배들이 모두 돌아왔다. 무사히 돌아온 남자들을 맞으며 모두가 기쁨을 나누었다. 그러나 부인은 간밤에 타버린 집이 자기 집임을 알고는 남편의 얼굴조차 똑바로 보질 못했다. 남편은 부인의 눈물을 닦아주며 이렇게 말했다.

「칠흑 같은 어둠 속에서 우리를 인도해 준 건 바로 그 불빛이었다오.」

당장의 불행은 커다란 고통이다. 그러나 정성을 다하는 마음으로 꿋꿋이 살다보면 그것이 곧 복의 씨앗이었음을 깨닫게 된다.

큰 집이 천 칸이라도 밤에 잘 때는 여덟 자면 족하고, 좋은 밭이 만 이랑이라도 하루에 두 되만 먹으면 족하다.

大廈千間이라도 夜臥八尺이요 良田萬頃이라도 日食二升이니라.
대 하 천 간   야 와 팔 척   양 전 만 경   일 식 이 승

●●●●

◉ 大廈(廈: 큰집 하) 큰 집 ◉ 夜臥八尺(臥:누울 와, 쉴 와) 밤에
누울 때는 여덟 자면 족하다 ◉ 良田萬頃(頃:백이랑 경) 좋은 밭이
만 이랑이다 ◉ 日食二升(升: 되 승) 하루에 두 되밖에 못 먹는다

◈ 밤에 잘 때는 여덟 자면 족하다 one needs only eight foot space
to sleep in at night (夜臥八尺) ◈ 하루 두 되만 먹으면 족하다 two
toe of rice a day is enough.

영문 Though a house is quite a large one, one needs only eight
foot space to sleep in at night and though one has high
quality of rice land of ten-thousand irrigation ridges, eating
but two toe of rice a day is enough.

선비들 중에는 청렴결백으로 이름을 남긴 사람이 많다. 조
선 중종 때 참판을 지낸 김정국도 그런 선비 가운데 한
사람이다. 그는 어려서 부모를 여의고 이모부 손에 자랐으나
불우한 처지를 이겨내고 학문에 정진해 스물 넷에 과거에
급제했다. 불과 30대에 황해도 관찰사까지 지냈지만 기묘사
화에 연루돼 관직에서 물러났다. 50대가 되어 다시 관직에
오르고서도 그가 가진 것이라고는 집 두어 칸과 전답 두어
이랑, 겨울 솜옷과 여름 베옷 두 벌씩이 전부였다. 그런 처지
에서도 그는 스스로를 팔여거사(八餘居士)라 칭하며 주변 사
람에게 이렇게 말하곤 했다.

「넓고도 남는 땅과 입을 옷, 밥그릇 밑바닥에 남는 밥이
있다. 게다가 시렁에 들어찬 책, 즐거움을 함께 할 거문고,
비스듬히 누워 햇볕을 쬘 쪽마루, 차 달일 화로, 늙어 의지할
지팡이와 경치 구경 다니기 좋은 나귀 한 마리가 있으니 무
엇을 더 바랄 것인가?」

한 가지만 주어도 남는 삶이 있는가 하면 다 가져도 부족
한 삶이 있다.

譯 남의 집에 오래 머물면 남이 천하게 여기고, 자주 오면 친하던 사이도 멀어진다. 오직 사흘이나 닷새 사이인데도 서로 보는 눈이 처음과 같지 않음을 알 수 있다.

久住令人賤이요 頻來親也疎라. 但看三五日에 相見不如
구 주 영 인 천　　　빈 내 친 야 소　　　단 간 삼 오 일　　　상 견 불 여

初라.
초

◉ 久住(久:오랠 구, 기다릴 구) 오래 머물다 令(하여금 영) ~로 하여금 ~하게 하다 ◉ 人賤 사람들이 자기를 천하게 여기다 ◉ 頻來(頻: 자주할 빈) 자주 오다 ◉ 親也疎(疎:멀 소) 친한 사이도 멀어진다 ◉ 但看三五日 단지 사흘이나 닷새 사이 ◉ 相見不如初(初:처음 초) 서로 보는 눈이 처음과 다르다

◈ 남의 집에 오래 머물다 overstay one's welcome at other's home ◈ 당신을 남이 천하게 여기다 you lose respect(人賤) ◈ 사이가 멀어진 ~'s relationship will grow apart(親也疎)

영문 If you overstay your welcome at other's home, you will lose respect and if you visit too often, though friends, their relationship will grow apart. Though staying only for three-to-five days, it is not as if seeing each other on the first day.

例 날에 한 영감이 사돈댁에 놀러갔다. 딸과 사돈 내외는 반갑게 맞으며 푸짐한 대접을 했다. 머무는 날짜가 하루이틀 길어지자 처음의 환대는 차차 박대로 바뀌었다. 그래도 영감은

때마침 몰려온 장마를 핑계로 계속 눌러앉았고 사돈댁 살림
이 거덜이 날 지경이었다. 소낙비가 수그러들자 사돈영감이 「
떠나시기 좋으라고 가랑비가 내리는데요」라고 했다. 그러자
영감은 「사돈댁에 더 있으라고 이슬비가 내리는데요」라며 능
치고 들었다. 화가 난 사돈영감이 「분명히 이슬비가 아니라
가랑비가 내리잖습니까?」라고 으름장을 놓았다. 그래도 영감
은 「보세요, 어찌 저게 가랑빕니까!」라며 억지를 부렸다.

  결국 두 사돈집은 영영 멀어지고 말았다. 귀한 손님은 오
래 머물지 않는 법이다.

譯 목마를 때 한 방울의 물은 단 이슬과 같지만 술 취한 후에 잔을
더함은 없는 것보다 못하다.

渴時一滴은 如甘露요 醉後添盃는 不如無니라.
갈 시 일 적   여 감 로   취 후 첨 배   불 여 무

  ◉ 渴時(목마를 갈) 목마를 때 ◉ 一滴(滴: 물방울 적) 한 방울의
물 ◉ 甘露(甘:달 감, 露:이슬 로) 단 이슬 ◉ 添盃(盃: 잔 배) 잔
을 더하다

  ◈ 단이슬 a sweet dew ◈ 목이 마르다 one's throat is dry ◈ 술 취
한 후에 after being drunk

영문 One drop of water is sweet like a sweet dew when your
throat is dry, but to take another drink after being drunk is
worse than drinking nothing.

譯 술이 사람을 취하게 하는 것이 아니라 사람이 스스로 취하며, 색(色)이 사람을 유혹하는 것이 아니라 사람이 스스로 유혹하는 것이다.

酒不醉人人自醉요 色不迷人人自迷니라.
주 불 취 인 인 자 취   색 불 미 인 인 자 미

◉ 醉人(醉:술취할 취) 사람을 취하게 한다 ◉ 人自醉 사람이 스스로 취하다 ◉ 迷人(迷: 미혹할 미) 사람을 유혹하다, 사람을 미혹시키다

◈ 사람을 취하게 하는 것은 술이 아니다 it~that 강조용법 인용 It is not liquor that makes a person drunk(酒不醉人) ◈ 사람이 스스로 취하다 a person makes himself drunk(人自醉) ◈ 미혹하다 tempt

영문 It is not liquor that makes a person drunk. It is a person that makes himself drunk. It is not sex that tempts a person. It is a person that tempts himself.

양의 어떤 문필가가 한 말이다.
「술은 평화와 질서의 적이요, 부인의 공포요, 귀여운 어린이의 얼굴을 흐리는 구름이요, 언제나 무덤을 파는 것이요, 어머니의 머리털을 희게 하는 것이요, 슬픈 죽음을 부르는 것이다. 아내의 사랑을 잃게 하고 어린이에게서 웃음을 빼앗는다. 가정에서 음악을 없애 버리고 가정을 슬프게 만드는 것, 이것이 술이다.」

술은 우리 생활에서 빼놓을 수 없는 요소다. 다만 지나친 것이 문제. 술을 마시되 절제하고 흐트러짐이 없다면 생활의 활력소로 삼을 수 있다.

譯 공(公)을 위하는 마음을 사(私)를 위하는 마음과 비교한다면 어떤 일에서 옳고 그름을 구별하지 못하겠는가? 도(道)를 지키려는 마음을 남녀간의 정과 비교할 수 있었다면 이미 오래 전에 부처도 되었을 것이다.

公心을 若比私心이면 何事不辨이며 道念을 若比情念이면
공 심   약 비 사 심   하 사 불 변   도 염   약 비 정 염

成佛多時니라.
성 불 다 시

◉ 公心(公:마을 공) 공(公)을 위하는 마음 ◉ 比(견줄 비)~와 ~을 비교하다 ◉ 何事 어떤 일인들 ◉ 不辨(辨:분별할 변) 가려내지 못하다 ◉ 道念 도를 지키려는 마음 ◉ 情念(情:뜻 정) 남녀간의 정 ◉ 成佛(佛:부처 불) 부처가 되다 ◉ 多時 오래 되었다, 오래 전에

◈ 공을 위하는 마음과 사를 위하는 마음 과 구별하다. compare one's private mind with one's public one ◈ 남녀간의 정(情念) passion between a man and a woman ◈ 부처가 된 것 같다 it is as if you had been already made sacred like Buddha

영문 If you are able to compare your private mind with your public one, no matter what case you may encounter, you can manage it correctly distinguished from faults and if your heart to stay on the right path burns like the passion between a man and a woman, it is as if you had been already made sacred like Buddha long before.

날에 청백리로 이름난 선비가 있었다. 말단 관리였지만 어려운 살림에도 청렴한 마음을 잃지 않고 매사를 사심 없

이 처리하는 사람이었다. 그가 하루는 조정의 다른 부서에서
일을 보는 동생네에 들르게 되었다. 마당에 못 보던 항아리
들이 가득 있어 동생에게 웬 거냐고 물었다. 동생은 궁한 살
림에 보태려고 염색일을 시작했다고 말했다.

「우리 형제가 다 같이 나라의 녹(祿)을 먹고 있어 굶지는
않는데 집에서 이런 일까지 한다면 백성들은 장차 무엇을
먹고산단 말이냐? 도대체 관리된 자의 도리를 어찌 알길래!」

형의 불호령에 동생은 얼굴을 들지 못한 채 항아리들을
엎어 버렸다.

예나 지금이나 관리들이 사리사욕에 눈이 멀면 백성의 삶
은 도탄에 빠지고 만다. 모든 공직자가 공사(公事)를 자기 일
처럼 생각한다면 나라의 모든 문제는 자연스레 풀려 나갈
것이다.

염계 선생이 말하기를, 약은 사람은 말을 잘하고 서툰(겸허한) 사
람은 말이 없으며, 약은 사람은 수고롭고 서툰 사람은 편안하다.
약은 사람은 남에게 폐를 끼치고 서툰 사람은 덕성스러우며, 약은
사람은 흉하고 서툰 사람은 길하다. 아, 세상이 겸허해지면 형벌과
정치가 빈틈없이 잘 이루어져서 위는 편안하고 아래는 잘 따라서
풍속이 맑아지고 폐습이 사라질 것이다.

廉溪先生이 曰, 巧者言하고 拙者墨하며 巧者勞하고 拙者逸
염계선생 왈 교자언 졸자묵 교자노 졸자일

하며 巧者賊하고 拙者德하며 巧者凶하고 拙者吉하나니 嗚呼라
교자적 졸자덕 교자흉 졸자길 오호

天下拙이면 刑政이 撤하여 上安下順하며 風淸弊絶이니라.
천하졸 형정 철 상안하순 풍청폐절

巧者言(巧:교묘할 교) 교묘한(약은) 사람은 말을 잘한다 ◉ 拙者墨(拙:못생길 졸) 서툰 사람은 말이 없다, 巧者와 拙者는 상대적인 개념 ◉ 墨(墨:먹 묵) 말이 없다 ◉ 勞(수고할 로) 수고롭다 ◉ 逸(逸:편안할 일) 한가하다, 편안하다 ◉ 賊(도적 적, 해칠 적) 남에게 해를 끼치다 ◉ 嗚呼 아! ◉ 天下拙(拙:졸할 졸) 세상이 겸손하다 ◉ 形政撤(撤:뽑을 철) 형벌과 정치가 철저히 이루어지다 ◉ 弊絶(弊:폐단 폐, 絶:끊어질 절) 나쁜 폐습이 없어지다

◈ 약은 shrewed ◈ 서툰(겸허한) unrefined-modest ◈ 수고롭다 toilsome(勞) ◈ 덕성스럽다 virtuous ◈ 허물없이 잘 이루어지다 go well without fault ◈ 위는 편안하고 아래는 순종하다 the leaders would be at peace, the followers(one) obedient(上安下順)

영문 A shrewed person is talkative and an unrefined-modest person is silent. A shrewd person is toilsome and an awkward-modest person is at peace. A shrewd person passes trouble on to others and an unrefined-simple person is virtuous. A shrewd person is unlucky and an unrefined-modest person is fortunate. Oh! lf all the world were that modesty, punishment and politics would go well without fault, and the leaders would be at peace, the followers obedient, customs clear and bad habits would go away.

譯 《역경》에 이르기를, 덕(德)은 적은데 지위가 높고 지혜는 없는데 계획하는 바가 큰 사람치고 화를 당하지 않는 사람은 드물다.

易에 曰, 德微而位尊하고 智小而謀大면 無禍者鮮矣니라.
역　왈　덕 미 이 위 존　　지 소 이 모 대　　무 화 자 선 의

◉◉◉◉

◉ 德微而位尊(微: 작을 미, 尊:높을 존) 덕은 적은데 지위가 높다 ◉ 智小而謀大(謀:꾀할 모) 지혜는 적은데 계획하는 바가 크다 ◉ 無禍者鮮(鮮: 적을 선) 화(禍)가 없는 사람은 드물다

◈ 덕은 적은데 지위가 높은 사람 a person whose position is high with low morality(德微而位尊) ◈ 지혜는 적은 데 계획하는 바가 큰 사람 a person whose plan is to do a great thing with no wisdom(智小而謀大)

영문 A person whose position is high with low morality ; a person whose plan is to do a great thing with no wisdom - it is rare for such a person not to experience misfortune.

《**장자**》에 나오는 이야기가 있다.

공자의 제자 자공(子貢)이 여행을 하던 중 한 노인이 힘겹게 채마밭에 물을 대고 있는 모습을 보게 되었다. 자공은 노인에게 두레박을 사용하면 힘을 적게 들이고도 훨씬 일이 빨리 끝날 것이라고 말했다. 그러자 노인은 웃으면서 이렇게 대답했다.

「교묘한 기구를 가진 사람은 반드시 꾀하는 일이 있게 되고, 꾀하는 일이 있으면 꾀하려는 마음이 생깁니다. 꾀하려는 마음이 자리잡게 되면 순수한 마음이 갖춰지지 않아 신령한 본성이 안정되지 않으므로 도(道)를 지닐 수 없을 것입니다.」

예로부터 동양 사람들은 지식과 기술보다는 심성의 덕스러움을 더 높이 평가했다. 작은 꾀와 기교를 얻느니보다 맑은 마음을 지키는 데 더 관심을 가져야 할 것이다.

譯 《설원》에 말하기를, 관리는 벼슬이 높아짐에 따라 게을러지고, 질병은 조금밖에 나아지지 못하는 데서 더해지고, 재앙은 게으름에서 생기고, 효성은 처자가 있으므로 해서 흐려진다. 이 네 가지를 살펴서 삼가하여 시작하는 것과 끝나는 것이 같도록 하라.

說苑에 曰, 官怠於宦成하고 病加於小愈하며 禍生於懈怠
설 원 왈 관 태 어 환 성 병 가 어 소 유 화 생 어 해 태

하고 孝衰於妻子니 察此四者하여 愼終如始니라.
효 쇠 어 처 자 찰 차 사 자 신 종 여 시

◉ 官怠(怠:게으를 태) 관이 게을러지다 ◉ 於宦成(於:어조사 어 (~에 따라, 宦:벼슬 환) 벼슬이 높아지는 데에, 벼슬이 높아짐에 따라 ◉ 病加 질병이 더해 가다 ◉ 於小愈(愈: 나을 유) 충분히 나아지지 못함에 따라 ◉ 生於~ ~에서 생기다 ◉ 孝衰於妻子 (衰:쇠할 쇠) 효는 처자가 있는 데서 흐려지다 ◉ 察此四者 이 네가지를 살피다 ◉ 愼終如始(愼:삼가할 신) 삼가기를 처음과 끝이 같게 하라

◈ 게을러지다 the extent of laziness becomes greater(怠) ◈ 더 나빠지다 go from bad to worse ◈ 병을 조금 밖에 못 고치다 treat illness just a little(病加於小愈) ◈ 효는 처자가 있으므로 해서 흐려지다 one's filial piety to parents is diminishing due to your kids and wife(孝衰於妻子)

영문 The extent of laziness of the public official becomes greater accordance as his position goes up ; illness goes from bad to worse if it is not cured completely because you treat it just a little ; misfortune comes from laziness ; your filial piety to parents is diminishing due to your kids and wife. Examine these four points mentioned above and care about them, and it will follow that the start will be similar to the end(It will make both ends meet).

옛날 중국에 낙양자라는 사람이 있었다. 그는 글공부에 전념하기 위해 깊은 산으로 들어갔다. 그러나 일년이 지나자 두고 온 아내가 보고 싶어 견딜 수가 없었다. 참다 못한 그는 책을 덮고 한달음에 고향집으로 달려갔다. 그런데 부인은 공부는 다 마쳤냐고 차갑게 물을 뿐이었다. 낙양자가 자초지종을 이야기하자 부인은 짜던 명주를 가리키며 말했다.

「누에고치에서 실을 뽑아 한 올 한 올 짜야만 명주가 됩니다. 이 명주를 처음에는 치가 되게, 다음엔 자가 되게 짠 다음 또 필이 되도록 짜야만 비로소 옷감이 됩니다. 짜던 명주가 필이 되기도 전에 끊어진다면 여러 날 동안 고생한 보람이 있겠습니까? 이처럼 당신이 갑자기 돌아오신 것도 마찬가지라고 생각합니다.」

낙양자는 한마디 대꾸도 못한 채 칠흑 같은 밤길을 헤치며 산으로 돌아갔다. 주어진 환경이나 처지와 관계없이 일관된 마음 자세를 유지하는 것이 중요하다.

그릇은 가득 차면 넘치고 사람도 가득 차면(자만하면) 잃게 된다.

器滿則溢하고 人滿則喪이니라.
기 만 칙 일   인 만 칙 상

◉ 器滿(滿:찰 만) 그릇이 가득 차다 ◉ 溢(溢:넘칠 일) 넘치다

◉ 喪(잃을 상, 죽을 상) 잃는다, 손해를 보다

◈ 그릇이 가득 차다 a bowl is filled to the brim(器滿) ◈ 넘쳐 흐르다 There is spillage due to the overflow(溢) ◈ 사람도 (자만심으로)

가득 차다 a person is filled with capacity(self-conceit)

영문 When a bowl is filled to the brim, there will be spillage due to the overflow and, likewise, when a person is filled with capacity(self-conceit) there will be something he loses.

국 춘추시대 때 오(吳)와 월(越)은 오랜 원수지간이었다. 오나라가 월나라를 정복하자 월나라 왕 구천(勾踐)은 인재들을 모아 재기할 날을 기다렸다. 이때 범여와 문종은 뛰어난 계책으로 구천을 도왔다. 마침내 오나라를 무찌르고 패권을 차지하자 구천은 교만해졌다. 그의 사람됨을 간파한 범여는 재상 자리를 버렸다. 범여는 떠나면서 문종에게 한나라의 한신(韓信)처럼 토사구팽(兎死狗烹) 당할 날이 올 거라며 구천을 떠나라고 충고했다. 그러나 문종은 이 말을 새겨듣지 않았다. 뒷날 문종은 구천이 보낸 칼로 자결해야 할 처지에 이르자 범여를 생각하며 크게 탄식했다.

「내 지난날 범여의 말을 듣지 않았다니 참으로 어리석었도다.」

그릇이 가득 차면 넘치듯이 사람도 절정의 순간이 되면 위험이 찾아온다. 그래도 사람의 욕심은 끝이 없어 쉽게 물러서지 못한다. 지혜로운 사람은 바로 그 순간 스스로 내려설 줄 아는 사람이다.

譯 한 자나 되는 구슬을 보배로 여기지 말고 한 치의 시간을 다투어서 아끼라.

尺璧非寶요 寸陰是競이니라.
척 벽 비 보   촌 음 시 경

◉◉◉◉

◉ 尺璧(璧: 구슬 벽) 한 자나 되는 구슬 非寶(非:아닐 비, 寶:보배 보, 보배로울 보) ◉ 寸陰(寸:치 촌, 짧은 촌) 짧은 시간 ◉ 是競(競:다툴 경) 이를 다투다

◈ ~을 보배로 여기다 treasure(寶) ◈ 구슬 gemstone ◈ 촌음을 소중히 여기다 value a moment of time(寸陰是競)

영문 You ought not to treasure a hundred amount of gemstones, but ought to try to value one moment of time!

영 국의 웰링턴 공작은 시간을 잘 지키기로 유명했다. 어느 날 그는 런던 다리 근처에서 고급 관리를 만나기로 약속했다. 정각에 와서 기다리던 웰링턴은 늦게 온 관리에게 5분이 늦었다며 나무랐다. 관리는 겨우 5분 늦었을 뿐이라고 변명했다.

「겨우 5분이라고? 그 5분 때문에 우리 군대가 패배를 당했다면?」

다음 약속 시간에는 그 관리가 먼저 와 기다렸다. 웰링턴 공작은 정각에 왔다. 그러자 관리는 5분 먼저 온 걸 떠벌였다. 그 모습을 보며 웰링턴 공작은 이렇게 말했다.

「자네는 시간의 가치를 정말로 모르는군. 나는 정각에 왔어. 5분을 낭비하다니, 아깝기 그지없는 일이야.」

시간이 금이라고 말하는 사람은 많다. 그러나 시간을 금처럼 아끼는 사람은 드물다.

譯 양고기 국이 비록 맛이 있다 해도 모든 사람의 입맛을 고루 맞추기는 어렵다.

羊羹이 雖美나 衆口는 難調니라.
양 갱   수 미   중 구   난 조

● 羊羹(羹:국 갱) 양고기 국 ● 衆口 여러 사람의 입 ● 難調
(調:고를 조) 고루 맞추기 힘들다

◆ 모든 사람의 입을 고루 맞추다 equally satisfy all the tastes of
everyone(衆口難調)

영문 No matter how good mutton soup may taste, it will be
difficult for it to equally satisfy all the tastes of everyone.

해설 날 강원도에 남서방이라는 중년 남자가 살고 있었다. 그는 한가한 편이어서 시간이 나면 장기도 두고 고누놀이도 했다. 하루는 노인들 장기판을 지켜보다가 자기도 한번 두자고 했다. 그러자 노인들은 머리 새까만 녀석이 노인들 축에 끼려 한다며 쫓아 버렸다. 화가 난 그는 집에 돌아와 검은머리를 몽땅 뽑아 버렸다. 이튿날은 고누놀이를 하고 싶어 갔더니 검은머리 하나 없는 노인이 젊은이 행세한다며 쫓아냈다. 그는 집에 오자 마자 흰 머리카락을 마구 뽑았다. 이렇게 그는 장기판과 고누놀이판을 번갈아 가며 날마다 머리카락을 뽑아냈다. 결국 남서방은 얼마 지나지 않아 민대머리가 되었다.

지금도 주견 없이 남의 장단에 춤추는 사람이 많이 있다. 대머리야 가발로 해결한다지만 그보다 더한 곤경은 어찌할 것인가?

譯 《익지서》에 이르기를, 깨끗한 구슬은 진흙에 던져버려도 그 빛을 더럽히지 못하고, 군자(君子)는 더렵혀진 곳에 가더라도 그 마음을 흐리게 할 수가 없다. 그런 까닭에 소나무와 잣나무는 눈과 서리를 능히 견뎌낼 수 있고, 밝은 지혜가 있는 사람은 어렵고 위급한 일을 잘 헤쳐나갈 수 있다.

益智書에 云, 白玉은 投於泥라도 不能汚濊其色하고 君子
익 지 서   운   백 옥   투 어 이   불 능 오 예 기 색   군 자

는 行於濁地라도 不能染亂其心하나니 故로 松栢은 可以耐
행 어 탁 지   불 능 염 난 기 심   고   송 백   가 이 내

雪霜이요 明智는 可以涉雖色이니라.
설 상   명 지   가 이 섭 수 색

◉ 白玉 깨끗한 구슬 ◉ 投於泥(投:던질 투, 泥:진흙 니) 진흙에 버리다 ◉ 汚濊(汚:더러울 오, 더럽힐 오, 濊:흐릴 예) 더러워지다 ◉ 行於濁地 (濁:흐릴 탁, 더러울 탁) 더러운 곳에 가다 ◉ 染亂 (染:더럽힐 염, 물들일 염, 亂:어지러울 란) 어지러워지다, 더럽히다 ◉ 栢(栢:잣나무 백, 잣 백) ◉ 可以 능히 ◉ 耐雪霜(耐:참을 내, 雪:눈 설, 霜:서리 상) 눈과 서리를 견뎌내다 ◉ 涉(지날 섭, 거칠 섭) 겪어나가다 ◉ 色(갈래갈래 색) 어렵고 위급한 일

◈ ~에 던져지다 be tossed into(投於~) ◈ 더럽혀지다 be soiled(汚濊) ◈ 그런 까닭에 due to such ◈ 소나무 pine tree ◈ 잣나무 pine-nut tree ◈ 견뎌내다 withstand(耐)

英文 Though a bright gemstone is tossed into the mud, its luster is not soiled. Though a true and clean gentleman goes to a dirtied place, his heart is not to be disgraced. Due to such reasoning, the pine tree and the pine-nut tree are able to withstand the frost an snow, and so the man of bright wisdom is able to overcome the difficulties, however big dangerous.

날에 한 선비가 과거를 보려고 길을 떠났다. 날이 저물어 어느 집에 유숙을 청했는데, 그 집은 단칸방에 처녀 혼자 뿐인 집이었다. 처녀는 물을 담은 대야에 자를 걸쳐 방 한가운데 놓고는 불을 껐다. 선비는 아무리 애를 써도 잠이 오지 않자 처녀에게 수작을 걸었다. 참다못한 처녀가 불을 켜며 「남녀가 유별하고 지척이 천리라 했는데 당장 종아리를 걷으시오」라며 불호령을 내렸다. 엉겁결에 종아리를 흠씬 맞은 선비는 따뜻한 아침밥을 얻어먹고 길을 떠났다. 다시 날이 저물어 다른 집에서 잠을 자는 데 주인여자가 집적거렸다. 선비는 일어나 지난밤 처녀가 했던 말을 하고는 주인여자의 종아리를 쳤다. 이때 웬 남자가 도끼를 버리고 들어서며 아내의 바람기를 잡아주어 고맙다고 인사를 했다. 처녀 덕분에 목숨을 구한 선비는 과거에 급제해 그 처녀와 혼인을 했다.

　지혜를 얻기란 힘들지만 그 밝은 지혜는 난관을 돌파하게 해준다.

산 속에 들어가 범을 잡기는 쉽지만, 입을 열어 사람들에게 무엇인가를 말해 주는 것은 어렵다.

入山擒虎易하고 開口告人難이라.
입 산 금 호 이　　개 구 고 인 난

◉ 入山 산에 들어가다 ◉ 擒虎(擒: 사로잡을 금, 虎:범 호) 범을 잡다 ◉ 開口告人(告:알릴 고) 입을 열어 사람들에게 알리다

◈ ～하는 것이 쉽다 it is easy to ～(易) ◈ ～하는 것이 어렵다 it is difficult to～(難)

영문 Though it is easy to go into the mountain to catch a tiger, it is difficult to open one's mouth to say something to someone.

하 루는 공자가 제자들과 함께 여행을 하다가 잠시 그늘에서 쉬고 있었다. 그 틈에 타고 온 말들이 남의 콩밭에 들어가 마구 헤집어 놓았다. 이를 본 농부가 씩씩거리며 달려와 밭 값을 물어내라며 호통을 쳤다. 제자인 자공이 나서서 용서를 구했지만 소용이 없었다. 이때 제일 나이 어린 제자가 농부에게 공손히 인사하며 이렇게 말했다.

「저 동쪽 끝에서 서쪽 끝까지 농부님의 밭은 정말로 큽니다. 그러니 제 말이 농부님의 콩밭 말고 어디 갈 곳이 있겠습니까? 콩밭을 망친 것은 제 말의 잘못이지만 넓게 보면 농부님의 밭이 너무 큰 탓도 있습니다. 그러니 그 밭만큼 넓은 아량으로 용서해 주십시오.」

농부는 그 말에 크게 웃으며 「당신은 예절이 있소이다.」라고 말하고 용서해 주었다. 제때에 꼭 필요한 말을 하기란 쉽지 않다. 말을 잘 부리려면 우선 잘 아껴야 한다.

譯 먼 곳에 있는 물은 가까운 불을 끌 수 없고, 먼 곳에 사는 친척은 가까이 지내는 이웃만 못하다.

遠水는 不救近火요 遠親은 不如近隣이니라.
원 수   불 구 근 화   원 친   불 여 근 인

● 遠水(遠:멀 원) 먼 곳에 있는 물 ● 不救(救:그칠 구) 구할 수 없다, 끌 수 없다. ● 近火 가까이 있는 불 ● 遠親 먼 데 있는 친척 ● 近隣(近:가까울 근, 隣:이웃 린) 가까이 있는 이웃

◈ 먼 곳에 있는 물 the water located far away ◈ 불을 끄다 extinguish the fire(救火) ◈ 가까운 불 the fire that is nearby(近火)

영문 The water located far away cannot extinguish the fire that is nearby and the relatives living far away can ever be less important than the neighbors living nearby.

구절은 중국 춘추시대 때의 고사에서 유래한 말이다.

당시 노(魯)나라 목공(穆公)은 아들들을 진(晉)나라와 형(荊)나라에 보내 벼슬을 살게 하고 있었다. 이웃 제나라의 위협이 잦아 허약한 노나라로서는 진나라와 형나라 같은 강국의 도움이 필요했기 때문이다. 그러나 목공의 신하 이서라는 사람이 그 생각의 안이함을 지적하며 말했다.

「지금 자식이 물에 빠졌는데 멀리 떨어진 월나라 사람을 불러 구하려 한다면, 월나라 사람이 아무리 헤엄을 잘 쳐도 아들을 구할 수 없습니다. 불이 났는데 먼 바다에서 물을 끌어다 끄려고 한다면, 바닷물이 아무리 많다 해도 역시 때는 늦습니다. 진나라와 형나라가 강국이긴 하나 멀리 있으므로 노나라의 재난을 구하지는 못할 것입니다.」

태공이 말하기를, 해와 달이 비록 밝아도 엎어놓은 동이의 밑바닥
까지는 비칠 수 없고, 칼날이 아무리 날카로워도 죄 없는 사람의
목을 벨 수는 없다. 뜻하지 않은 재앙이나 화(禍)도 행동을 신중하
게 하는 사람의 집 문안에는 들어가지 못한다.

太公이 曰, 日月이 雖明이나 不照覆盆之下이고, 刀刃이
태공 왈 일월 수명 부조복분지하 도인

雖快나 不斬無罪之人이라. 非災橫禍는 不入愼家之門이
수쾌 불참무죄지인 비재황화 불입신가지문

니라.

◉ 不照(照:비칠 조) 비치지 못하다 ◉ 覆盆之下(覆:엎을 복, 盆:
동이 분) 엎어놓은 동이의 밑바닥 ◉ 刀刃(刀:칼 도, 刃:칼날 인)
◉ 快(빠를 쾌) 예리하다 ◉ 不斬(斬:벨 참) 목을 베지 못하다 ◉
無罪之人 죄 없는 사람 ◉ 非災(非:몹쓸 비, 災:재앙 재) 나쁜 재
앙 ◉ 橫禍(橫:사나울 횡) 뜻밖에 당하는 화 ◉ 愼家(愼:삼갈 신)
행동을 삼가는 사람

◈ 동이 밑바닥 the bottom of the pot(盆之下) ◈ 엎어놓은 put
upside-down(覆) ◈ 죄 없는 사람 an innocent person(無罪之人) ◈
재앙과 화 bad calamity nor meaningless misfortune(災橫禍)

영문 Though the sun and the moon shine brightly above, their
rays cannot reach the bottom of the pot, put upside-down
and though the blade of a knife may be sharp, it is not
capable of cutting the throat of an innocent person. Neither
bad calamity nor meaningless misfortune can pass through the
door of the house of a person of prudent conduct.

날에 어느 고을 원님이 그 고을 좌수에게 복분자딸기(한약재)를 구해 오라고 했다. 복분자가 있을 리 없는 한겨울이라 좌수는 이도저도 못하고 앓아 누웠다. 사연을 알게 된 좌수의 아들은 원님에게 가「저희 아버님이 어제 사또 명을 받들어 복분자를 따러 갔다가 그만 독사에게 물렸습니다. 혹여 독을 뺄 약이 있으면 좀 주십시오」라고 말했다. 이 말을 듣고 사또는「이 추운 겨울에 독사가 어디 있다고 독사한테 물렸다는 말이냐!」고 호통을 쳤다. 그러자 좌수의 아들은「사또, 이 추운 겨울에 복분자가 어디 있다고 저희 아버님께 따오라고 하셨습니까?」라고 맞받았다. 이 말에 사또는 깊이 뉘우쳐 억지 쓰는 일이 없어졌다.

사람이 살다보면 뜻하지 않은 불행과 난관에 처하게 된다. 지혜로운 사람은 언제나 분명한 생각과 의지로 불행을 극복하게 마련이다.

태공이 말하기를, 좋은 전답이 일만 경이나 되어도 작은 재주 한 가지를 몸에 지니는 것만 못하다.

太公이 曰, 良田萬頃이 不如薄藝隨身이니라.
태공 왈 양전만경 불여박예수신

◉ 薄藝(薄:얇을 박, 藝:재주 예) 가벼운 기술, 얄팍한 재주 ◉ 隨身(隨:따를 수, 지닐 수) 몸에 지니다, 따라서 ◉ 薄藝隨身 몸에 지닌 작은 재주

◈ 비교가 안된다 cannot be compared with~ (不如)

영문 Though you possess good fields capable of growing millions of rice stalks, they cannot be compared with one small talent that you possess.

재 물이라는 것은 덧없이 돌고 돈다. 그러나 기술이란 일단 익혀 놓기만 하면 어떤 상황에 처하더라도 큰 힘이 된다. 구슬이 서 말이라도 꿰어야 보배라는 속담이 있다. 아무리 주어진 환경이 좋고 유리하더라도 그것을 이용할 지식과 기술이 없다면 아무런 소용이 없는 법이다.

譯 ≪성리서≫에 이르기를, 사물을 처리하는 요점은 내가 하기 싫은 일을 남에게 시키지 말고, 자기가 하는 일에 소득이 없으면 그 원인이 다 자기 자신에게 있나 하고 돌이켜 반성해 봐야 한다.

性理書에 云, 接物之要는 己所不欲을 勿施於人하고 行
성 리 서 운   접 물 지 요   기 소 불 욕   물 시 어 인   행
有不得이어든 反求諸己니라.
유 불 득   반 구 제 기

◉ 接物(接: 접할 접) 일을 접하다, 일을 처리하다 ◉ ~之要 ~의 요점 ◉ 己所不欲 자기가 하기 싫은 일 ◉ 施於人 남에게 시키다 ◉ 行有不得 행동은 하지만 소득이 없다 ◉ 反求諸己(諸: 모두 제) 모두 자기에게 원인이 있나 하고 돌이켜 생각해 보다

◈ 사물을 처리하다 handle affairs ◈ 남에게 일을 시키다 have others do things ◈ 소득이 없다 there is no gain ◈ 전적으로 자신의 탓이다 be completely due to oneself ◈ 그 원인을 사방으로 돌려 비쳐보다 the cause is turned around to be reflected(反求諸己)

영문 The importance in handling affairs does not lie in having others do the things that you dislike to do and when you act for yourself, if there is no gain, the cause must be turned around to be reflected upon to see if it is completely due to you yourself.

자 공이 공자에게 물었다.

「한마디 말로서 평생토록 지켜나갈 만한 것이 있습니까?」

공자가 대답했다.

「그것은 관용[恕]이니, 자기가 하고 싶지 않은 일을 남에게 하라고 하지 않는 것이다.」

공자는 자신이 많은 것을 배우고 익혔지만 그보다 더 중시한 것은 한가지로 일관하는 것(一以貫之)이라고 말했다. 증자(曾子)는 이 <하나>를 <충서(忠恕)>라고 풀이하였는데, 여기서도 공자는 자공에게 <서(恕)>의 원칙을 제시하고 있는 것이다.

譯 술, 여자, 재물, 기운 네 가지를 쌓아놓은 담 안에 잘나고 못난 수많은 사람들이 안방과 행랑에 사는 것과 같다. 만일 세상 사람들이 그 속에서 뛰어나올 수만 있다면 바로 그것이야말로 신선처럼 죽지 않는 방법이다.

酒色財氣四堵墙에 多少賢愚在内廂이라. 若有世人이 跳
주 색 재 기 사 도 장　다 소 현 우 재 내 상　　약 유 세 인　　도

得出이면 便是神仙不死方이니라.
득 출　　편 시 신 선 불 사 방

◉ 四堵墻(堵:담 도, 墻:담 장) 네 가지를 쌓아놓은 담(한데 모여 쾌락과 탐욕생활을 한다는 의미) ◉ 多少賢愚 잘나고 못난 수많은 사람들 ◉ 內廂(廂:행랑 상) 안방과 행랑 ◉ 跳得出(跳:뛸 도) 뛰어가다 ◉ 便是(便:문득 편) 그것이 곧 ◉ 神仙不死方 신선처럼 죽지 않는 방법

◈ 튀어나와 탈출하다 bolt from within the place to come out(跳得出) ◈ 신선처럼 죽지 않는 방법 the way to escape death like the immortals(神仙不死亡)

영문 The accumulating of liquor, women, property and vitality is like numberous people, wise and foolish, living in the warm and comfortable rooms within the walls. If only the people of the world manage to bolt from within that place to come out, that would surely be the way to escape death like the immortals.

국 춘추시대 때 오나라와 월나라는 앙숙 사이여서 전쟁이 끊일 날이 없었다. 결국 월나라가 져서 오나라의 속국이 되었는데, 전쟁에서 이긴 오왕 부차(夫差)는 매우 기고만장해 졌다. 게다가 절세의 미인 서시에게 빠져 술과 재물을 탐하고 국사를 소홀히 했다. 부차는 갈수록 흉흉해지는 민심을 수습하고자 노나라를 쳤다. 그러나 노나라를 치는 사이에 오랫동안 재기를 노려온 월왕 구천에게 도성을 빼앗기고 말았다. 부차는 군사를 돌려 달려왔지만 이미 대세는 기울어 있었고, 계속된 패주 끝에 결국은 자결하고 말았다.

역사상 이와 같은 일이 비일비재하다. 쾌락과 탐욕의 그물을 피할 수 있다면 인간은 훨씬 많은 것을 이룰 수 있을 것이다.

제4부

흐르되 넘치지 않는 마음으로 한세상을

이야기
명심보감

젊어서 배우지 않으면 평생이 헛되다

入敎篇

입교편

공자가 말하기를, 입신의 뜻[義]은 효가 근본이고 장사와 제사의 예는 슬퍼하는 것[哀]이 근본이고, 전쟁에 나아가 공을 세우는 것은 용맹이 근본이며, 정치의 이치는 농사가 근본이 되고, 나라를 보전하는 길[道]은 승계를 잘하는 것이 근본이 되며, 재산을 얻는 시기(방법)는 노력이 그 근본이 된다.

子曰, 立身有義하니 而孝爲本이요 喪祀有禮하니 而哀爲
자 왈   입 신 유 의   이 효 위 본   상 사 유 예   이 애 위
本이요 戰陣有列하니 而勇爲本이요 治政有理하니 而農爲
본   전 진 유 열   이 용 위 본   치 정 유 리   이 농 위
本이요 居國有道하니 而嗣爲本이요 生財有時하니 而力爲
본   거 국 유 도   이 사 위 본   생 재 유 시   이 역 위
本이니라.
본

◉ 立身有義(義:옳을 의·의리 의·뜻 의) 입신을 할 때 그 뜻이 있으니 ◉ 而孝之本 효가 근본이 되다 ◉ 而는 문장을 이어가는 접속사 ◉ ~爲本 ~이 근본 ◉ 喪祀有禮(喪:상사 상, 祀:제사 사) 장사와 제사에는 예법이 있다, 장사와 제사의 예 ◉ 而哀爲本 (哀:슬플 애) 슬픔이 근본이 되다 ◉ 戰陣有列(列:차례 열) 전쟁에 나아가 공을 세우는 것 ◉ 而勇爲本 용맹이 근본이 되다 ◉

治政有理 정치에는 이치가 있으니 ◉ 而農爲本 농사가 근본이 되다 ◉ 居國有道(居:항상 있을 거) 국가를 보전하는 길 ◉ 嗣爲本 (嗣:이을 사) 대를 잘 잇는 것이 근본이다 ◉ 生財有時 재물을 얻는 시기 ◉ 而力爲本 노력하는 것이 근본이 되다

◈ ~의 근본은 ~이다 ~be rooted in~ ◈ 입신 the meaning of success in life ◈ 나라를 보전하는 방법 the road to protecting the nation(治政) ◈ 승계를 잘하는 것 the reasonable succession of rules(嗣)

영문 The meaning of success in life is rooted in filial piety and the rituals of the funeral and the sacrificial rites are rooted in sadness. Distinguishing oneself in war when going out to fight is rooted in dauntlessness and the reason for governing is rooted in agriculture. The road to protecting the nation is rooted in the reasonable succession of the ruler and the acquisition of estate is rooted in effort.

세종대왕 때 북방 6진을 개척한 김종서는 호조판서가 되자 오만해지기 시작했다. 어느날 황희 정승을 찾은 김종서는 그 앞에 비뚜름히 기대어 앉아 이야기를 하는 것이었다. 그 모습을 보고 크게 노한 황희 정승이 갑자기 하인을 불렀다. 하인이 들어오자 황희 정승은 「지금 김 판서가 앉아 계신 저 의자의 한쪽 다리가 짧은 듯하니 어서 나무토막을 가져다 받쳐드리도록 해라!」라고 호령했다. 그제야 잘못을 깨달은 김종서는 땅바닥에 엎드려 사죄했다. 황희 정승은 용서를 구하는 김종서를 일으키며 말했다.

「그게 무슨 큰 죄가 되겠소만 장차 나라의 중임을 맡을 사람일수록 사소한 일거일동이라도 조심해야 하는 것이오.」

사람은 어떤 일을 하건 간에 꼭 갖추어야 할 근본이 있다. 그것은 때와 대상에 따라 효, 용기, 노력 등으로 달라지지만 근본에 충실해야 한다는 데는 이론이 있을 수 없다.

譯 ≪경행록≫에 이르기를, 정치의 요점은 공정함과 청렴이고 집을 일으키는 방법은 검소함과 근면이다.

景行錄에 云, 爲政之要는 曰公與淸이요 成家之道는 儉
경 행 록   운   위 정 지 요   왈 공 여 청   성 가 지 도   검

與勤이니라.
여 근

● ~之要 ~의 요점 ● 與 더불어 ● ~之道 ~의 방법 ● 儉(검소할 검) 검소하다 勤(부지런할 근) 근면함

◆ 정치의 요점은 what is important in governing a nation ◆ 공정함과 청렴함 justice-fairness and integrity ◆ 검소함 frugality(儉)

영문 What is important in governing a nation is justice-fairness and integrity. The way to make one's family rich and noble is frugality and diligence.

주 만식 선생은 상상하기 힘들 정도로 검소한 생활을 했다. 그는 무명 두루마기의 고름을 절약하느라 단추를 달았고 모자도 대물림할 수 있도록 말총으로 튼튼히 만들어 썼다.

한번은 중학교를 막 졸업한 아들이 구두 한 켤레를 사 가지고 왔다. 아들이 늘 신고 싶어하던 구두였지만 그는 구두를 가위로 싹둑 싹둑 잘라버리며 아들을 꾸짖었다고 한다.

「공부하기 위해서 라면 아까울 것이 없다. 그러나 우리 처지에 맞지 않는 사치는 절대 용서할 수 없다.」

사람은 작은 것을 소중히 여기고 아낄 줄 알아야 큰 일을

할 수 있다. 그렇지 못한 사람이 공정하고 청렴할 리가 없기 때문이다.

詳 책 읽는 것은 집을 일으키는 근본이요 이치를 따르는 것은 집을 보전하는 근본이고, 부지런하고 검소한 것은 집을 다스리는 근본이며 화목하고 유순한 것은 집을 편안케 하는 근본이다.

讀書는 起家之本이요 循理는 保家之本이요 勤儉은 治家
독서　기 가 지 본　　순 리　　보 가 지 본　　　근 검　　치 가

之本이요 和順은 齊家之本이니라.
지 본　　화 순　　제 가 지 본

◉ 循理(循:따를 순, 理:도리 리·이치 리) 이치를 따르는 것 ◉ 和(화할 화) 화하다 ◉ 齊家之本(齊: 다스릴 제) 집을 편안케 하는 근본이다.

◈ ~은~의 근본이다 be fundamental to ~

英文 Reading books is fundamental to making a family rich and following principle is fundamental to keeping it so. Being frugal and diligent is fundamental to managing the household, and being in harmony and obedient is fundamental to bringing peace to the house.

지금 안을 가꾸어 나가는 네 가지 근본으로 책읽기, 순리(循理), 근검절약, 화목함을 든 구절이다. 가정은 만사의 근원이다. ≪대학≫의 팔조목도 수신제가(修身齊家)를 첫번째 덕목으로 들고 있지 않은가. 네 가지 원칙 가운데 하나를 택해 가훈으로도 삼을 만하다는 생각이다.

≪공자삼계도≫에 이르기를, 일생의 계획은 어릴 때에 있고, 일년의 계획은 봄에 있고, 하루의 계획은 새벽에 있으므로 어려서 배우지 않으면 늙어서 아는 것이 없고, 봄에 밭을 갈아 씨 뿌리지 않으면 가을에 수확할 가망이 없고, 새벽에 일찍 일어나지 않으면 그날의 할 일을 판단하지 못한다.

孔子三計圖에 云, 一生之計는 在於幼하고 一年之計는
공자삼계도   운   일생지계   재어유   일년지계

在於春하고 一日之計는 在於寅이니 幼而不學이면 老無所
재어춘   일일지계   재어인   유이불학   노무소

知요 春若不耕이면 秋無所望이요 寅若不起면 日無所辨이
지   춘약불경   추무소망   인약불기   일무소판

니라.

◉ 一生之計 일생의 계획 ◉ 一年之計, 一日之計도 같은 맥락으로 옮김. ◉ 在於~ ~에 있다 ◉ 春若不耕(耕: 밭갈 경) 봄에 밭을 갈아 씨 뿌리지 않으면 ◉ 寅 세 시에서 다섯 시까지, 새벽 ◉ 寅若不起 새벽에 일찍 일어나지 않으면 ◉ 幼而不學 어려서 배우지 않으면 ◉ 無所知 아는 바가 없다 ◉ 無所望(望:바랄 망) 수확할 가망이 없다. 바랄 바가 없다 ◉ 一無所辨(辨: 판단할 판) 그날 할 일을 판단하지 못하다.

◈ 아무 것도 알지 못할 정도로 무식하다 be ignorant not to know anything(無所知) ◈ 수확할 가망이 없다 there is no hope of gathering a harvest ◈ 씨를 뿌리지 않는다 seeds are not sown

영문 One life's plan is during childhood, one year's plan is during spring, and a day's plan is in the morning. If you do not learn during childhood, you will be ignorant enough not to know anything in old age and if seeds are not sown in spring, there will be no hope of gathering a harvest in the fall. If you do not get up early in the morning, you cannot decide what is to be done that day.

공자는 15세에 일생을 학문에 바치기로 결심하였고, 30세에 이르러 학문의 기초를 확립하였으며, 40세에는 학문에 자신을 얻어 미혹됨이 없게 되었다고 말했다. 성인도 이렇듯 저절로 만들어진 것이 아니라, 어려서부터의 확고한 계획과 실천에 의해 한 걸음씩 높은 경지로 다가섰던 것이다. 범상한 우리 보통 사람들이야 두말할 나위도 없으리라.

《성리서》에 이르기를, 가르쳐야 할 다섯 가지 덕목은 아버지와 아들은 친해야 하고, 임금과 신하는 의리가 있어야 하되 남편과 아내는 분별이 있어야 하고, 어른과 아이는 차례가 있어야 하고, 친구들은 믿음이 있어야 한다.

性理書에 云, 五敎之目은 父子有親하고 君臣有義하고 夫
성 리 서   운 오 교 지 목   부 자 유 친   군 신 유 의   부
婦有別하고 長幼有序하고 朋友有信이니라.
부 유 별   장 유 유 서   붕 우 유 신

◉ 五敎之目 가르쳐야 할 다섯 가지 덕목, 五倫(倫:인륜 륜) ◉ 有序(序: 차례 서) 차례가 있다 ◉ 朋友(朋: 벗 붕)친구들

◈ 가르쳐야 할 다섯 가지 덕목이 있다 There are five things to be taught(五敎之目) ◈ 부자유친 blood relatives between a father and his son(父子有親) ◈ 군신유의 righteousness between a ruler and his misters(君臣有義) ◈ 부부유별 distinction between a husband and his wife(夫婦有別) ◈ 장유유서 a proper turn between an adult and a child(長幼有序) ◈ 붕우유신 trust between friends(朋友有信)

영문 There are five things to be taught ; there must be blood relatives(有親) between a father and his son, righteousness(有義) between a ruler and his misters, distinction(有別) between a husband and his wife, a proper turn(有序) between an adult and a child, and trust(有信) between friends.

譯 삼강(三綱)이란 임금은 신하의 본이 되고, 아버지는 아들의 본이 되고, 남편은 아내의 본이 되는 것이다.

三綱은 君爲臣綱이요 父爲子綱이요 夫爲婦綱이니라.
삼 강　군 위 신 망　　부 위 자 강　　부 위 부 강

◉ 爲 되다 ◉ 綱은 〈벼리〉로 옮기는 바, 벼리란 일의 으뜸 되는 줄거리를 말한다.

◈ 삼강 three fundamental principles to keep in human relations(三綱) ◈ 군위신강 the fundamental respect of the minister for his ruler(君爲臣綱) ◈ 부위자강 the fundamental respect of the son for his father(父爲子綱) ◈ 부위부강 the fundamental respect of the wife for her husband(夫爲婦綱)

영문 There are three fundamental principles to keep in human relations; they are first the fundamental respect of the minister for his ruler(king), second, the fundamental respect

of the son for his father and third, the fundamental respect
of the wife for her husband.

 근 몇 년 사이에 자식이 부모를, 부모가 자식을 해치는 일
이 드물지 않게 일어나고 있다. 예전 같으면 상상도 못했
을 일이다. 그 방법도 갈수록 잔악하여 입에 담기가 어려울
정도이다. 그러나 더욱 큰 문제는 사후 처벌 외에는 그런 패
륜 범죄를 방지할 방법이 거의 없다는 사실이다. 그래서 교
육의 중심을 인격의 완성에 두어야 한다는 목소리가 높아지
고 있다. 이제까지 <무엇>을 가르치는 데 치중해 왔다면 이
제는 <왜>, <어떻게>를 반성하자는 것이다.

이 구절에서 언급한 삼강오륜을 교과서에 나오는 암기 사
항의 하나로 취급하지 말기를 바란다. 각 덕목의 실질적인
내용이야 시대에 따라 변하겠지만 인간과 사회를 유지시키
는 가장 기본적인 덕목임에는 변함이 없다.

왕촉이 말하기를, 충신은 두 임금을 섬기지 않고 열녀는 두 남편을
섬기지 않는다.

王燭이 曰, 忠臣은 不事二君이요 列女는 不更二夫니라.
왕 촉   왈 충 신   불 사 이 군   열 여   불 경 이 부

● 事(섬길 사) 섬기다 ● 不更二夫(更:고칠 경) 두 남편을 섬기
지 않는다.

◈ 두 임금을 섬기다 serve two kings(事二君) ◈ 두 남편을 섬기지
않는다 don't serve two husbands(不更二夫)

영문 A loyal minister is not to serve two kings and a virtuous woman does not serve two husbands.

병자호란 때의 일이다. 인조 임금이 궁궐을 버리고 남한산성으로 피난을 가자 뒤에 처졌던 궁중의 빈궁들과 고위관리들의 부인들도 뒤늦게 피난을 떠났다.

하지만 이들은 남한산성 앞에 진을 치고 있던 호군에게 모두 잡히는 몸이 되고 말았다. 호군의 모진 심문과 회유 앞에 거의 모든 여인들은 무릎을 꿇고 말았다. 특히 평소에 가장 소리 높여 정절을 다짐한 이참판 부인은 호장의 애첩으로 온갖 호사를 누렸다. 그러나 사람은 닥쳐보아야 안다고 말했던 김승지 부인은 끝까지 정절을 지켰으나, 팔과 다리가 잘린 채 시신으로 버려지게 되었다. 그 후 남한산성 주변의 부녀자들은 구한말까지도 김승지 부인의 넋을 기려 제사를 모셨다고 한다.

두 임금과 두 남편을 섬기지 않는다는 말을 하기는 쉽다. 그러나 김승지 부인과 같이 실천에 옮길 수 있는 사람은 얼마나 될까.

譯 충자가 말하기를, 나라를 다스리는데는 공평이 제일이고 재물에 임해서는 청렴이 제일이다

忠子曰, 治政은 莫若平이고 臨財에 莫若廉이니라.
충자왈   치정   막약평   임재   막약염

● 莫若(莫: 말 막·없을 막, 若: 같을 약) 제일이다, ~할만한 것

이 없다 ◉ 臨 임하다 ◉ 廉 청렴하다

◆ 공평이 제일이다 equality of justice comes first(治政莫若平) ◆ 재물에 임해서는 in managing money(臨財) ◆ 청렴 integrity(廉)

영문 In governing the nation equality of justice comes first and in managing money integrity comes first.

해설 종임금은 나라를 다스리는 데 누구보다도 열심이었다. 자연히 문무대신들도 아침 일찍 입궐해 저녁 늦게까지 일하곤 했다. 당시 예조판서로 있던 김종서는 대신들의 노고를 생각해 예조의 비용으로 점심을 몇 번 대접했다. 뒤늦게 이를 안 황희 정승이 김종서를 불러 사실 여부를 묻자, 김종서는 점심 대접한 일을 순순히 시인했다. 그러자 황희 정승은 나라의 비용으로 대신들의 점심식사를 대접하는 것은 큰 죄라며 불같이 꾸짖었다. 며칠 후 김종서는 제 집의 쌀로 그간에 쓴 예조의 비용을 갚아야 했다.

공직에 있는 사람은 누구보다 공정과 청렴을 생명같이 여겨야 한다. 자신이 사용하는 한 푼의 돈에도 국민의 피땀이 어려 있기 때문이다.

譯 장사숙의 좌우명에 이르기를, 무릇 말을 할 때는 반드시 정성스럽고 신용있게 하여야 하며, 모든 행동을 할 때는 반드시 돈독하고 공경스럽게 하여야 하며, 음식은 반드시 신중하고 알맞게 먹어야 하고, 글씨는 반드시 똑똑하고 바르게 써야 하며, 용모는 반드시 단정해야 하며, 의관은 반드시 정제되고 엄숙해야 하며, 걸음걸이는 반드시 안정되고 점잖아야 한다. 사는 곳은 반드시 바르고 조용해야 하며, 일을 할 때는 반드시 계획을 세우고 난 후에 시작해야 하며, 말을 할 때는 반드시 그것을 실천할 수 있는지 없는지를 돌

이켜 생각해야 한다. 일상의 덕은 반드시 굳게 해야 하고, 일을 허락할 때는 반드시 신중히 생각한 다음 응해야 하며, 착한 일을 보면 반드시 자기 일과 같이 여기고, 악한 일을 보면 자기의 질병처럼 생각하라. 모두 이 열 네가지는 내가 아직 깊이 살피지 못한 것이다. 이것을 써서 자리 오른편에 붙여 놓고 아침 저녁으로 보고 경계하라.

張思淑座右銘에 曰, 凡語를 必忠信하며 凡行을 必篤敬하
장 사 숙 좌 우 명　왈　범 어　필 충 신　　범 행　필 독 경

며 飮食을 必愼節하며 字劃을 必楷正하며 容貌를 必端正하
음 식　필 신 절　　자 획　필 해 정　　용 모　필 단 정

며 衣冠을 必整肅하며 步履는 必安詳이니라. 居處를 必正
의 관　필 정 숙　　보 이　필 안 상　　　거 처　필 정

靜하며 作事를 必謀始하며 出言을 必顧行하며 常德을 必固
정　　작 사　필 모 시　　출 언　필 고 행　　상 덕　필 고

持하며 然諾을 必重應하며 見善如己出하며 見惡如己病하
지　　연 낙　필 중 여　　견 선 여 기 출　　견 악 여 기 병

라. 凡此十四者는 皆我未深省이라. 書此座右하여 朝夕視
범 차 십 사 자　개 아 미 심 성　　서 차 좌 우　　조 석 시

爲警하노라.
위 경

◉ 座右銘(銘:새길 명) 자리 오른쪽에 써서 붙여 놓고 항상 반성하는 자료로 삼는 격언 ◉ 凡語 모든 말, 모든 말을 할 때 ◉ 必忠信 반드시 충성스럽고 신용이 있어야 한다 ◉ 篤敬(篤: 두터울 독, 敬: 공경할 경) 돈독하고 공경스럽다 ◉ 愼節 조심하고 절도있게 하다 ◉ 字劃(劃:그을 획) 글씨 ◉ 楷正(楷: 바를 해) 똑똑하고 바르다 ◉ 容貌(貌:모양 모) 얼굴 모양 ◉ 端正(端:단정할 단, 끝 단) 단정하다 ◉ 整肅(整:정돈할 정, 肅:엄숙할 숙) 정제되고 엄숙하다 ◉ 步履(履:신 리, 밟을 리) 걸음걸이 ◉ 安詳(詳:자세할 상, 점잖을 상) 안정되고 점잖다 ◉ 居處 사는 곳 ◉ 正靜(靜: 고요할 정) 바르고 조용하다 ◉ 作事 일을 하다 ◉ 謨始(謨:꾀할 모) 계획을 세운 뒤 시작하다 ◉ 出言 말을 하다 ◉ 顧行(顧: 돌

아볼 고) 행실을 돌아보다, 실천할 수 있는지 없는지를 생각하다 ◉ 常德 평소에 지닌 덕 ◉ 固持(固:굳을 고, 持:가질 지) 굳게 가지다 ◉ 然諾(諾:허락할 락, 대답하고 머뭇거릴 락) 일을 허락하다 ◉ 重慮(慮:생각할 려) 신중히 생각하다 ◉ 如出 내 몸에서 나간 것처럼 여기다, 내 일처럼 여기다 ◉ 如己病 자신의 질병인 것처럼 생각하다 ◉ 凡此十四者 모두 이 열 네 가지 ◉ 皆我未深省(省:살필 성) 모두 내가 깊이 깨닫지 못하다 ◉ 書此 이것을 쓰다 ◉ 座右(座:자리 좌) 자리 오른편에 붙이다 ◉ 視爲警(警:경계할 경) 보고 경계하다

◈ 무릇 말을 할 때는 whenever something is said(曰) ◈ 정성스럽게 in sincerity(忠) ◈ 신용있게 in good faith(臣) ◈ 돈독하게 respectfully(篤) ◈ 공경스럽게 warmheartedly(敬) ◈ 음식을 먹다 food is consumed ◈ 신중하고 알맞게 prudently(愼節) ◈ 똑똑하고 바르게 legibly and clearly(楷正) ◈ 의관 manners(衣冠) ◈ 정제되고 be well rounded ◈ 걸음걸이 strut(步履) ◈ 바르고 조용하다 honorable and quiet(正靜肅) ◈ 말하는 것을 실천할 수 있는지 없는지 the practicability of what is said(出言顧其行) ◈ 신중히 생각하다 give ~ your sincere thought(重慮) ◈ 자기 오른편에 붙여 놓다 keep ~ place on the right(書此座右)

영문 Whenever something is said it should be done so in all sincerity and good faith. Every action should be done respectfully and warmheartedly. Food should be consumed prudently in adequate amounts and papers should be written legibly and clearly. Features should be good, manners should be well rounded and solemn and your strut should be firm but gentle. The place where you live in should be honorable and quiet and when at work, after a plan has been formulated, it should be implemented. When speaking, attention should be paid to what you are saying to see if there is no question about the practicability of what is said. Common morality must always be firmly maintained and when approval to do something is requested, you should give it your sincere thought and then respond it. When seeing the good deeds of others, regard them as yours and when seeing evil, think of it as if it were your own sickness. I am not yet deeply enlightened about all of these fourteen items. Write them down and keep them placed on the right side of your desk to ponder upon in the morning and evening.

범익겸의 좌우명에 일컫기를,

첫째, 조정에서의 이해와 변방으로부터 오는 보고와 관리의 임명에 관해서는 말하지 말라.

둘째, 주(州)나 현(縣)의 관리들의 장단점과 득(得)과 실(失)에 관해서 말하지 말라.

셋째, 많은 사람들이 잘못 되게 저지른 악한 일에 관해서 말하지 말라.

넷째, 관직에 나아가는 일과 기회를 따라 권세에 아부하는 것에 관하여 말하지 말라.

다섯째, 재물과 이익의 많고 적음과 가난이 싫다든가 부(富)를 구한다는 것에 관해 이야기하지 말라.

여섯째, 음탕하고 실없는 말과 여색(女色)에 관해 이야기하지 말라.

일곱째, 남의 물건을 탐내어 차지하려 한다든가 술과 음식을 뒤져 찾는 것에 관해 이야기하지 말라.

남에게서 전해 달라고 부탁 받은 편지를 뜯어보거나 지체하지 말 것이며, 남과 한자리에 나란히 있으면서 남의 개인적인 글을 엿보아서는 안되며, 남의 집에 찾아 들어갔을 때 남의 글을 보아서는 안 된다.

남의 물건을 빌렸을 때 훼손시키거나 돌려주지 않으면 안 되고 음식을 먹을 때는 가려먹어서는 안 된다.

남과 같은 곳에 있을 때는 자기에게만 편리한 것을 취해서는 안 되고 남의 부귀(富貴)를 부러워하거나 헐뜯지 말라.

무릇 이 몇 가지 일을 지키지 못하는 자라면 이것으로 마음씀이 올바르지 못하다는 자질을 충분히 알 수 있어서 올바른 마음과 몸을 닦는 데 큰 손해가 있을 것이므로 이 글을 써서 스스로 경계하도록 하라.

范益謙座右銘에 曰, 一, 不言朝廷利害邊報差除며 二,
범익겸좌우명   왈 일 불언조정이해변보차제   이

不言州縣官員長短得失하며 三, 不言衆人所作過惡之
불언주현관원장단득실   삼 불언중인소작과악지

事며 四, 不言仕進官職趨時附勢며 五, 不言財利多少
사 사 불언사진관직추시부세   오 불언재이다소

厭貧求富며 六, 不言淫媒戲慢評論女色이며 七, 不言求
염빈구부 육 불언음매희만평논여색   칠 불언구

覓人物干索酒食이며 又人付書信을 不可開坼沈滯요 與
멱인물간색주식   우인부서신 불가개탁심체 여

人幷坐에 不可窺人私書요 凡入人家에 不可看人文字요.
인병좌 불가규인사서 범입인가 불가간인문자

凡借人物에 不可損壞不還이요 凡喫飲食에 不可揀擇去
범차인물 불가손괴불환   범끽음식 불가간택거

取요. 與人同處에 不可自擇便利요 凡人富貴를 不可歎
취 여인동처 불가자택편이 범인부귀 불가탄

羨訴毁라. 凡此數事에 有犯之者면 足以見用心之不正이
선소훼 범차수사 유범지자 족이견용심지부정

며 於正心修身에 大有所害니 因書以自警하노라.
어정심수신 대유소해 인서이자경

● 朝廷利害 조정에서의 이해 ● 邊報(邊:가 변) 변방으로부터 받는 보고 ● 差除(除:버릴 제, 벼슬줄 제) 관리 임명, 差 등급을 메기다, 除 원래의 벼슬을 버리고 새로운 벼슬을 주다 ● 州縣官員 주와 현의 관리 ● 長短得失 장단점과 득과 실 ● 衆人 여러 사람 ● 所作 저지른 것 ● 過惡之事 과실과 죄악의 일 ● 仕進 벼슬에 나아감 ● 仕進官職도 같은 의미임. ● 趨時 기회를 따르다 ● 附勢 (附:의탁할 부) 권세에 아부하다 ● 財利多少 재물과 이익의 많고 적음 ● 厭貧求富(厭:싫을 염) 가난을 싫어하고 부

를 구하다 ◉ 淫媟(淫:간음할 음, 媟:거만스러울 설) 음탕함 ◉ 戲慢 희롱하다 ◉ 評論 말, 짓거리 ◉ 求覓人物(覓:차지할 멱) 남의 물건을 탐내서 차지하려 하다 ◉ 干索(干:구할 간, 索:찾을 색) 뒤져 찾다 ◉ 人付信(付:부칠 부·부탁 부) 남이 전해 달라고 부탁한 편지 ◉ 開坼(坼:찢을 탁) 열어보다 ◉ 沈濟 지체하다 ◉ 與人併坐(併:나란히 할 병) 남과 함께 나란히 앉다 ◉ 窺人私書(窺:엿볼 규) 남의 개인적인 글을 보다 ◉ 借人物(借:빌려올 차) 남의 물건을 빌리다 ◉ 損壞(壞:무너뜨릴 괴) 손상하다 ◉ 不還 돌려주지 않다 ◉ 喫飮食(喫:먹을 끽) 음식을 먹다 ◉ 揀擇去取(揀:가릴 간, 去:갈 거·버릴 거, 取:취할 취) 가려 골라서 나쁜 것은 버리고 좋은 것은 취하다, 음식을 가려먹다 ◉ 與人同處 남과 함께 있다 ◉ 自擇便利 자기만 편안한 것을 취하다 ◉ 歎羨(歎:탄식할 탄, 羨:부러워할 선) 부러워하다 ◉ 詆毁(詆:흉볼 저, 毁:훨 훼) 헐뜯다 ◉ 凡此數事 무릇이 몇 가지 일 ◉ 有犯之者(犯:범할 범) 저지른 자, 지키지 못하는 사람 ◉ 足以見 충분히 알 수 있다 ◉ 用心之不正 마음씀이 바르지 못하다 ◉ 於正心修身 마음을 바르게 하고 몸을 닦는 데에 ◉ 大有所害 크게 해로운 것이 있다, 크게 해롭다 ◉ 因 그러므로 ◉ 自警 스스로 경계하다

◈ 이해 advantages and disadvantages(利害) ◈ 변방 frontier ◈ 지방관리 prefecture official ◈ 장단점과 득실 the good and bad points and gains and losses ◈ 관직에 나아가다 enter the government service(任進官織) ◈ 권세에 아부하다 flattery directed at authority(附勢) ◈ 음탕함 licentiousness ◈ 실없는 말에 대해 이야기하지 않는다 do not talk of anything without grounds 여◈ 색 womanizing ◈ 음식과 술을 뒤져 찾다 seek after food and liqueur (索酒食) ◈ 남과 나란히 있다 situated side-by-side with someone else ◈ 음식을 가려먹지 않는다 not be particular about eating food ◈ 헐뜯다 slander ◈ 지키다 abide by

영문 First, do not talk about the advantages and disadvantages of the imperial court, reports coming from the frontiers, and government appointees. Second, do not talk about the good and bad points and the gains and losses of the state and prefecture officials. Third, do not talk about the low quality and evil deeds of many people who do wrong. Fourth, Do not talk about entering the government service and about flattery directed at authority when chances come. Fifth, do not speak of vastness and smallness of material things including their benefit, do not talk about poverty, and gaining or losing wealth. Sixth, do not speak of licentiousness, do not talk about anything without grounds and womanizing, either. Seventh, do not speak of coveting and acquiring something belonging to someone else and do not seek after food and liqueur. Do not attempt to open a letter that someone asked you to send to other on and do not delay its delivery. While situated side-by-side with someone else, do not attempt to read what he has privately written and when happening to go into other's home, do not attempt to look at what he has written. Do not damage nor fail to return other's property after borrowing it. And don't be particular about eating food. When at someplace with someone else, be careful that you are not the only one that is comfortable and do not envy or slander other's wealth and honor. If you are a person who cannot abide by these few things, you will be able to sufficiently realize your wrongs by listening to your heart. Because in this case a great harm can come in nurturing your correct heart and taking care of your person, you should make sure you take care of yourself by writing down and reading this script.

〈칼〉 우명(座右銘)>이란 말 그대로 자리의 오른편에 써 놓고 늘 되새기는 조목을 말한다.

좌우명은 이런 종류의 글들의 제목으로 쓰이는 말이지만 나중에는 잊지 말고 지켜야 할 계명을 가리키는 보통명사로 쓰여 왔다. 여기서 장사숙과 범익겸은 특별히 열 네 가지 조

목을 가려 뽑아 자신을 경계하는 원칙으로 삼았다. 이 구절
만큼 세세하지는 않더라도 자신이 꼭 지켜야 할 좌우명 몇
가지는 지니고 있어야 하지 않을까.

譯 무왕이 태공에게 물어서 말하기를 「사람이 세상을 살아나감에 있
어 어찌하여 귀천과 빈부가 평등하지 않습니까? 원컨대 이를 설명
하여 주십시오. 알고 싶습니다.」 태공이 말하기를, 「부귀라는 것은
성인의 덕과 같아서 모두가 천명(天命)으로 말미암아 얻어지는 것
이므로 부자는 씀씀이가 절도가 있고 가난한 자는 집에 열 가지
도둑이 있기 때문입니다.」

武王이 問太公曰, 人居世上에 何得貴賤貧富不等고. 願
무 왕   문 태 공 왈   인 거 세 상   하 득 귀 천 빈 부 부 등   원

聞說之하여 欲知是矣니이다. 太公이 曰, 富貴는 如聖人之
문 설 지   욕 지 시 의   태 공   왈   부 귀   여 성 인 지

德하여 皆由天命이어니와 富者는 用之有節하고 不富者는
덕   개 유 천 명   부 자   용 지 유 절   불 부 자

家有十盜니이다.
가 유 십 도

● 人居世上 사람이 사는 세상 ● 何得~不等 ~은 어찌하여 고
르지 않은가? ● 願聞說之 원컨대 설명해 주십시오 ● 欲知是矣
알고 싶습니다 ● 皆由天命 모두가 천명으로 말미암다 ● 用之有
節 씀씀이가 절도가 있다 ● 不富者 가난한 자

◈ 어찌~은 그런가? how is it that~? ◈ 그르지 않다 be not evenly
dispersed ~? ◈ 천명으로 얻어지다 be obtained due to the will of
heaven(皆有天命) ◈ 씀씀이가 절도 있다 there is the daily
expenses rule(用之有節)

영문 "How is it that riches and poorness and men of high and low birth are not evenly dispersed among people living in this world? Please, explain to me why this is so, I would like to know." The teacher said, "Since what is called riches and poorness appear to be the virtue of the saint, all these are obtained due to the will of heaven; that is, because for the wealthy there is the daily expenses rule and for the poor there are ten thieves in the house."

譯 무왕이 말했다. 「무엇을 열 가지 도둑이라고 합니까?」 태공이 대답하였다. 「곡식이 제때에 익은 것을 거둬들이지 않는 것이 첫째 도둑이고, 거두어 쌓는 것을 마치지 않는 것이 둘째 도둑이며, 할 일없이 등불을 켜놓고 자는 것이 셋째 도둑이고, 게을러서 밭갈이를 하지 않는 것이 넷째 도둑이며, 공력을 베풀지 않는 것이 다섯째 도둑이요, 오로지 교활하고 해로운 일만 행하는 것이 여섯째 도둑이며, 말이 너무 많은 것이 일곱째 도둑이고, 낮잠이나 자고 아침에 늦게 일어나는 것이 여덟째 도둑이며, 술을 탐내고 욕망을 즐기는 것이 아홉째 도둑이고, 남을 시기하고 질투하는 것이 극심하면 그것이 열 번째 도둑입니다.」

武王이 曰, 何謂十盜잇고. 太公曰, 時熟不收가 爲一盜요
收積不了가 爲二盜요 無事燃燈寢睡가 爲三盜요 懶不
耕이 爲四盜요 不施功力이 爲五盜요 專行巧害가 爲六
盜요 養女太多가 爲七盜요 晝眠懶起가 爲八盜요 貪酒
嗜慾이 爲九盜요 强行嫉妬가 爲十盜니이다.

◉◉◉◉

◉ **何謂十盜**(謂:일컬을 위) 무엇을 십도(열 가지 도둑)라고 합니까? ◉ **時熟**(熟:익을 숙) 제철에 익다, 때가 되어 알맞게 익다 ◉ **不收** 수확을 하지 않다 ◉ **收積不了**(收:거둘 수, 了:마칠 료) 거두어 쌓는 것을 끝내지 않다. ◉ **無事** 일이 없다 ◉ **燃燈寢睡**(燃:불탈 연, 燈:촛불 등, 寢:잠잘 침, 睡:잠잘 수) 등불을 켜놓고 자다 ◉ **傭懶不耕**(傭:게으를 용, 懶:게으를 라, 耕:갈 경) 게을러서 밭갈이를 하지 않다 ◉ **不施功力** 공력을 베풀지 않다 ◉ **專行巧害** 오로지 교활하고 해로운 일만 하다 ◉ **太多** 너무 많다 ◉ **晝眠**(晝:낮 주, 眠:졸 면) 낮잠을 자다 ◉ **懶起** 아침을 늦게 일어나다 ◉ **貪酒嗜慾**(嗜:즐길 기, 慾:욕심 욕) 술을 탐내고 욕심을 즐기다 ◉ **强行嫉妬**(嫉:투기할 질, 妬:투기할 투) 시기 질투가 매우 극심하다

◈ ~이 무엇인가? what is meant by~? ◈ 곡식을 거둬드리다 harvest grain ◈ 쌓다 heap up ◈ 등불을 켜놓고 자다 burn the mid-night oil lamp ◈ 밭갈이를 하지 않다 do not plow the field ◈ 봉사하다 make serve ◈ 교활한 행동 cheating ◈ 술을 탐내다 covet drinking liquor ◈ 못 견디어 in craving

영문 King said, "What is meant by ten thieves?" The teacher replied, "The one who does not harvest at the proper time the grain when it ripens is the first thief and the one who does not heap up at the proper time the grain that he harvests is the second thief. The one who burns the mid-night oil lamp without any special reason is the third thief, and the one who does not plow the fields because he is lazy is the fourth thief. The one who does not make serve for others is the fifth thief and the one who engages only in cheating and inflicting harm on others is the sixth thief. The one who has got too many daughters is the seventh thief and the one who sleeps late and takes a nap during the day is the eighth thief. The one who covets drinking liquor and seeks only pleasure in craving is the ninth thief and the one who is jealous of others to the extreme is the tenth thief."

빈부가 사람마다 고르지 않느냐는 무왕의 물음에, 태공은 부귀란 천명에 달려있는 깃이지만 사람에게도 일부 원인이 있다고 답한다.

태공은 여기서 <열 가지 도둑>이란 말로 가난함의 이유를 일일이 설명하고 있으나, 그것은 한 마디로 요약될 수 있다.

바로 <불성실>이다. <큰 부자는 하늘이 내지만 작은 부자는 사람이 만든다>는 속담이 있다. 가난의 모든 원인을 어찌 가난한 사람의 불성실에만 돌릴 수 있으랴마는, 그럼에도 성실함과 부지런함을 갖춘다면 웬만한 곤궁함은 면할 수 있지 않나 생각한다.

무왕이 말했다. 「집에 열 가지 도둑이 없는데도 빈곤한 것은 왜 그렇습니까?」 태공이 대답했다. 「그런 사람의 집에는 반드시 세 가지 소모가 있기 때문입니다.」 무왕이 말했다. 「세 가지 소모란 무엇을 말합니까?」 태공이 대답했다. 「창고가 새고 넘치는 데도 덮고 막지를 않아 쥐와 새들이 마구 먹어 버리는 것이 첫 번째 소모이고 수확을 거두고 씨 뿌리는 때를 놓치는 것이 두 번째 소모이고 곡식을 땅에 흘려 더럽히고 천하게 다루는 것이 세 번째 소모입니다.」

武王이 曰, 家無十盜而不富者는 何如닛고. 太公이 曰,
무 왕   왈   가 무 십 도 이 불 부 자   하 여   태 공   왈

人家에 必有三耗니이다. 武王이 曰, 何名三耗닛고. 太公이
인 가   필 유 삼 모   무 왕   왈   하 명 삼 모   태 공

曰, 倉庫漏濫不蓋하여 鼠雀亂食이 爲一耗요 收種失時가
왈   창 고 누 남 불 개   서 작 난 식   위 일 모   수 종 실 시

爲二耗요 抛撒米穀穢賤이 爲三耗니이다.
위 이 모   포 살 미 곡 예 천   위 삼 모

◉ 家無十盜(盜:도둑 도) 집에 열 가지 도둑이 없다 ◉ 何如 어째서 그렇습니까? ◉ 必有 반드시 있다 ◉ 三耗(耗:소모할 모, 축날 모) 세 가지 축나는 일, 세 가지 소모 ◉ 何名三耗 삼모란 무엇을 말합니까? ◉ 倉庫漏不蓋(倉:곳집 창·창고 창, 漏:샐 루, 蓋:덮을 개) 창고가 새고 넘치는 데도 덮어서 예방하지 않는다. ◉ 亂食(亂:어지러울 란) 함부로 먹다 ◉ 收種失時 거두고 씨 뿌릴 때를 놓치다 ◉ 抛撒(抛:버릴 기, 撒:헤쳐버릴 살) 흐뜨려 버리다 ◉ 穢賤(穢:더러울 예, 賤:천할 천) 더럽히고 천하게 다루다

◈ 창고를 덮고 막지를 않다 the storage box is not sealed closed(倉庫漏蓋) ◈ 수확을 거두고 at the harvest of the grains

영문 King said, "Why is it that there are also poor houses where there are not ten thieves?" The teacher replied, "That is because they have three kinds of consumption in their houses." The king said, "What are the three consumptions?" The teacher replied, "Their storage box is not sealed closed so the rats and birds eat the grain freely. It is the first consumption. It is because at the harvest of the grains they do not harvest grains and at the sowing of seeds they do not sow seeds that the second consumption occurs. The third consumption is the dropping of grain on the ground and the rotting of it."

譯 무왕이 또 말한다. 「집에 세 가지 소모하는 것도 없는데 빈곤한 것은 어째서 입니까?」 태공이 말하기를, 「그것은 반드시 열 가지 나쁜 것이 있어 그것이 저절로 화(禍)를 불러들이는 것이지 하늘이

재앙을 주는 것은 아닙니다. 그 열 가지란 첫째, 일을 잘못 그르치는 것, 둘째, 일을 잘못 처리하는 것, 셋째, 미련한 것, 넷째, 실수하는 것, 다섯째, 인륜을 거역하는 것, 여섯째, 상서롭지 못한 것, 일곱째, 종의 행세를 하는 것, 여덟째, 천한 짓을 하는 것, 아홉째, 어리석은 것, 열째, 지나치게 강한 것입니다. 그래서 스스로 화를 불러드리는 것이지 하늘이 주는 재앙은 아닙니다.」

武王이 曰, 家無三耗而不富者는 何如닛고. 太公이 曰,
무왕 왈 가무삼모이불부자 하여 태공 왈

人家에 必有一錯二誤三痴四失五逆六不祥七奴八賤
인가 필유일착이오삼치사실오역육불상칠노팔천

九愚十强하여 自招其禍요 非天降殃이니다.
구우십강 자초기화 비천강앙

🔴🔴🔴🔴

◉ 逆(거스를 역) 인륜을 거역하는 것 ◉ 錯(섞일 착) 일을 잘못 처리하는 것 ◉ 不祥(祥:상서 상, 길할 상) 상서롭지 못한 일 ◉ 奴(남종 노) 종의 행세를 하다 ◉ 賤 천하게 굴다 ◉ 非天降殃(殃:재앙 앙) 하늘이 주는 재앙은 아니다.

◈ 스스로 불러드리다 bring about of oneself ◈ 열 가지 나쁜 것 ten bads ◈ 인륜을 거역하는 것 going against humanity(逆) 상서롭지 못한 것 not being an auspicious doing(不詳) ◈ 천한 짓을 하는 것 doing unbecoming things(賤) ◈ 지나치게 강한 것 overdoing things

영문 King again said, "Why is it that there are still the poor whose houses are without three consumptions?" The teacher replied, "That is because of the misfortunes that the ten bads bring about of themselves, not because of the misfortunes that heaven gives. Of the ten, first, that is doing work wrong ; second, erring in managing work; third, doing foolishness ; fourth, making mistakes ; fifth, going against humanity ; sixth, not being an auspicious doing ; seventh, acting cowardly like a slave; eighth, doing unbecoming things ; ninth, doing foolish things ; and tenth, overdoing things. It brings about misfortunes of itself. Heaven does not give misfortunes."

譯 무왕이 말한다. 「원컨대 그 자세한 말을 모두 듣고 싶습니다.」 태공이 말한다. 「자식을 낳아 기르기만 하고 교육을 시키지 않는 것이 첫번째의 일을 잘못 그르치는 것이되 아이 때부터 교훈을 시키지 않는 것이 두 번째의 열을 잘못 처리하는 것이고 처음에 새색시를 맞이했을 때 엄하게 가르치지 않는 것이 세 번째의 미련한 일이고, 남이 말하기 전에 먼저 웃음부터 웃는 것이 네 번째의 실수이고, 부모를 공양하지 않는 것이 다섯 번째로 인륜에 어긋나는 짓이고, 밤중에 알몸으로 일어나는 것이 여섯 번째로 상서롭지 못한 짓이고, 남의 무기를 자기가 쓰기를 좋아하는 것이 일곱 번째로 종의 행세를 하는 것이고, 남의 말을 빌려 타기를 좋아하는 것이 여덟 번째로 천한 짓이되 남의 술을 얻어 먹으면서 그 술을 남에게 권하는 것이 아홉 번째로 어리석은 것이며, 남의 밥을 얻어 먹으면서 친구를 명령하는 것이 열 번째로 지나치게 강한 것입니다.」 무왕이 말하기를, 「참으로 아름답고 믿을 만한 말씀입니다」라고 했다.

武王이 曰, 願悉聞之니이다. 太公이 曰, 養男不敎訓이 爲
무 왕   왈   원 실 문 지   태 공   왈   양 남 불 교 훈   위

一錯이요 嬰孩不訓이 爲二誤요 初迎新婦不行嚴訓이 爲
일 착   영 해 불 훈   위 이 오   초 영 신 부 불 행 엄 훈   위

三痴요 未語先笑爲四失이요 不養父母爲五逆이요 夜起
삼 치   미 어 선 소 위 사 실   불 양 부 모 위 오 역   야 기

赤身이 爲六不詳이요 好挽他弓이 爲七奴요 愛騎他馬爲
적 신   위 육 불 상   호 만 타 궁   위 칠 노   애 기 타 마 위

八賤이요 喫他酒勸他人이 爲九愚요 喫他飯命朋友爲十
팔 천   끽 타 주 권 타 인   위 구 우   끽 타 반 명 붕 우 위 십

强이니이다. 武王이 曰, 甚美誠哉라 是言也여.
강   무 왕   왈   심 미 성 재   시 언 야

◉◉◉◉

◉ 願悉聞之(悉:다 실) 원컨대 자세한 말을 다 듣고 싶습니다 ◉ 不敎訓(訓:가르칠 훈) 교육을 시키지 않다 ◉ 嬰孩不訓(嬰:어릴 영, 孩:어릴 해) 어린아이 때부터 교훈을 시키지 않다 ◉ 初迎新婦(迎:맞이할 영) 처음에 새 아내를 맞이하다 ◉ 嚴訓(嚴:엄할 엄) 엄하게 가르치다 ◉ 未語先笑(先:먼저 선, 笑:웃을 소) 남이 말하기 전에 먼저 웃기부터 하는 것 ◉ 不養父母 부모를 봉양하지 않는 것 ◉ 夜起赤身(赤:벌거벗을 적) 밤에 알몸으로 일어나는 것 ◉ 好挽他弓(挽:당길 만) 남의 활을 당기기를 좋아하다, 남의 무기를 쓰기를 좋아하는 것 ◉ 愛驥他馬(驥:말탈 기) 남의 말을 빌려 타지 좋아하는 것 ◉ 喫他酒勸他人(勸:권할 권) 남의 술을 얻어 마시면서 남에게 권하는 것 ◉ 喫他飯命朋友(喫:먹을 끽, 마실 끽) 남의 밥을 먹고 지내면서 친구들을 명령하여 큰소리를 치는 것 ◉ 甚美誠哉 是言也 참으로 아름답고 이것이야말로 믿을 만한 말씀이구나

◈ 청컨대 praytell : praytell은 please보다 더 성스러운 표현 ◈ 어릴 때 in infancy ◈ 엄하게 가르치다 sternly teach(嚴訓) ◈ 부모를 공양하다 look after one's parents(養父母)

영문 King said, "Praytell, I want to hear more about them in detail." The teacher said, "The first thing is that the people just bear children but do not educate them-they do not teach them very well how to work: to wit, that is doing work wrong. The second thing is that one does not train children being in infancy so that they are not able to manage work very well when grownups; to wit, that is erring in managing work. The third thing is that when a person is married, he does not sternly teach his wife at the start; to wit, that is foolishness. The fourth thing is that before others say something one laughs; to wit that is making mistakes. The fifth thing is not looking after one's parents; to wit, that is going against humanity. The sixth thing is getting up during the night and going around naked; to wit, that is not being an auspicious doing. The seventh thing is enjoying the use of other's weapon; to wit, that is acting like a slave. The eighth thing is enjoying riding on other's horse; to wit, that is doing humble thing. The ninth thing is that while drinking other's liquor offering it to someone else to drink; to wit, that is doing foolish(shameful) thing. The tenth is ordering a friend to do something while one lives on the food that has been offered by someone else; to wit, that is overdoing thing." king said, "They are really beautiful words."

옛날 어느 마을에 아주 게으른 아들을 둔 부자가 있었다. 그는 죽을 때가 되자 아내를 불러 아들이 금전 한 닢을 벌어와야만 재산을 물려주겠다고 했다. 다음날 아침에 아들은 어머니가 준 금전 한 닢을 가지고 아버지에게 갔다. 그러자 아버지는 「이건 네가 번 돈이 아니야.」라며 화로 속에 던져 버렸다. 다음날 어머니는 또다시 금전 한 닢을 주며 이번에는 옷도 더럽히고 땀도 묻혀 들여보냈다. 그러나 이번에도 아버지는 금전을 불 속에 던져 버렸다.

그제서야 어머니는 잘못을 깨닫고 아들에게 직접 돈을 벌어오라고 했다. 빈손으로 집을 나간 아들은 일주일 내내 막일을 했다. 겨우 금전 한 닢을 벌었지만 마음은 뿌듯했다. 아들은 당장 집으로 달려가 아버지 앞에 금전을 내놓았다. 그러나 아버지는 이번에도 금전을 불 속에 던져 버렸다. 아들은 깜짝 놀라며 불 속에 손을 넣어 금전을 꺼냈다.

「아버지 너무하십니다. 이 돈을 버느라 제가 얼마나 고생한 줄 아십니까!」

그 모습을 가만히 지켜보던 아버지는 빙그레 웃으며 말했다.

「그래 이번에야말로 네가 번 돈이 틀림없구나.」

농부는 밥풀 하나도 허술히 하지 않는다. 쌀 한 톨에 배어 있는 땀과 정성을 알기 때문이다. 아니, 땀과 정성만으로는 부족하고 자연의 이치까지도 소홀히 하지 말아야 한다. 태공은 무왕의 물음에 대해 세세한 조목을 빠짐 없이 설명하면서 주위를 환기시키고 있다. 만사에 소홀함이 없이 정성된 마음을 다하면 성공은 자연히 거둘 수 있을 것이다.

공정함과 청렴함은 정치의 근본

治政篇

치정편

譯 명도선생이 말하기를, 처음으로 벼슬하는 선비가 진실로 물건을 사랑하는 마음이 있다면 백성들에게 반드시 이로운 일이 있을 것이다.

明道先生이 曰, 一命之士가 苟存心於愛物이면 於人에
명 도 선 생   왈   일 명 지 사   구 존 심 어 애 물   어 인

必有所濟니라.
필 유 소 제

◉ 一命之士 처음으로 명을 받은 선비, 처음으로 벼슬하는 선비 ◉ 苟存心(苟:진실로 구) 마음을 진심으로 가지고 있다 ◉ 於愛物 물건을 사랑하는 데에 ◉ 所濟(濟:구할 제) 이로운 일, 구제받을 바

◈ 진실로 사랑하는 마음이 있다 have the mind for truly appreciating ◈ 물건 material things ◈ ~에 이로운 일이 있다 be of benefit to~ (有所濟)

영문 If the scholar who takes up a government post for the first time has a mind for truly appreciating material things, he will surely perform such deeds as are of benefit to the people.

코카콜라가 처음 만들어진 이야기를 소개할까 한다.

코카콜라는 미국인 캔들러가 이웃을 사랑하는 마음에서 만들어낸 음료수이다.

미국 남부에서 작은 드러그스토어의 점원으로 일하던 캔들러는 어느 날 한 시골 의사로부터 미완성의 콜라 제조법을 사들였다. 음료수가 부족한 주민들을 위해 콜라를 만들었지만 쓴맛이 제거되지 않아 캔들러에게 제조법을 판 것이다. 제조법을 산 캔들러는 남녀노소에 관계없이 마실 수 있는 음료수를 만들고자 노력했다. 그는 이윤이 아닌 공익을 위해 콜라 연구를 계속했다. 그의 생각은 온통 그것뿐이었다. 마침내 그는 연구와 실험을 거듭한 끝에 세계인이 즐기는 코카콜라를 만들어 냈다.

무슨 일이든 억지로 해서는 좋은 결과를 얻을 수 없다. 정말로 그 일을 꼭 해야겠다는 열정이 있어야 한다. 그 열정은 일을 사랑하게 되었을 때 비로소 피어난다.

譯 당태종이 지은 글에 이르기를, 위에는 일을 지시하는 임금이 있고, 중간에는 이 지시에 따라 다스리는 관리가 있고, 아래에는 이 지시를 따르기만 하는 백성이 있다. 모든 관리들은 보수로 받은 비단으로 옷을 해 입고 창고에 쌓인 곡식으로 밥을 먹으니, 너희들이 받는 보수는 모두 백성들에게서 짜낸 기름이다. 관리들은 아래에 있는 백성들을 학대하기는 쉬워도 위에서 밑을 내려다보는 푸른 하늘을 속이기는 어려울 것이다.

唐太宗御製에 曰, 上有麾之하고 中有乘之하고 下有附之
당태종어제 왈 상유휘지 중유승지 하유부지
니라. 幣帛依之요 倉凜食之하니 爾俸爾祿이 民膏民脂니라.
폐백의지 창늠식지 이봉이녹 민고민지
下民은 易虐이어니와 上蒼은 難欺니라.
하민 이학 상창 난기

◉◉◉◉

◉ 御製 임금이 지은 글 ◉ 上有麾之 위에는 임금의 총지휘가 있다 ◉ 麾(麾:지휘할 휘, 가르칠 휘) 지휘할 임금을 말함, ◉ 乘(乘:다스릴 승) 관리들의 다스림이 있다 ◉ 附(附:의지할 부, 붙일 부) 따르고 의지하는 백성 ◉ 幣帛衣之(幣:예물 폐, 帛:비단 백) 幣帛예물로 받은 비단으로 옷을 해 입다 ◉ 倉廩食之(廩:곡간 름) 창고에 쌓인 곡식으로 밥을 해 먹다 ◉ 爾俸爾祿(爾:너 이, 俸:녹봉, 祿:녹봉 록) 너희들의 봉급 ◉ 民膏民脂(膏:기름 고, 脂:기름 지) 백성들에게서 짜낸 기름 ◉ 易虐(虐:학대할 학, 사나울 학) 학대하기 쉽다 ◉ 上蒼(蒼:푸를 창) 푸른 하늘 ◉ **難欺** 속이기는 어렵다

◈ 위에는 above ◈ 중간에는 in the middle ◈ 아래에는 below ◈ (해야할)일 what is to be done ◈ 관리집행 management implement ◈ 관리 government worker ◈ 창고 waar house ◈ 짜내다 squeeze ◈ 모든 백성에게서 짜낸 기름 all squeezed out of the people(民膏民脂) ◈ 국민을 학대하다 mal-treat the people(下民易虐)

영문 Above, there is the king who indicates what is to be done. In the middle, there are government officials who fulfil their management implement of what the king has indicated and below, there are the common citizens who merely follow. All of the government workers wear clothing made of silk that they receive as part of their pay, and eat the rice from the grain the citizens offer as part of their pay stored in the ware house, and the government officials must know that the pay you receive is the oil all squeezed out of the people. Though it is easy for government officials to mal-treat the people below, it is difficult to deceive the blue sky seen above.

〈 람이 곧 하늘(人乃天)>이라고 가르친 우리의 종교가 있다. 이 가르침대로라면 백성을 학대하고 착취하는 것은 곧 하늘을 학대하고 착취하는 것과 다를 바 없다. 관료의 부

패와 외세의 수탈로 많은 백성이 고통을 당하던 조선 말기, 동학은 이런 가르침을 바탕으로 들불처럼 백성들 사이에 퍼져 나갔다. 동학은 마침내 관리들의 학정에 맞선 농민 전쟁으로 확대되었고 1년간의 봉기 끝에 미완의 막을 내렸다. 그러나 이 전쟁으로 인해 부패한 조선 왕조는 더욱 급격한 붕괴의 길을 걷게 되었다.

백성을 가볍게 여기는 위정자와 지배 집단은 오래 갈 수 없다. 그러므로 현명한 위정자는 민심을 소홀히 여기지 않는다. 민심은 곧 천심이기 때문이다.

《동몽훈》에 말하기를, 벼슬을 하는 방법은 단지 세 가지 밖에 없으니 그것은 깨끗하고 근신하고 부지런해야 하는 것이다. 이 세 가지를 알면 처신하는 방법을 알 수 있다.

童蒙訓에 曰, 當官之法은 唯有三事하니 曰淸曰愼曰勤이라. 知此三者면 知所以持身矣니라.

● 當官(當:마땅할 당·합당 당) 관직에 해당되다, 벼슬을 하다 ● 唯有三事(唯:오직 유) 단지 세 가지가 있다 ● 曰~ ~라고 말할 수 있다. ● 淸(밝을 청) 맑고 깨끗하다 ● 愼(삼가할 신) 근신하다 ● 此三者 이 세가지 ● 持身(持:지킬 지) 몸가짐

◈ 단지 세 가지 규칙 no more than three rules ◈ 깨끗하다 clean ◈ 근신하다 prudent ◈ 부지런하다 diligent ◈ 처신하는 방법 how to conduct oneself, how to live in the world

영문 There are no more than three rules in carrying out the duties of government office. They are; first one must be clean, second be prudent and third work diligently. When one knows these three, one is able to know how to conduct oneself in life.

선시대에 이런 정승이 한 분 있었다. 성 밖 후미진 곳에 대문은 커녕 나무 울타리도 없는 서너 칸 오두막집에 살았다. 입궐할 때는 짚신에 지팡이만 짚고 나갔으며, 퇴궐하여 집에 오면 맨발에 베옷을 걸치고 채마밭을 가꿨다. 지나던 길손이 찾아들면 신분이나 이름도 묻지 않고 탁주 한 바가지를 내오게 해서 돌려 마셨다.

장마철에 비가 새면 과거 급제시 하사 받은 일산(日傘)을 펴 들고는 「일산이 없는 집에서는 장마철을 어떻게 견디나」라며 걱정했다. 나라에서 받은 녹은 집안과 인근 아이들의 필묵값으로 쓰거나 다리 놓고 길 넓히는데 써버렸다. 이 분이 바로 태조 이성계에서 세종까지 4대에 걸쳐 정승을 지낸 유관(柳寬)이시다. 그가 88세로 죽자 왕은 사흘 동안 조정의 공사를 폐하고 철시령을 내려 애도를 표했다. 그가 살던 집은 일산으로 비를 가린데서 우산각(雨傘閣)이라 불렸으며 청빈의 상징으로 추앙받았다.

譯 관직에 있는 사람은 반드시 심한 화를 내지 않도록 주의하라. 일에 불가한 일 옳지 않은 일이 있거든 마땅히 자상하게 처리하면 반드시 맞지 않는 일이 없을 것이다. 만약 먼저 화부터 낸다면 오직 자신을 해롭게 할뿐이다. 그러니 어찌 남을 해롭게 할 수 있겠는가?

當官者는 必以暴怒爲戒하여 事有不可어든 當詳處之면
당 관 자   필 이 폭 노 위 계   사 유 불 가   당 상 처 지

必無不中이며 若先暴怒면 只能自害라. 豈能害人이리오.
필 무 부 중   약 선 포 노   지 능 자 해   기 능 해 인

◉◉◉◉

◉ 當官者(當:적합할 당) 관직에 있는 사람 ◉ 暴怒(暴:사나울 폭, 怒:노할 노) 심히 화를 내다 ◉ 爲戒(戒:경계할 계) 경계하다
◉ 事有~ ~일에는 ~가 있다 ◉ 不可 불가한 것, 옳지 않음 ◉ 當(마땅 당) 마땅히 ◉ 詳處之(詳:자세할 상) 일을 자상하게 처리하는 것 ◉ 不中 맞지 않는 것 ◉ 先 먼저 ◉ 只能自害(只:다만 지) 오직 자신을 해롭게 할 뿐 ◉ 害人 남을 해롭게 하다

◈ 심한 화를 내다 lose one's temper(暴怒) ◈ ~하지 않도록 주의한다(爲戒) be careful not to ◈ 일을 마땅히 자상하게 처리하다 justly manages the work in detail(當詳處之)

영문 One who is holding a post in government must be careful not to lose his temper. When at work wrong doings will not occur if he justly manages the work in detail. If he starts out in anger, he will only bring harm to himself. As such, how in the world is he able to inflict harm on others?

예화 날에 화를 잘 내기로 유명한 사람이 있었다. 이를 염려하던 아버지는 유언 삼아 한 스승을 소개했다. 스승은 그에게 매일 <참을 인(忍)>한 자씩을 쓰라고 했다. 일년이 지나자 스승은 그만 됐으니 그간 쓴 글자를 눈에 띄는 곳마다 붙이라고 했다. 그는 공부 삯으로 바친 쌀 한 수레가 아까워 집안 곳곳에 '참을 인'자를 붙였다. 어느 날 그는 서울에서 볼일을 마치고 밤늦게야 집에 들어섰다. 그런데 안방 댓돌에 못 보던 신발이 놓여 있었다. 아내의 간음 현장을 잡았다고 생각한 그는 당장에 도끼를 집어들었다. 한 달음에 마루로

올라서는데 달빛에 반짝이는 것이 보였다. 기둥에 붙여둔 인(忍)자였다. 순간 아버지와 스승의 얼굴을 떠올린 그는 도끼를 스르르 손에서 놓았다. 다음날 아내는 친정에서 여동생이 다니러 왔음을 알렸다. 그는 고개도 못 든 채 스승의 뜻을 곱씹고 있었다.

임금 섬기기를 부모 섬기듯 하고 윗사람 섬기기를 형 섬기듯 하며, 친구 대하기를 집안식구 대하듯 하고 아전 대하기를 자기 집 노복 대하듯 하고, 백성 사랑하기를 처자 사랑하듯 하고 나라 일 처리하는 것을 집안 일 처리하는 것처럼 한 후에 능히 최선을 다했다고 할 수 있을 것이다. 만약 털끝만큼이라도 다하지 못한 점이 있다면 모두가 내 마음의 최선을 다하지 못했기 때문이다.

事君을 如事親하고 事長官을 如事兄하고 與同僚를 如家
사군   여사친   사장관   여사형   여동요   여가

人하고 待羣吏를 如努僕하고 愛百姓을 如妻子하고 處官事
인   대군이   여노복   애백성   여처자   처관사

를 如家事然後에 能盡吾之心이니라. 如有毫未不至면 皆
여가사연후   능진오지심   여유호미부지   개

吾心에 有所未盡也니라.
오심   유소미진야

◉ 事(섬길 사) 섬기다 ◉ 親(어버이 친) 어버이 ◉ 長官(長:나을 장) 상관, 윗사람 ◉ 與同僚(與:더불어 여, 僚:동료 료) 친구를 대하다 ◉ 家人 집안식구 ◉ 羣吏(羣:무리 군) 여러 아전 ◉ 僕(종 복) ◉ 處官事(處:처치할 처) 나라 일을 처리하다 ◉ 能盡吾之心 능히 나의 마음을 다하다 ◉ 有毫未不至(毫:잔털 호) 털끝만큼이라도 다하지 못한 바가 있다 ◉ 有所未盡 다하지 못한 바가 있다.

◈ ~하는 것을 ~하듯 하다 ~ing is like ~ing ◈ ~와 사귀다
associate with~ ◈ 집안 일을 처리하다 run one's household

영문 Serving the king is like serving your parents and serving
a senior, like serving your elder brother. Associating with
friends is like associating with your family member and
treating a subordinate, like treating your servant. Loving the
people is like loving your wife and children. When after the
nation is governed as well as you run your household, it can
then be said that you have done your best. If you do not do
your best even just a little bit, it is because you have not done
all your hearts best.

종임금은 왕위에 오르는데 많은 무리를 범했지만 백성들
을 끔찍이 아끼고 사랑한 임금이었다. 그는 종로 네거리에
신문고를 매달아 백성들이 마음놓고 억울한 사정을 고할 수
있게 했다. 또한 흉년이 들면 쌀로 술을 못 빚게 함은 물론
자신부터 술을 끊었다. 그는 56세로 눈을 감을 때도 가뭄에
시달리는 백성들을 생각하며 「내가 죽으면 상제께 아뢰어
비를 얻어 보내리라」 하면서 숨을 거두었다. 그런데 과연 그
날 밤부터 비가 내려 그 해 농사는 풍년이 되었다.

조선 왕조가 오백 년이나 명맥을 이은 까닭은 그래도 태
종과 같은 성군이 있었기 때문이다. 사람뿐 아니라 하늘까지
도 감동시키는 정성 앞에 고개 숙이지 않을 백성은 없다.

譯 어떤 사람이 이천 선생에게 묻기를, 「부(簿)는 영(令)을 돕는 사람
인데 부가 하고자 하는 바를 영이 따르지 않으면 어떻게 합니까?」
하였다. 정이천 선생이 대답하기를, 「당연히 성의로써 그를 감동시

켜야지요. 지금 영과 부의 불화는 곧 사사로운 마음으로 다투는 것입니다. 영은 고을의 장이니 만약 아버지와 형을 섬기는 도리로 그를 섬겨 허물은 자기의 탓으로 돌리고 착한 일이 단지 영에게 돌아가지 않는 것을 염려해서 이와 같은 성의를 쌓으면 어찌 사람을 감동시키지 못한단 말입니까?」하였다.

或問, 簿는 佐令者也라 簿所欲爲를 令或不從이면 奈何닛
혹문 부 좌영자야 부소욕위 영혹부종 나하

고. 伊川先生이 曰, 當以誠意動之니라. 今令與簿不和는
이천선생 왈 당이성의동지 금영여부불화

便是爭私意라. 令은 是邑之長이니 若能以事父兄之道로
변시쟁사의 영 시읍지장 약능이사부형지도

事之하여 過則歸己하고 善則唯恐不歸於令하여 積此誠意
사지 과칙귀기 선칙유공불귀어영 적차성의

면 豈有不動得人이리오.
기유부동득인

◉ 或問(或:어떤사람이 혹) 어떤 사람이 묻다 ◉ 簿(簿:문서 부) 관청에서 장(長)을 보좌하는 직위 ◉ 佐令者(佐:도울 좌) 영(令)을 돕는 자 ◉ 所欲爲 하고자 하는 일 ◉ 或不從(或:혹시 혹) 혹시 따르지 않으면 ◉ 奈何(奈:어찌 나) 어떻게 합니까? ◉ 當(마땅 당) 마땅히 ◉ 以誠意 성의로 ◉ 動之(動:움직일 동) 영을 감동시키다 ◉ 令與簿不和 영과 부의 불화 ◉ 便是(便:문득 변·곧 변) 문득, 곧 ◉ 爭私意(爭:다툴 쟁) 사사로운 마음으로 다투다 ◉ 以事父兄之道 부형(父兄)을 섬기는 도리 ◉ 若能事之 그를 섬길 수 있다면 ◉ 過則歸己(歸:돌아갈 귀) 잘못은 자기 탓으로 돌리다 歸~에게로 돌아가다 ◉ 唯恐不歸於令(唯:오직 유, 恐:두려울 공, 歸:돌아올 귀) 영에게 돌아가지 않는 것을 염려할 뿐이다 ◉ 積此誠意 이 같은 성의를 쌓다 ◉ 豈有不動得人(得:얻을 득) ~得:~할 수 있다, 어찌 사람을 감동시키지 못하겠는가?

◈ 깊이 감격시키다 deeply impressed ◈ 성의로서 with the secretary's sincerity ◈ 지금 영(令)과 부(簿)는 불화 상태에 있다

Now the chief and secretary are in discord(今令與簿不和) ◈ 사사로운 마음으로 다투는 것이다 The discord is the conflict between the private hearts (便是爭私意) ◈ ~을~탓으로 돌리다 put down~ to~ (過則歸~) ◈ ~을~공(탓)으로 돌리다(善則歸於~) ◈ ~를 감동시키다 move~, make an impression on~ (有動得人)

영문 A man once said to a famous scholar, "Since the secretary is a person who assists the chief, what about the case when the chief does not follow what the secretary intends to advise him to do?" The scholar said, "Naturally, the chief must be deeply impressed with the secretary's sincerity. Now the chief and the secretary are in discord. That discord is the conflict between the private hearts of the chief and secretary. The chief(令) is the head of a district, so if he serves the chief as if his father or elder brother, and likewise if the secretary puts down faults to himself and attributes good deeds to his chief and as such if this kind of sincerity is accumulated then how could it be that the secretary is not able to make a deep impression on the chief?"

譯 유안례가 백성을 다루는 도리를 묻자 명도선생이 말하기를, 「백성으로 하여금 그 뜻을 펴게 하시오.」 아전을 거느리는 방법을 묻자 말하기를, 「자기 자신을 올바르게 함으로써 사물의 이치를 깨닫게 하시오」라고 했다.

劉安澧가 問臨民한대 明道先生曰, 使民으로 各得輸其情
유 안 예   문 임 민   명 도 선 생 왈   사 민   각 득 수 기 정
이니라. 問御吏한대 曰正己以格物이니라.
            문 어 이   왈 정 기 이 격 물

◉◉◉◉

◉ 臨民(臨:임할 림) 백성에게 일하는 것, 백성을 대함에 있어 ◉ 使(하여금 사, 시킬 사)~ ~로 하여금 ~하게 하다 ◉ 輸其情(輸:다할 수) 그 뜻을 다하도록 하다, 그 뜻을 다 펴도록 하다 ◉ 御吏 아전을 거느리는 방법 ◉ 正己以格物 (格:격식 격, 감동할 격) 자기 자신을 바르게 함으로써 사물의 이치를 깨닫게 하다 ◉ 格物 사물의 이치를 깨닫다

◈ 이름을 ~라고 하는 by the name of~ named ~ ◈ ~을 거느리는 방법 the way to treat~ ◈ 그 뜻을 펴다 determine one's own way ◈ 아전을 거느리는 방법 the way to command subordinates ◈ 사물의 이치를 깨닫게 하다 let ~perceive the reasoning in issue

영문 When an aristocrat by the name of 'Liew' of Chinese Song Dynasty inquired about the way to treat the people, the honorable scholar named 'Mingdao'said, "Let the people determine their own way." Again the one inquired about how to command subordinates and the other said, "By allowing them to make themselves correct and clean, let them perceive the reasoning in issue will become clear of itself."

나라 항우를 무찌르고 천하를 얻은 유방이 어느 날 잔치를 베풀었다. 이때 유방은 신하들에게 자신이 천하를 얻게 된 이유를 이렇게 설명했다.

「본래 진영 내에서 계략을 짜 천리 밖의 승리를 결정하는 데는 장량(張良)이 나보다 뛰어나오. 내정의 충실이나 민생의 안정 등에서는 소하(蕭河)의 상대가 되지 못하오. 백만 대군을 움직여 이긴다는 점에서는 한신(韓信)을 따를 수 없소. 이세 사람은 모두 위대한 인물이오. 그러나 나는 그 인재들을 잘 다룰 수 있었소. 이것이야말로 내가 천하를 갖게 된 이유요. 항우는 범증(范增)이라는 한 사람의 인재조차 이용하지

못했소. 그래서 내 제물이 된 것이오.」

사람을 뜻대로 쓰려면 지도자로서의 자질이 필요하다. 조직을 관리하고 이끄는 리더십이 있어야 하고 존경심을 일으킬 만한 카리스마도 요구된다. 그러나 가장 중요한 것은 인재들이 마음껏 제 능력을 펴도록 바탕을 마련하는 능력과 항상 모범을 보이는 자세이다.

譯 포박자가 말하기를, 도끼에 맞는 한이 있어도 바르게 간하고, 가마솥에 넣어서 죽이려 해도 옳은 말을 다하면 이를 충신이라 한다.

抱朴子가 曰, 迎斧鉞而正諫하며 據鼎鑊而盡言이면 此謂
포 박 자   왈   영 부 월 이 정 간   거 정 확 이 진 언   차 위

忠臣也니라.
충 신 야

◉ 迎斧鉞(迎:맞을 영, 斧:도끼 부, 鉞:도끼 월) 도끼를 맞다 ◉ 正諫(諫:간할 간) 바르게 간하다 ◉ 據鼎鑊(據:누를 거, 鼎:솥 정, 鑊:가마솥 확) 가마솥에 눌러 넣다, 가마솥에 넣어서 죽이려 하다 ◉ 盡言(盡:다할 진) 옳은 말을 다하다 ◉ 此謂忠臣也(謂:이를 위) 이를 충신이라 일컫는다, 이를 충신이라 말할 수 있다.

◈ 도끼에 맞는 한이 있더라도 though ∼ be confronting death by axing(迎斧鉞) ◈ 간하다 remonstrate ◈ 가마솥 cauldron

영문 Though you are confronting death by axing, you remonstrate to the king and though you are confronting death by boiling in the cauldron, you speak the truth to him. You are the king's loyal subject.

조 이성계가 창업 공신들에게 잔치를 베풀 때의 일이다. 잔치에 온 사람들 대부분은 고려 조정에 몸담았던 구신들이었다. 송도의 명기(名妓) 설중매도 이 잔치에 불려갔다. 뛰어난 재색으로 이름났지만 바람기로도 유명한 여자였다. 잔치가 무르익자 한 정승이 취기를 빌어 설중매를 희롱했다.

「소문을 들으니 너는 아침에는 동쪽 집에서 밥을 먹고, 저녁에는 서쪽 집에서 잠을 잔다더구나. 그러니 오늘밤은 늙은 나와 지내보지 않으련?」

이에 설중매의 입에서는 거침없는 대답이 흘러나왔다.

「지당하신 말씀입니다. 동쪽에서 밥 먹고 서쪽에서 잠자는 기생이 왕씨도 섬기고 이씨도 섬기는 정승과 어울린다면 천생연분 아니겠습니까?」

한낱 기생이었던 설중매가 돋보일 만큼 의인(義人)이 설 자리가 없었던 시대였다. 시대가 어려울수록 교언영색(巧言令色)과 곡학아세(曲學阿世)로 치장한 사람들이 설친다. 오늘날에도 크게 달라진 것은 없는 듯하다.

집안이 화목하면 만사가 형통한다

治家篇

치가편

사마온 공이 말하기를, 무릇 아랫사람들은 일의 대소를 막론하고 제멋대로 행동하지 말고 반드시 집안어른에게 여쭈워 봐서 행해야 한다.

司馬溫公이 曰, 凡諸卑幼는 事無大小하고 毋得專行하며
사 마 온 공 　 왈 　 범 제 비 유 　 사 무 대 소 　 　 무 득 전 행

必咨稟於家長이니라.
필 자 품 어 가 장

◉ 凡諸 무릇, 모든 ◉ 卑幼(卑:낮을 비) 손아랫사람 ◉ 事無大小 일의 크고 작음을 가릴 것 없이 ◉ 毋得(毋:말 무) 해서는 안 된다 ◉ 專行(專:임의로할 전) 제 멋대로 하다, 마음대로 하다 ◉ 咨稟(咨:탄식할 자·꾀할 자, 稟:여쭐 품) 여쭈어 보다 ◉ 家長 집안어른

◈ ~해야한다 be to ~ ◈ 제멋대로 in one's own way

None of the subordinate people are to do anything large or small in the house in their own way. They are certainly to first discuss matters with the elders of their house and then act accordingly.

310

날에 부모가 늙으면 산에 버리도록 한 법을 만든 나라가 있었다. 법이 엄하여 모든 사람들이 따랐지만 한 대신만은 차마 그럴 수 없어 몰래 굴을 파고 아버지를 모셨다. 하루는 나라를 수호하던 천신(天神)이 이상한 수수께끼를 내놓고, 열흘 안에 풀지 못하면 온 나라를 멸망시킨다고 하였다. 왕과 신하들은 갖은 지혜를 짜내 보았지만 허사였다. 아버지를 숨겨놓은 대신도 걱정이 이만저만이 아니었다. 며칠동안 아들이 근심어린 표정을 하고 있자 노인이 까닭을 물었다. 아들은 그간의 일을 소상히 말씀드렸다. 그러자 노인은 환희 웃으며 해답을 가르쳐 주었다.

대신은 급히 왕에게 답을 고했고 그 나라는 천신의 화를 피할 수 있게 되었다. 그리고 대신으로부터 자초지종을 듣게 된 왕은 즉시 법을 폐지하고 온 백성들에게 부모를 잘 모시도록 명했다.

삶의 지혜는 오랜 경험의 농축인 경우가 많다. 우리가 사소한 것이라도 어른에게 묻는 이유가 여기에 있다. 젊은이의 가능성과 패기를 올바른 길로 이끄는 것이 곧 노인의 지혜이다.

손님 대접은 정성껏 해야 하고 집안 살림은 검소하지 않으면 안된다.

待客은 不得不豊이요 治家는 不得不儉이니라.
대 객 　 부 득 불 풍 　 치 가 　 부 득 불 검

◉ 待客(待:대접할 대, 客:손 객·사람 객) 손님을 대접하는 것
◉ 不得不 하지 않을 수 없다, 해야 하다 ◉ 豊(풍년 풍) 풍성하
게 하다 ◉ 儉(儉:검소할 검) 검소하다

◆ ~에게 대접하다 give hospitable treatment to~(待客) ◆ 검소하
다 practice frugality(儉)

영문 You must do your best to give hospitable treatment to
your guests and must always practice frugality within the
home.

소함과 인색함을 분간하기란 참으로 쉽지 않다. 절약에 절약
을 거듭하여 살지만 인색하다는 소리를 듣기가 십상이고 조
금만 베풂이 너그러우면 가진 체한다는 소리를 듣는다. 열심히
벌어서 아껴 가며 살기는 마찬가지인데 왜 이런 소리를 들을
까? 그것은 쓰는 방법에 달린 듯하다. 아무리 돈을 모으는 방
법이 알뜰했다 해도 오로지 자기만을 위하여 쓴다면 인색하다
는 소리를 들을 것이요, 남을 위해 베풀 줄 안다면 검소하다는
소리를 들을 것이다. 돈을 벌기보다 쓰기가 어려운 법이다.

譯 강태공이 말하기를, 어리석은 자는 아내를 두려워하고 어진 여자는
남편을 공경한다.

太公이 曰, 痴人은 畏婦요 賢女는 敬夫니라.
태 공　　 왈　　 치 인　　 외 부　　 현 여　　 경 부

◉ 痴人(痴:어리석을 치) 어리석은 자 ◉ 畏婦(畏:두려울 외) 아내
를 두려워하다

◈ 어진 아내 benevolent wife(賢女)

영문 The foolish person fears his wife and the benevolent wife respects her husband.

크라테스의 아내 잰티피는 악처로 유명한 여자이다. 남편에게 욕설을 하는 것은 능사요 심지어 두들겨 패는 일까지 있었다. 어떤 사람이 소크라테스에게 왜 그런 악처와 사느냐고 물었다. 그는 이렇게 대답했다.

「훌륭한 기수일수록 성질이 사나운 말을 고르는 법이오. 왜냐하면 그런 말을 잘 달래서 탈 수 있는 사람이면 어떤 말이든지 다 탈 수 있기 때문이오. 내가 지금 잰티피를 잘 달랠 수만 있다면 어떤 성질을 가진 사람이라도 잘 달랠 수가 있을 것이오.」

소크라테스는 결코 아내의 못된 성질을 탓하지 않았으며, 굳이 존경을 바라지도 않았다. 아내를 험담하는 것이야말로 아내를 두려워한다는 증거이며, 존경이란 저절로 우러나는 것이기 때문이다. 진심으로 아내를 사랑하고 또 남편을 존경하는 부부는 그것을 강요하지도 바라지도 않는다.

譯 모든 노복(奴僕)을 부림에 있어서 먼저 그들의 배고프고 추운 것을 생각하라.

凡使奴僕에 **先念飢寒**하라.
범 사 노 복　　　선 염 기 한

◉ 使 사람을 부리다, 使는 사역동사 ◉ 先念 먼저 생각하다 ◉
飢寒(飢:굶을 기, 寒:추울 한) 배고픔과 추위

◆ 노복 the servants in one's employee(奴僕)

영문 You should first consider their hunger and cold of all of the servants in your employee.

날 한 고을에 손재주라곤 없는 여자가 있었다. 어느 날 부잣집에서 바느질품을 팔 일이 생겼다. 재주 없는 여자는 오전 내내 실을 뜯었다 기웠다, 뜯었다 기웠다 하고 있었다. 이를 눈치 챈 부잣집 안주인은 점심밥을 지은 솥뚜껑을 열었다 닫았다, 열었다 닫았다 했다.

오후가 되도록 밥 소식이 없자 안주인의 속셈을 알아챈 여자는 점심을 포기하고 대문을 나섰다. 그러자 기다리던 안주인이 「잘 가요, 뜯기어멈」 하고 비아냥거렸다. 졸지에 뜯기어멈이 된 여자도 「그럼 잘 있어요, 여닫어멈」 하고 쏘아붙였다.

능력도 없이 돈을 벌려는 여자의 심보도 문제지만, 한 끼 밥의 온정도 베풀지 못하는 안주인의 처사가 더 문제다.

아들이 효도하면 양 부모가 다 즐겁고 집안이 화목하면 모든 일이 다 잘 이루어진다.

子孝雙親樂이요 家和萬事成이니라.
자 효 쌍 친 낙   가 화 만 사 성

◉ 雙親(雙:새두마리 쌍, 쌍 쌍) 아버지와 어머니

◈ 집안이 화목하다 there is harmony within the home(家和)

영문 If a son is filial to his parents, they are all well and if there is harmony within the home all matters will turns out fine.

자의 제자였던 자권은 일찍이 어머니를 여의고 계모 슬하에서 자랐다. 그런데 계모는 제 자식만 편애하고 자권을 먹이고 입히는 데 야박하여 한겨울에도 자권은 얇은 홑옷으로 견뎌야 했다. 몹시 추운 어느 날 이 사실을 안 아버지는 당장에 계모를 쫓아내려 했다. 그러자 자권은 의붓동생들의 처지가 딱해질 걸 염려하며 아버지를 극구 말렸다. 그날 밤 아버지는 자권과의 일을 계모에게 말했다. 그제서야 크게 뉘우친 계모는 다음날부터 새사람이 되었다.

자신보다 가정의 화목을 먼저 생각한 자권의 마음씀씀이가 대견하다. 이처럼 효란 자기보다는 부모와 형제를 위하는 마음이다. 이런 마음가짐에서 효가 시작된다는 것을 명심하자.

때때로 불나지 않도록 예방하고 밤중에 도적이 드는 것을 방비하라.

時時防火發하고 夜夜備賊來니라.
시 시 방 화 발   야 야 비 적 내

◉ 防火發(發:열일어날 발, 일어날 발) 불 나는 것을 막다 ◉ 備賊來(備:방비할 비 · 갖출 비,賊:도적 적) 도적이 드는 것을 방비하다

◈ 불나지 않도록 조치를 취하다 measures need to be taken to prevent the outbreak of fire(防火發)

영문 There are times when measures need to be taken to prevent the outbreak of fire and defend against the attack by a thief at night.

예화 날에 한쪽 눈이 먼 사슴이 있었다. 그 사슴은 언제나 바닷가에서 풀을 뜯었다. 온전치 못한 눈으로 사냥꾼을 살피려면 어쩔 수 없었다. 바닷가에는 사람이 없어 온전한 눈으로 육지쪽만 경계하면 되었기 때문이다. 그래서 사슴은 항상 바닷가를 떠나지 않았다. 그런데 어느 날 배를 타고 지나가던 사냥꾼이 화살을 쏘았다. 화살은 바다 쪽을 쳐다보지도 않던 사슴의 목에 박혔다. 가쁜 숨을 몰아 쉬며 사슴은 말했다.

「나는 얼마나 운이 나쁜가! 언제나 경계하던 육지에서는 위험이 없었는데 내 몸을 지켜주리라 생각했던 바다에서 화살을 맞다니.」

대부분의 불행은 방심에서 비롯된다. 바쁘게 살아가다 보면 놓치고 잊어버리는 것이 꼭 있게 마련이다. 큰 낭패를 당하지 않으려면 늘 확인하는 수밖에 없다. 돌다리도 꼭 두들겨 보고 건너라는 것이다.

譯 ≪경행록≫에 이르기를, 아침 저녁 식사시간의 이르고 늦음을 보아 그 사람 집의 흥하고 쇠하는 것을 점칠 수 있다.

景行錄에 云, 觀朝夕之早晏하여 可以卜人家之興替니라.
경 행 록   운   관 조 석 지 조 안   가 이 복 인 가 지 흥 체

⊛⊛⊛⊛

◉ 觀(볼 관)~ ~을 보아서 ◉ 朝夕早晏(무:이를 조, 晏:늦을 안) 아침 저녁 식사의 이르고 늦는 것 ◉ 興替(興:일어날 흥, 替: 멸할 체) 흥하고 쇠하는 것

◈ 집의 흥함과 쇠함 The rise or the decline of a household(家之興替)

영문 The rise or the decline of a household can be predicted by observing how early or how late the morning and evening meal times are.

국의 제20대 대통령 가필드가 대학생 때였다. 과 친구 중에 수학만큼은 수석을 놓치지 않는 학생이 있었다. 지는 걸 싫어했던 가필드는 그를 따라 잡으려고 열심히 공부했다. 하지만 노력한 보람도 없이 수학은 언제나 그 학생이 우수했다. 어느 날 밤, 공부를 마친 가필드는 잠자리에 들려다 그 학생의 방을 보았다. 열린 문틈으로 흘러나오던 불빛은 10분 후에 꺼졌다. 그 순간 가필드는 「그래, 바로 이 10분이었어.」라고 깨달았다.

그는 다음날부터 그 학생보다 10분 늦게 잠자리에 들었다. 그 시간에 그만큼 많은 수학문제를 풀던 가필드는 마침내 수학에서도 수석을 차지했다. 대통령이 된 뒤에도 가필드는 그때의 일을 회상하며 이렇게 말했다.

「10분을 이용한다는 것, 이것이 모든 일에서 성공을 낳는 비결이다.」

성공의 비결은 참으로 간단하다. 일찍 일어난 새가 모이를 많이 먹고 늦게 자는 사람이 성공한다.

譯 문중자가 말하기를, 혼인에 임해서 재물을 논한다는 것은 오랑캐의
짓이다.

文仲子曰, 婚娶而論財는 夷虜之道也니라.
문 중 자 왈   혼 취 이 논 재   이 노 지 도 야

◉ 婚娶(婚:혼인할 혼, 娶:장가들 취) 결혼, 혼인 ◉ 論財 재물을
논하다 ◉ 夷虜(夷:클 이·오랑캐 이, 虜:사로잡을 로) 오랑캐

◆ 재물을 논하다 engage in talk about material things(論財)

英文 One who engages in talking about material things when
arranging marriage is a barbarian.

요즘 문제가 되는 혼수와 관련된 신문기사 하나가 생각난다.
혼수품이 적다는 이유 등으로 부인을 상습적으로 때린 한
의사가 구속되었다는 기사다. 「의사인 나에게 어떻게 빈손으
로 시집올 수 있느냐」며 부인을 마구 때려 전치4주의 상처를
입혔다는 것이다. 결국 잦은 폭행에 견디지 못한 부인의 고
소로 의사는 구속되고 말았다.

요즘 결혼세태를 보면 이런 기사내용이 그리 충격적이지
않다. 신랑과 신부가 결혼하는 것이 아니라 신랑의 지위와
신부의 혼수가 결혼하는 것이라고 해도 과언이 아니다. 그런
사람이 많다고는 생각하지 않지만 문제는 그 소수가 우리
사회를 이끄는 사람들이라는 데 있다.

이런 천박한 <오랑캐>의 풍습이 어떻게 우리 사회에 퍼지
게 되었는지 한탄스러울 따름이다.

인륜의 출발은 부부애와 우애로부터

安義篇

안의편

《안씨가훈》에 말하기를, 사람이 있고 난 후에 부부(夫婦)가 있고, 부부가 있고 난 후에 부자(父子)가 있고, 부자가 있고 난 후에 형제(兄弟)가 있다. 한 집안에서 제일 친한 것은 이 세 가지뿐이니 여기에서부터 나아가 모든 가족에 이르기까지 이 세 가지가 근본이 된다. 그러므로 인륜에 있어 이것이 가장 소중하니 두텁게 지내지 않을 수 없다.

顔氏家訓에 曰, 有人民而後에 有夫婦하고 有夫婦而後에
안 씨 가 훈   왈   유 인 민 이 후   유 부 부   유 부 부 이 후

有父子하고 有父子而後에 有兄弟니라. 一家之親이 此三
유 부 자   유 부 자 이 후   유 형 제   일 가 지 친   차 삼

者而已矣요 自玆以往으로 至于九族이 皆本於三親焉이
자 이 이 의   자 자 이 왕   지 우 구 족   개 본 어 삼 친 언

라. 故로 於人倫에 爲重也니 不可不篤이니라.
고   어 인 륜   위 중 야   불 가 부 독

◉ 有人民而後 사람이 있고 난 후에 ◉ 有夫婦而後 부부가 있고

319

난 후에 ◉ 一家之親(親:친할 친) 한 집안에서 가장 가깝고 친한 것 ◉ 自~ 至~ ~에서 ~까지 ◉ 自玆以往(玆:이 자, 往:갈 왕) 여기에서부터 나아가 ◉ 至于九族(于:갈 우) 모든 일가에 이르기 까지, 九族은 고조(高祖), 증조(曾祖), 조(祖), 부(父), 나, 아들, 손자, 증손(曾孫), 현손(玄孫)의 아홉 계층을 말한다. ◉ 皆本於三 親焉 모든 근본이 이 세 가지에 있다 ◉ 於人倫(倫:인륜 륜) 인륜 에 있어 ◉ 爲重也 가장 소중하다 ◉ 不可不 ~하지 않을 수 없 다 ◉ 篤 돈독하게 지내다

◈ ~뿐 none other than ◈ ~로 인정되다 be recognized as

영문 Family precepts of the Ahns say ; when there is a person, there is a couple and after a couple there are father and son and after father and son, there are brothers. Within one household, the closest relations are none other than these three relationships. Because these three relationships are the roots in all families, they can only be recognized as the most precious things in all of humanity.

자의 여러 제자 중에 증자는 특히 효성이 지극했다. 하루 는 증자의 아내가 장에 가려고 나서는데, 아이들이 따라가 겠다고 울어대는 것이었다. 증자의 아내는 아이들을 떼어놓 으려고 장에 갔다 와서 돼지를 잡아 주겠다고 헛약속을 했 다. 아내가 집에 돌아오니 남편이 돼지를 잡으려고 끌어내고 있었다. 아내는 깜짝 놀라 아이들을 떼어 놓으려고 한 말이 라며 남편을 말렸다. 그러자 증자가 말했다.

「아이들에게 그런 실없는 말을 하는 게 아니오. 아이들은 부모에게서 배우는 것이오. 당신은 아이들에게 속임수를 가 르쳤소. 어머니가 자식을 속여서 믿지 못하게 된다면 교육이 어찌 있을 수 있겠소.」

증자는 결국 돼지를 잡아 아이들에게 먹였다.

가족간의 믿음은 인륜의 기초다. 이 기초가 제대로 갖추어져

있지 않으면 다른 무엇도 이룰 수가 없다. 가족간에 믿음을 형성해 나가는 데 있어 가장 중요한 것은 약속을 지키는 것이다.

장자가 말하기를, 형제는 수족(手足)과 같고 부부는 옷과 같아서 옷이 찢어질 때는 새 옷을 다시 만들어 갈아 입을 수 있지만 수족이 한 번 끊어지면 다시 잇기가 어렵다.

> 莊子曰, 兄弟는 爲手足이요 夫婦는 爲衣服이니 依服破時
> 장 자 왈 형 제   위 수 족   부 부   위 의 복   의 복 파 시
> 엔 更得新이어니와 手足斷時엔 難可續이니라.
>   갱 득 신   수 족 단 시   난 가 속

◉ 爲手足 수족이 되다, 수족과 같다 ◉ 更得新 새 것을 다시 만들어 갈아입을 수 있다 ◉ 難可續(續:이을 속) 잇기가 어렵다

◆ 만들어 입다 make and wear(更得新) ◆ 끊어지다(斷) be severed

영문 Brothers and sisters are like hands and feet and a married couple is like clothing, so when that clothing is torn, it is possible to make and wear new one but if the hands and feet are severed, it is difficult to connect them together again.

목하지 못하고 싸우기만 하는 형제가 있었다. 하루는 아버지가 두 아들을 불러 앉혀 놓고 나뭇단을 하나씩 그들에게 나누어 주었다.

「너희들 중 누구든 이 나뭇단을 묶은 그대로 꺾어 보아라.」

아들들은 서로 나뭇단을 꺾어 보려고 했지만 꺾지 못했다. 다음에 아버지는 그것을 풀어 나뭇가지 하나씩을 나누어주었다.

「자, 이번에는 나뭇가지를 하나씩 꺾어 보아라.」

아들들은 쉽게 나뭇가지를 꺾었다.

「서로 화목하면 나뭇단처럼 힘이 있게 되고 싸우면 둘 다 망한단다.」

이 이야기는 결혼해 가정을 이룬 형제들에게 꼭 들려주고 싶다. 함께 자랄 때는 의리 있게 지내던 형제들도 각자 가정을 갖게 되면 사이가 나빠지는 경우가 많다. 하늘이 맺어준 형제간의 인연을 소홀히 하고서야 다른 일을 아무리 잘해도 사람의 도리를 다한다고 할 수 없다.

譯 소동파가 이르기를, 부자(富者)라고 해서 친하지 않고 가난하다고 해서 멀리하지 않는 바로 이런 사람이 인간 세상에서 대장부이고, 부자이면 나아가고 가난하면 물러가는 바로 이런 사람이 인간 세상에서 진실로 소인배이다.

蘇東坡가 云 富不親兮貧不疎는 此是人間大丈夫요 富
소 동 파   운 부 불 친 혜 빈 불 소   차 시 인 간 대 장 부   부
則進兮貧則退는 此是人間眞小輩니라.
칙 진 혜 빈 칙 퇴   차 시 인 간 진 소 배

◉ 不疎 멀리하지 않다, 소원하게 않는다 ◉ 人間 인간세상에서
◉ 兮 어조사 ◉ 少輩(輩:무리 배) 소인배, 행동이 정직하지 못한 소인배

◈ 나아가고(으시대고) be elated(進) ◈ 부자와 가까웁다 be near the rich ◈ 가난한 사람과 멀다 be far fronothe poor

영문 One who tries not to be near the rich and far from the

poor is really a big man. One who is elated when rich and
is disappointed when poor is really a small man.

질이 다른 어떤 가치보다 우선시 되고 인격의 고하가 돈
으로 매겨지는 슬픈 세상이다. 심지어는 아이들까지 부모
의 본을 받아 옷 잘입고 잘생긴 친구와만 친하려 하고, 초라
한 친구들을 가까이 하지 않는다고 한다. 염량세태(炎凉世態)
라더니 이 구절의 말대로 우리 주위에는 <소인(小人)>들만
가득한 것 같다. 공자는 이렇게 말했다.

「군자는 의에 깨닫고 소인은 이익에 깨닫느니라(君子喩於
義小人喩於利)」≪논어≫<이인편(理人篇)>.

보는 눈이 없어도 흐트러짐 없기를

遵禮篇

준례편

譯 공자가 말하기를, 집에 예가 있기 때문에 어른과 어린이의 분별이 있고, 집안에 예가 있기 때문에 삼족(三族)이 화목하게 지낼 수 있고, 조정에 예가 있기 때문에 벼슬 지위에 서열이 있고, 사냥하는 데 예가 있기 때문에 군사 행위가 억제되어 질서가 있고, 군대에 예가 있기 때문에 무공을 세울 수가 있다.

子曰, 居家有禮故로 長幼辨하고 閨門有禮故로 三族和하
자왈 거가유예고   장유변   규문유예고   삼족화

고 朝廷有禮故로 官爵序하고 田獵有禮故로 戎事閑하고
  조정유예고   관작서   전엽유예고   융사한

軍旅有禮故로 武功成이니라.
군여유예고   무공성

◉ ~故 ~때문에 ◉ 長幼辨(辨:분별할 변) 어른과 어린이의 분별이 있다 ◉ 閨門(閨:안방 규) 집안 ◉ 官爵序(爵:벼슬 작) 벼슬 지위에 서열(序列)이 있다 ◉ 田獵 사냥하는 것 ◉ 戎事閑(戎:군사 융, 군장비 융) 군사 행위가 억제되어 질서가 있고 ◉ 軍旅(旅:여단 려, 군사 오백인 려) 군대 ◉ 武功成 무공을 세우다

◈ 어른과 어린이의 분별이 있다 adults are distinguished from children(長幼辨) ◈ 화목하게 지내다 get along in peace and harmony(和) ◈ 조정 royal court(朝庭) ◈ 벼슬과 지위의 서열 ranking-order among the official government posts(官爵序) ◈ 무공 martial virtue(武功)

영문 Because there are manners in the house, adults are distinguished from children. Because there are manners within the home the three relationships (grandfather and father, brothers and sisters) can get along in peace and harmony. Because there is etiquette in the loyal court, there is ranking-order among the official government posts, And because there is etiquette when hunting, the military is restrained well to be at peace. Because there is etiquette in the military, martial virtues can be achieved.

예 는 무엇 때문에 생겼을까? 순자(荀子)는 이렇게 말했다. 「사람은 나면서 우는 데 절제와 한계가 없으니 이로 인해 다툼이 생긴다. 다투면 어지러워지고 어지러워지면 궁해진다. 성인들이 그 어지러움을 싫어하여 예의를 제정하여 분별력을 가지게 하고 욕망을 길들이게 하였으며, 구하는 바를 고르게 공급되게 하여 욕심을 내되 재물이 궁하지 않게 하고, 재물이 욕망 때문에 바닥나지 않게 하여 조화를 도모한 것이다.」

예란 어찌할 수 없는 인간의 욕망과 그로 인한 분쟁을 조정하기 위해 인간이 만들어낸 하나의 장치인 것이다.

 공자가 말하기를, 군자가 용기는 있지만 예가 없으면 세상을 어지럽히고 소인이 용기만 있고 예가 없으면 도둑이 된다.

子曰, 君子有勇而無禮면 爲亂하고 小人이 有勇而無禮면
자왈 군자유용이무예 위난 소인 유용이무예

爲盜니라.
위 도

◉ 爲亂(亂:어지러울 란) 세상을 어지럽히다 ◉ 爲盜(盜:도둑 도)
도둑이 되다

◈ 용기가 있는 (용맹스러운) valiant(勇) ◈ 예가 없다 lacks etiquette
(無禮)

영문 When a virtuous man is only valiant but lacks etiquette,
the world becomes disorganized and when a common man is
merely valiant but lacks etiquette, he becomes a thief.

(禮)라는 것은 질서를 의미한다. 가정이든 사회든 규모에
상관없이 어느 집단이나 질서가 필요하다. 사공이 많으면
배가 산으로 간다는 말이 있듯이 백 사람이 모이면 백 가지
마음이 있어 일을 진척시키기가 어려우므로 사람들 간의 관
계에 일정한 기준과 원칙이 필요한 것이다.

우리는 찬물 마시는데도 위, 아래를 둘 정도로 나이로 질
서를 만들어왔다. 사람을 만나면 상대의 나이를 묻고. 나이에
따라 태도를 결정하는 것은 우리의 집단무의식이라고 할 수
있을 것이다. 최근에는 이러한 전통적인 질서에 반기를 드는
사람들이 늘고 있다. 효율적으로 조직을 운용하기 위해 만들
어진 질서가 때로 조직의 발전을 저해하기도 한다는 것이다.

사실 질서가 때로는 구속으로 느껴지는 경우가 많다. 나이
많다는 이유로 권위를 내세워 아랫사람의 진취성을 억압하
거나 부당한 처우를 받고도 나이 많은 사람이라 항변하지
못하는 경우가 그렇다. 하지만 도덕적 질서를 위한 최소한의

구속은 우리 행동의 한계를 미리 설정하는 의미가 있음을 명심하자.

譯 증자가 말하기를, 조정에 있어서는 벼슬 높은 것이 제일이고, 고장에서는 나이 많은 것이 제일이고, 세상을 돕고 백성을 다스리는 데는 덕(德)이 높은 것이 제일이다.

> 曾子曰, 朝廷엔 莫如爵이요 鄕黨엔 莫如齒요 輔世長民엔
> 증자왈   조정   막여작   향당   막여치   보세장민
> 莫如德이니라.
> 막여덕

◉ 莫如爵(爵:작위 작, 벼슬 작) 벼슬 지위만한 것이 없다, 벼슬 높은 것이 제일이다 ◉ 鄕黨(鄕:고향 향, 黨:무리 당) 고장 ◉ 莫如齒(齒:나이 치) 나이 많은 것이 제일이다 ◉ 輔世長民(輔:도울 보, 기를 장) 세상을 돕고 백성을 다스리다

◆ 벼슬 높은 것 a high-ranking post(爵) ◆ 덕이 높은 것 the highest degree of morality and virtue(德)

영문 In the government a high-ranking post is best, in being with colleagues at one's home the oldest age is best, and in helping the world and governing the people the highest degree of morality and virtue is best.

정에서는 무엇보다도 벼슬의 서열이 첫째이고, 마을에 있어서는 장유(長幼)의 서열이 첫째이며, 세상을 편안하게 하고 백성을 잘살도록 이끌어나가는 데는 덕(德)이 첫째임을 말한 글이다.

장소에 따라 우선시 되어야 할 것은 달라지지만 그 근본은 공경하는 마음이다. 공경하는 마음은 절로 생기지 않는다. 지위가 높고 나이가 많은 이가 모범을 보여야 아랫사람들이 공경하는 마음을 가질 수 있다.

어른들이여. 요즈음 젊은이들의 무례와 방자함을 탓하기 전에 우리 자신이 보여 준 모습을 돌아보자. 윗물이 맑아야 아랫물이 맑다는 평범한 진리를 다시 한번 생각해 보자.

譯 노인과 젊은이 그리고 어른과 어린이는 하늘이 정해 놓은 질서이니, 이치에 어긋나게 해서 도의를 상하면 안 된다.

老少長幼는 天分秩序니 不可悖理而傷道也니다.
노 소 장 유   천 분 질 서   불 가 패 리 이 상 도 야

◉ 天分秩序(分:나눌 분, 秩:차례 질) 하늘이 정해 준 질서 ◉ 悖理(悖:어지러울 패, 理:이치 리) 이치에 어긋나게 하다 ◉ 傷道 도의를 상하다

◈ 하늘이 정해 놓은 질서 heaven's way of determining order(天分秩序)

영문 Age and youth, as well as adults and children is heaven's way of determining order, so by damaging this way going against this reasoning of heaven's way is wrong.

저 나고 뒤에 나는 것은 자신의 의지와는 무관한 일이다. 이 순서는 인위적으로 바꿀 수 없는 것이다. 그러므로 하늘이 정해준 질서라고 하지 않던가.

옛 어른들은 이 질서를 유지하기 위해 <형만한 아우 없다>, <오뉴월 하루 볕이 무섭다>고 말하며 연장자에 대한 공경을 가르쳤다.

세상을 살아가다 보면 나이 먹은 만큼 이해의 폭도 넓다는 것을 확인하게 될 때가 있다. 대개 치기어린 시절에는 세상에 나보다 잘난 사람이 없다는 듯이 행동하게 마련이다. 이러한 성급함과 어리석음은 결국 나이 먹어가면서 깨닫게 된다. 그 역시 오뉴월 하루 볕이 있고 나서야 알게 되는 사실이다.

譯 문밖에 나가거든 마치 큰 손님을 대하듯 하고, 집안에 들어오면 사람이 없어도 사람이 있는 것처럼 조심해야 한다.

出門如見大賓하고 **入室如有人**이니라.
출 문 여 견 대 빈　　입 실 여 유 인

◉ 出門 문밖에 나가다 ◉ 如見大賓(賓:손 빈) 큰 손님을 대하듯이 남을 대하다 ◉ 如有人 (손님이 없어도)사람이 있는 것처럼 하다

◈ 환대하다, 정성껏 마음을 즐겁게 대하는 것처럼 ingratiate(待賓)
◈ 집안에 들어오면 사람이 있는 것처럼 as if there were guest at home(如有人)

영문 When you have got someone outside the home, treat him as if he were a very important person and when returning home, you must be careful as if there were an important guest at home.

손님을 대하면 예의와 정성을 다하려고 노력할 것이다. 예의와 정성을 다하는 모습은 신중하고 삼가는 태도를 말한다. 이렇게 처신한다면 자연히 실수가 적어질 것이고 실수가 적어지면 온전한 인격을 갖출 수 있을 것이다.

이보다 더 어려운 일은 혼자 있을 때도 다른 사람이 곁에 있는 것처럼 행동하는 것이다. 혼자 있는데 서도 몸가짐을 바로 할 수 있는 사람은 인격이 완성된 사람이라고 할 수 있다. 주체적인 삶을 살고자 하는 사람은 혼자 있을 때 조심하는 훈련부터 시작해야 할 터이다.

남이 나를 중히 여기게 하려면 내가 먼저 남을 중히 여기는 것보다 더 나은 것이 없다.

若要人重我인대 無過我重人이니라.
약 요 인 중 아   무 과 아 중 인

◉ 要人重我(要:구할 요) 남이 나를 중히 여기길 바라다 ◉ 無過~ ~보다 나은 (더한)것이 없다 ◉ 我重人 내가 남을 중히 여기다

◈ 남이 나를 중히 여기게 하다 have others regard me as important(人重我)

If you would have others regard you as important, you should first regard them as important.

가 잘 아는 젊은 부부가 있다. 그 사람들은 대학 때 친구로 만나 오랜 연애기간을 거쳐 결혼한 사이다. 나이도 같

고 또 친구로 지낸 사이인데도 그 부부는 꼬박꼬박 서로에게 존대말을 사용한다. 그래서 한번은 그 문제에 대해 특별한 약속이라도 있었느냐고 물어 보았다.

「친해지니까 함부로 대하게 되는 것 같아서요. 친구 사이라면 몰라도 부부는 좀 달라야 할 것 같았어요. 평생 존중하는 마음으로 살겠다는 의지입니다.」

젊은 남편이 의젓하게 대답했다. 이게 겨우 서른 안팎의 사람들이 어찌 그리 생각이 깊을까 싶어 흐뭇했다. 형제나 동료, 친구 사이도 마찬가지다. 내가 존중받고 싶으면 남을 먼저 존중해야 한다.

譯 아버지는 자식이 잘한다고 자랑해서는 안 되고 자식은 아버지의 잘못을 말해서는 안된다.

父不言子之德하고 子不言父之過니라.
부 불 언 자 지 덕   자 불 언 부 지 과

◉ 不言 말하지 않다 ◉ 子之德 자식의 덕, 자식이 잘하는 것 ◉ 過(그릇할 과) 그릇됨, 잘못

◈ ~허풍을 떨며 자랑하다 brag about~(言~之德)

영문 It is wrong for a father to brag about his son and it is wrong for a son to speak of his father's wrongs.

자 식을 자랑하고 싶은 부모 심정이야 어느 부모인들 다를까. 8명이 뛰는 달리기에서 5등을 해도 부모 눈에는 「뒤따라오

는 아이가 3명이나 되는 것」으로 보여 자랑스럽다. 참가자 전원에게 상을 주는 사생대회나 백일장에서 상을 받아 와도 내 아이가 잘난 것 같아 대견한 게 부모의 심정이다. 하지만 남에게 자식자랑을 늘어놓는 것이 좋게만 보이지는 않는다. 자식사랑에 눈이 멀어 냉철함을 잃은 사람 같기 때문에 사람들에게 「칠불출」이란 말을 듣기 쉽다.

반면에 부모의 허물을 다른 사람 앞에서 들춰내는 자식은 부모의 위신을 깎는 것은 물론이고 사람들에게 비난을 받게 된다. 그 자리에서는 공감하는 듯한 표정으로 듣던 사람도 돌아서서 「저런, 불효자 같으니라구」하며 혀를 차게 되어있다. 이런 경우를 두고 누워서 침 뱉는다고 하던가.

입과 혀는 화근을 불러들이는 문

言語篇

언어편

譯 유회가 말하기를, 말이 이치에 맞지 않으면 차라리 말을 하지 않는
것만 못하다.

劉會曰, 言不中理면 不如不言이니라.
유 회 왈 언 부 중 리   불 여 불 언

● 中理 이치에 맞다

◆ 이치에 맞다 within reason(中理)

영문 When talk is not within reason, it is best to say nothing
at all.

요 즈음 아이들은 참 바쁘게 산다. 초등학교에 들어가기 전부
터 영어학원이니 미술학원이니 하여 서너 군데는 다니는
모양이다. 요사이는 웅변학원의 인기도 높은 듯하다. 아마도
남 앞에서 조리있게 말을 잘하는 재주를 중시하는 부모들이
많기 때문일 것이다.
　말을 잘한다는 것은 무엇을 뜻하는가. 우선은 자기의견을
논리 정연하게 표현할 줄 아는 능력이리라. 그러나 정작 중

요한 것은 얼마나 그럴 듯하게 말을 하느냐 보다 그 말이 얼마나 정확하고 진실된 가에 있지 않을까. 진실이 없는 말은 아무리 조리가 있어도 생명력이 없는 법이다. 중요한 것은 진실이다.

譯 한 마디 말이 이치에 맞지 않으면 많은 말을 해도 소용이 없다.

一言不中이면 千語無用이라.
일 언 불 중   천 어 무 용

● 不中 이치에 맞지 않는다 ● 千語 많은 말

영문 If one word is not within reason, it is useless to go on and on talking.

◆ 많은 말을 하다 go on and on talking(千語)

직 대통령이 비자금으로 조성했다는 5천억의 돈을 두고 그 규모가 실감되지 않아 어리둥절한 사람이 많았다. 더구나 법원에서 자기가 갖고 있는 재산이 30만원도 되지 않는다고 말하였을 때는 분노와 실망을 동시에 느꼈던 국민이 많았다. 5천억 원의 돈이 실감이 나지 않아 많은 말 중에는 단군이 아직 살아 계셔서 1년에 1억씩 5천년을 모아야 되는 돈이라는 설명도 있었다. 그러나 어떤 사람들은 5천억만으로도 믿을 수 없다고 하여 스위스 은행, 숨겨진 부동산 등 빼돌린 돈을 찾아내면 훨씬 더 많으리라는 의혹을 감추지 않고 있다. 왜냐하면 그 전직 대통령은 이미 국민을 상대로 자기가 얼마나 정직한가를 수 차례나 강조했기 때문이다. 한 번 속은 적이 있는 이상 망각이 빠른 국민들도 곧이곧대로 믿을 수가 없는 것이다. 한 마디 말이 이토록 중요한 법이다.

譯 군평이 말하기를, 입과 혀는 화와 근심을 불러들이는 문이고 몸을 망치는 도끼와 같다.

君平이	曰,	口舌者는	禍患之門이요	滅身之斧也이니라.
군 평	왈	구 설 자	화 환 지 문	멸 신 지 부 야

◉ 口舌者(者:것 자) 입과 혀라는 것 ◉ 禍患之門(禍:재앙 화, 患:근심 환) 화와 근심을 불러들이는 문 ◉ 滅身之斧(滅:멸할 멸, 斧:도끼 부) 몸을 망치는 도끼

◈ 도끼 hatchet(斧) ◈ 몸을 망치다(자르다) chop at the body(滅身)

영문 The mouth and tongue is like a hatchet that is not only a gate that summons anxiety and disaster but also a hatchet that chops at the body.

예 날에 어흠대감과 김대감이 살고 있었다. 두 사람은 하루도 안보고는 못살 정도로 사이가 좋았다. 하루는 김대감이 어흠대감집에 놀러 갔는데 바깥주인은 없고 부인만 있었다.

그런데 날이 무척이나 더운 탓에 어흠대감 부인이 웃옷을 들쳐 바람을 불어넣는 모습을 언뜻 보게 되었다.

얼마 후 어흠대감이 돌아오자 김대감은 은밀하게 물었다.

「자네 부인 젖가슴에 꺼먼 사마귀 있제?」

어흠대감은 거짓말이라고 펄쩍 뛰었다. 김대감이 돌아간

뒤 어흠대감은 부인을 불러 웃통 벗은 일이 있느냐고 물었다. 부인이 없다고 말하자 어흠대감은 김대감을 혼내줘야겠다는 생각으로 만두 속에 똥을 넣어서 빚어 놓고는 김대감에게 먹으러 오라고 청했다. 먹음직스럽게 생긴 만두를 본 김대감, 입맛을 다시면서 만두를 하나 집어 우물거렸는데….

해야 할 말 안 해야 할 말을 못 가리면 똥을 먹을 수도 있다는 말씀.

譯 사람을 이롭게 하는 말은 솜처럼 따뜻하고, 사람을 해치는 말은 가시처럼 날카로우니, 사람을 이롭게 하는 반마디 말도 그 중한 값이 천금이나 되고, 사람을 해치는 한마디 말은 칼로 베는 것 같이 아프다.

利人之言은 煖如綿絮하고 傷人之語는 利如荊棘하야 一
이 인 지 언 · 난 여 면 서   상 인 지 어   이 여 형 극   일
言半句에 重値千金이요 一語傷人에 痛如刀割이니라.
언 반 구   중 치 천 금   일 어 상 인   통 여 도 할

● 利人之言(利:이로울 리) 사람을 이롭게 하는 말 ● 綿絮(綿:솜 면, 絮:솜 서) 솜 ● 傷人之語 사람을 해치는 말 ● 利如荊棘(利: 날카로울 리, 荊:가시 형, 棘:가시 극) 가시처럼 날카롭다 ● 重値千金(値:값어치 치) 중한 값이 천금이나 되다 ● 痛如刀割(痛: 아플 통, 割:밸 할) 칼로 베는 것처럼 아프다

◈ ~를 해치다 inflicts damage on inflict injury on~ ◈ 칼로 베는 것 같다 칼로 찔러 아픈 stabbing knife(刀割)

영문 As a talk that benefits others is as warm as cotton and

a talk that inflicts damage upon others is sharp like a thorn, so one word that benefits another becomes of a heavy value like a million dollars, while one word that inflicts injury upon another hurts like a stabbing knife.

스라엘의 장관 중에 시몬이라는 랍비 출신의 장관이 있었다. 그에게는 수많은 제자가 있었는데, 하인 토비도 그의 가르침을 받는 사람이었다.

어느 날 랍비 시몬은 토비에게 세상에서 제일 맛있는 것을 사오라고 시켰다. 그는 푸줏간에서 소 혓바닥을 사왔다. 랍비는 잘했다고 칭찬을 하고 이번에는 세상에서 제일 맛없는 것을 사오라고 했다. 이번에도 토비는 소 혓바닥을 사왔다. 의아한 표정으로 쳐다보는 주인에게 토비가 한 말이다.

「혀가 맛있다고 느낄 때는 그 이상 맛있는 것이 없지만 일단 혀가 맛이 없다고 느끼면 그보다 맛이 없는 것도 없습니다. 아름다운 것을 사람들에게 이야기해 줄 때, 우리 혀는 아주 훌륭합니다. 그러나 욕하거나 남을 중상하고 모략할 때 혀는 아주 못된 놈이지요.」

입은 사람을 다치게 하면 도끼와 같고 말은 혀를 끊는 칼과 같으니 입을 다물고 혀를 깊이 감추면 몸이 편안하고 어디를 가나 안전하다.

口是傷人斧요 言是割舌刀니 閉口深藏舌하면 安身處處
구 시 상 인 부   언 시 할 설 도   폐 구 심 장 설   안 신 처 처

牢니라.
뇌

- 閉口(閉:닫을 폐) 입을 닫다 ● 深藏舌(藏:감출 장)혀를 깊이 감추다 ● 安身 몸이 편안하다 ● 處處牢(牢:우리 뢰) 우리에 있는 것처럼 안전하다

◈ 사람을 다치게 하는 도기 a hatchet that chops at a man(傷人斧)
◈ 혀를 끊는 칼(割舌刀)

영문 The mouth is like a hatchet that chops at a man and talk is like a knife that cuts off the tongue, so if you shut your mouth and deeply hides your tongue, you will be comfortable and at peace wherever you may go.

몬의 아들도 랍비였는데 그 역시 제자들에게 말을 조심하도록 가르쳤다. 랍비는 제자들을 식사에 초대해 제자들에게 소 혓바닥 요리를 내놓았다. 잘 요리된 부드러운 혓바닥이 담긴 접시와 덜된 혓바닥이 담긴 접시가 있었다. 랍비는 제자들에게 입맛에 맞는 것을 골라 먹으라고 말했다. 제자들은 한결같이 부드러운 혓바닥 요리를 먹었다. 랍비는 그런 제자들을 보면서 말했다.

「자네들은 모두 단단한 혓바닥은 먹지 않고 연하고 부드러운 것을 먹었네. 이와 같이 언제나 말을 할 때는 딱딱한 말을 하지 말고 부드럽고 다정한 말씨로 들어서 기분 좋은 말을 하게.」

말은 곧 그 사람의 생각이다. 생각을 표현하는 말을 함부로 내뱉는 일은 없어야 할 것이다.

譯 사람을 만나거든 잠시만 말을 하고 자기가 가지고 있는 마지막 한 편의 마음까지 다 던져버리지 말라. 호랑이라고 하는 세 사람의 입이 두려운 것이 아니라 오직 두 가지 마음 가진 사람(두 마음을 품은 것)이 두렵다.

逢人且說三分話하되 未可全抛一片心이니 不怕虎生三
봉 인 차 설 삼 분 화   미 가 전 포 일 편 심   불 파 호 생 삼

箇口요 只恐人情兩樣心이니라.
개 구   지 공 인 정 양 양 심

● 逢人 사람을 만나다 ● 且說三分話(且:말끓어낼 차) 잠시만 말을 하다 ● 未可全抛(抛:버릴 포) 완전히 던져버리지 않다 ● 一片心 마지막 한편의 마음 ● 不怕(怕:두려울 포, 버릴 포)두려워하지 않다 ● 虎生 호랑이 ● 三箇口 세 사람의 입 ● 只(다만 지) 오직● 兩樣心(樣:본보기 양) 두 마음, 두 마음을 품다

◆ 잠시만 for a while(三分)

영문 When you meet a person, talk with him just for a while and do not throw away an entire piece of your mind. You ought not to fear the mouths of three men a tiger but the a person with double hearts.

우리 속담에 열 길 물 속은 알아도 한 길 사람 속은 모른다고 했다. 이 구절에서 사람 마음이 호랑이의 입보다 더 무섭다고 설명한다. 사람의 감춰진 마음이란 그 어떤 것보다도 무서운 것일 수 있다. 그러므로 섣불리 사람을 판단하거나 남에게 손쉽게 말을 내뱉는다면 큰 낭패를 당할 수 있다는 것이다. 반면에 자기 표현에 익숙지 않거나 어눌하다고 하여 사람을 폄하하다가는 큰 그릇을 알아보지 못하는 경우도 있다.

譯 술은 친한 사람을 만나면 천 잔도 적고, 말은 뜻이 맞지 않으면 한 마디도 많다.

酒逢知己千鐘少요 話不投機一句多라.
주 봉 지 기 천 종 소   화 불 투 기 일 구 다

◉ 知己 잘 아는 사람 ◉ 千鐘(鍾:잔 종) 천 잔 ◉ 投機(投:던질 투, 機:실마리 기·때 기) 의사가 서로 통하다

◈ 천 잔의 술도 적다 a thousand glasses of liquor is not too much (酒千鐘小) ◈ 맞지 않는다 don't cosist with~(不投機)

영문 When meeting a close friend, drinking even a thousand glasses of liquor is not too much, but if you meet a man whose opinion does not consist with yours even one word is too much.

사람을 알려면 그 친구를 보면 된다고 한다. 친구란 대개 비슷한 성향을 가지고 있게 마련이다. 설사 성향이 다른 사람들이 만나 친하게 되었다고 하더라도 오랜 시간을 함께 하면서 서로에게 영향을 주고받아 비슷해지게 돼 있다.

서로에게 너무나 익숙해서, 혹은 세상을 보는 각도가 엇비슷해서, 길게 자기 심성이나 느낌을 설명하지 않아도 금세 내 마음을 알아주는 친구가 있다. 그런 친구라면 밤새워 술을 마셔도 할 말이 무궁무진하고 함께 여행을 떠나도 마음이 편하다. 하지만 시각이 달라 아무리 설명을 해도 공통점이 찾아지지 않는 이도 있다. 그런 사람과 함께 있으면 누구라도 조개처럼 입을 다물고 싶어진다.

한번 사귄 벗은 변함없이 공경한다

交友篇

교우편

譯 공자가 말하기를, 착한 사람과 함께 있으면 마치 향기로운 지초(芝草)와 난초(蘭草)가 있는 방에 들어간 것과 같아서 오래 되면 그 향기의 냄새를 맡을 수 없으리만큼 동화될 것이고, 악한 사람과 함께 있으면 마치 절인 생선가게에 들어간 것과 같아서 오래 되면 그 나쁜 냄새를 맡을 수 없으리만큼 동화되어 버리고 말 것이다. 그러므로 주사(朱砂)를 지니고 있는 자는 붉어지고, 옻(漆)을 간직하고 있는 자는 검어지게 되니 군자는 반드시 그와 함께 있을 자를 삼가해야 한다.

子曰 與善人居에 如入芝蘭之室하여 久而不聞其香하되
자왈 여선인거 여입지난지실 구이불문기향

卽與之化矣요 與不善人居에 如入鮑魚之肆하야 久而不
즉여지화의 여불선인거 여입포어지사 구이불

聞其臭하되 亦與之化矣니 丹之所藏者는 赤하고 漆之所
문기취 역여지화의 단지소장자 적 칠지소

藏者는 黑이니 是以로 君子는 必愼其所與處者焉이니라.
장자 흑 시이 군자 필신기소여처자언

◉ 與善人居 착한 사람과 함께 있다 ◉ 如入~ ~에 들어가는 것과 같다 ◉ 芝蘭之室(芝:영지 지, 蘭:난초 란) 향기로운 지초(芝草)와 난초(蘭草)가 있는 방 ◉ 久而 오랫동안 있으면 ◉ 不聞其香 그 향

기를 맡지 않다 ◉ 與之化(化:화할 화) 그것과 더불어 동화되다 ◉ 鮑魚之肆(鮑:절인생선 포, 肆:가게 사) 절인 생선가게 ◉ 漆之所藏者(漆:옻칠 칠, 藏:숨길 장)옻을 지니고 있는 사람 ◉ 是以 그러므로 ◉ 必慎 반드시 삼가야 한다 ◉ 所與處者 더불어 함께 있는 사람

◈ 향기로운 fragrant, aromatic ◈ 버섯 mushroom(芝) ◈ 난초 orchid(蘭) ◈ 동화되다 blend with ◈ 악한 사람과 같이 있으면 when with a bad person ◈ 절인 생선 dried salted fish ◈ 시간이 흐름에 따라 as time passed by ◈ 주사 cinnabar ◈ 붉어지다 redden ◈ 옻 black lacquer(漆) ◈ 검어지다 blacken

영문 When with a good person, it is like entering a room that has fragrant mushrooms and aromatic orchids and as time passes, the smells of the fragrance and aromatic cannot be noticed as they blend as one. When with a bad person, it is like entering a dried salted fish store and as time passes, that bad smell can no longer be detected as it blends totally away, Therefore, the person who keeps red cinnabar becomes reddened and the person who keeps black lacquer is blackened, so a true enlightened gentleman must be careful about whomever he is with.

이글 구절에서 바로 <지란지교(芝蘭之交)>란 말이 나왔다. 인간이란 본디 외부의 영향을 많이 받는 존재이다. 이런 학습의 능력이 없다면 인간은 만물의 영장이 될 수 없었을 것이다. 외부의 영향 가운데서도 가장 중요한 것이 사람과의 만남이 아닐까 싶다.

특히 젊은 시절은 세상을 보는 눈이 처음 형성되는 시기로, 이 시기에 어떤 사람을 만나느냐에 따라 인생관이 크게 달라진다고 할 수 있다. 대개 서른이 넘으면 사람들은 자기 눈이 굳어져 다른 사람의 말을 받아들이기가 힘들다. 하지만 세상과 사람에 대한 호기심과 열정이 넘쳐흐르는 청년기에

는 스폰지처럼 놀라운 흡수력을 발휘하게 마련이다.

지금 그대에게 가장 영향을 미치고 있는 친구는 난초 향을 풍기는 사람인지 아니면 생선냄새를 풍기는 사람인지 한 번쯤 생각해 볼 일이다.

≪가어≫에 이르기를, 학문을 좋아하는 사람과 함께 가면 마치 안개 속을 가는 것과 같아서 옷은 젖지 않고 간혹 물기가 배어들 뿐이고, 무식한 사람과 함께 가면 마치 화장실에 앉아 있는 것 같아서 옷은 더럽혀지지 않아도 종종 나쁜 냄새가 난다.

家語에 云, 與好學人同行이면 如霧中行하여 雖不濕衣라
가 어   운   여 호 학 인 동 행   여 무 중 행   수 불 습 의
도 時時有潤하고 與無識人同行이면 如厠中坐하여 雖不汚
   시 시 유 윤   여 무 식 인 동 행   여 측 중 좌   수 불 오
衣라도 時時聞臭니라.
의   시 시 문 취

◉ 與~ 同行 ~와 동행하다, ~와 같이 가다 ◉ 好學人 학문을 좋아하는 사람 ◉ 如霧中行(霧:안개 무) 마치 안개 속을 가는 것과 같다 ◉ 濕衣(濕:젖을 습) 옷이 젖다 ◉ 時時 때때로 ◉ 有潤(潤:윤택할 윤) 옷이 젖어서 윤택하여지면 물이 베어든다고 설명할 수 있음, 물기가 배어들다 ◉ 如厠中坐(厠:뒷간 측) 뒷간(화장실 · 변소)에 앉아 있는 것과 같다 ◉ 汚衣 옷을 더럽히다 ◉ 聞臭(聞:냄새맡을 문, 臭:냄새 취 · 썩을 취) 냄새가 나다

◈ 학문을 좋아하는 사람 a person who likes academics(好學人) ◈ 물기가 배다 get an occasional sparkle of the water beads on~ ◈ 화장실에 앉아 있는 것 같다 it is like sitting in the toilet room(厠中座) ◈ 더럽혀지다 be dirtied(汚)

영문 When one is with a person who likes academies, it is like walking into the fog in which his clothes get an occasional sparkle of the water beads on them but don't become soaked. And when one is with an unlearned person, it is like sitting in the toilet room, so though his clothes are not dirtied, there are various kinds of bad smells.

《무드》에서 말하기를, 아내를 고를 때는 층계에서 한 발 내려서고 친구를 고를 때 층계에서 한 발 올라서라고 했다. 정말 사귈 만한 친구랑 그저 술이나 마시고 함께 시간을 보내는 친구보다는 늘 팽팽한 지적 자극을 주는 친구가 아닐까 한다. 공자가 유익한 벗과 해로운 벗에 대해 들려준 말이 있다.

「정직한 사람을 벗삼고, 진실한 사람을 벗삼고, 견문이 많은 사람을 벗으로 삼으면 유익하다. 그러나 형식만 차리는 사람, 대면할 때만 좋아하는 사람, 말재주만 있는 사람으로 벗을 삼으면 해롭다.」

공자가 말하기를, 안평중(晏平中)은 남과의 교제를 훌륭하게 하였다. 일단 사귀면 오래도록 상대방을 공경하였다.

子曰 晏平仲은 善與人交로다. 久而敬之온여.
자 왈 안 평 중   선 여 인 교   구 이 경 지

● 善은 잘, 옳게 또는 훌륭하게로 옮긴다. ● 與人交 사람들과 사귀다 ● 久而敬之 오래도록 공경하다

◈ 교재를 하다, 사귀다 keep company with~ ◈ 일단 ～하면 once he~ ◈ 서로 잘 알게 되다 get to know each other well ◈ 사귐이 오래가다 one's respect for the company continues for a long time (久而敬之)

영문 A famous Chinese scholar named Ahn was a person who kept good company with others in good relationship. Once he first engaged in getting to know each other well, then his respect for the company continued for a long time.

래 사귄 친구나 부부간이라면 다소 예의가 없더라도 괜찮다고 생각하는 사람이 많은 듯 하다. 하지만 가까운 사이일수록 세심한 배려와 존중하는 마음이 더욱 필요하다. 각별한 사이라고 여기는 만큼 서운함도 쉽게 느끼기 때문이다. 다른 사람이라면 아무런 문제도 되지 않을 일이 연인 사이에 싸움이 되는 것은 그만큼 서로에 대한 기대가 크기 때문일 것이다. 격의 없다느니 막역하다느니 하는 것과 무례한 것은 다른 것이다.

특별히 귀하고 오랜 인연일수록 서로를 존중하는 마음을 잃지 말아야 한다. 평생을 소중하게 가꾸어 가야 할 만남이니 말이다.

서로 얼굴을 아는 사람은 세상에 가득하지만 마음을 아는 사람은 과연 몇이나 되겠는가?

相識이 滿天下하되 知心能幾人고.
상 식   만 천 하   지 심 능 기 인

◉ 相識(識:알 식) 서로 얼굴을 알다, 서로 얼굴을 아는 사람 ◉ 滿天下 세상에 가득 차다 ◉ 知心 마음을 아는 사람 ◉ 能幾人 (幾:얼마 기) 과연 몇 사람이나 되겠는가?

◈ 얼굴을 아는 사람 the people that ~ know by the faces

영문 The world is full of people that I know by the faces, but is not it wrong that there are just a few people whose hearts I know of?

상을 살아가면서 사람들은 끊임없이 만나고 헤어진다. 이렇게 생각하면 세상의 인연이란 화려하게 피었다 지는 꽃송이처럼 무상하게 느껴진다. 그래도 수많은 인연이 마냥 허무하지 않은 것은 때때로 마음을 나눌 수 있는 참된 벗을 만날 수 있기 때문이다. 미국의 사상가 에머슨은 이렇게 말했다.

「벗을·얻는 오직 한 가지 방법은 나 스스로가 남의 벗이 되는 것이다.」

참으로 온전히 마음을 나눌 수 있는 벗이 필요하다면 나부터 마음을 열고 다가가야 할 것이다.

譯 술과 음식을 함께 먹을 사람은 천 명이나 되지만, 매우 위급하고 어려울 때 도와줄 친구는 하나도 없다.

酒食兄弟는 千個有로되 急難之朋은 一個無니라.
주 식 형 제　　천 개 유　　급 난 지 붕　　일 개 무

◉ 酒食兄弟 술과 음식을 함께 할 사람 ◉ 千個有 천 명이나 있다 ◉ 急難之朋 급하고 곤란할 때 도울 수 있는 친구

◈ ~이나 no more than ◈ 술과 음식을 함께 먹는다 join ~for eating and drinking ◈ 위급하고 어려울 때 in a dire emergency or at a time of difficulty(急難)

영문 There are no less than a thousand persons who are willing to join you for eating and drinking, but in a dire emergency, or at a time of difficulty, there is not even a single friend who is willing to help you.

려운 일을 겪어보지 않고는 진실한 친구를 가려낼 수 없다고 말한다. 서글픈 말이기는 하지만 이것이 인지상정임을 누구도 부인할 수가 없다.

누구나 이 세상에서 친구가 제일 좋았던 시절이 있다. 틈만 나면 만나서 시간을 보내고 무엇이든 생기면 같이 나누던 그런 친구가 한두 사람은 있었을 것이다. 하지만 세상살이에 눈이 밝아지면서 친구는 점점 멀어지고 주변에는 오로지 이해 관계로만 맺어지고 헤어지는 사람들만 남게 되었다.

어릴 적 그 시절처럼 즐겁고 재미있는 시간을 다시 보낼 수 없는 것도 친구를 잃어버렸기 때문인지 모른다. 모든 친구가 멀어졌어도 한 사람의 친구가 남아 있는 사람이라면 행복하다고 말해도 괜찮을 것이다.

譯 열매를 맺지 않는 꽃은 심지 말고 의리 없는 친구는 사귀지 말라.

不結子花는 休要種이오 無義之朋은 不可交니라.
불 결 자 화　　휴 요 종　　무 의 지 붕　　불 가 교

◉ 結子花 열매를 맺는 꽃　◉ 休要種(休:말 휴) 심지 말아야 한다

◈ 열매를 맺다 bear seed(結子)　◈ 의리있다 be righteous　◈ ～를 사귀다 ～ be kept company with(交)

영문 A flower that does not bear seed should not be planted and a friend who is not righteous should not be kept company with.

예 전에 아주 재미있게 읽은 일본소설이 있다. 제목도 지은이 도 모두 잊었지만 책 읽은 뒤의 설레임과 감동만은 생생 하다.

어느 중학교의 교실, 선생님이 잘못을 저지른 학생을 가려 내기 위해 몽둥이를 들고 <범인>을 찾고 있다. 무시무시한 상황에서 다들 눈동자만 굴리고 있는데 한 학생이 벌떡 일 어서며 소리친다.

「제가 했습니다.」

「아닙니다. 제가 그랬습니다.」

하나 둘 일어서기 시작하더니 마침내 그 교실에 있던 모 든 학생들이 일어섰다. 잔뜩 화가 나 있던 선생님의 얼굴에 어느새 잔잔한 미소가 흐른다. 그것으로 모든 문제는 해결되 었다. 선생님은 친구를 대신해 벌을 받을 자세가 되어 있는 아이들을 용서하노라고 말했다.

남을 밟고서라도 올라서면 된다는 이기주의가 판을 치는 세대에 소설 속의 우정이 그립기만 하다.

譯 군자의 교제는 물처럼 담박하고, 소인의 교제는 단술처럼 달콤하다.

君子之交는 淡如水하고 小人之交는 甘若醴니라.
군 자 지 교   담 여 수   소 인 지 교   감 약 예

◉ 君子之交 군자의 교제 ◉ 淡如水(淡:물맑을 담, 담박할 담) 물처럼 담박하다 ◉ 甘若醴(醴:단술 례) 단술처럼 달콤하다

◆ ~와의 교제 association with~(君子之交) ◆ 군자 an enlightened gentleman(君子) ◆ 물처럼 담박하다 light clear water(淡如水) ◆ 단술처럼 달콤하다 sweet like fermented rice punch(甘若醴)

영문 Dialogue(Association) with an enlightened gentleman is light like clear water and dialogue(association) with an ordinary person is sweet like fermented rice punch.

군자의 사귐이 물처럼 담박하기만 한 것은 구태여 서로를 위하는 척하지 않아도 서로가 서로의 마음을 잘 알기 때문이다. 내가 얼마나 널 생각하는지 아느냐고 확인하지 않더라도 마음이 통하는 사귐은 그리 흔하지 않다. 내가 기울인 정성만큼 상대로부터 받고 싶은 욕심을 버리기란 군자의 대범함이 아니고서는 쉬운 일이 아니다.

반면 범인들은 번지르하게 비위를 맞추고 알랑거려야 좋아하는 것으로 안다. 끊임없이 듣기 좋은 말을 해주고 마음의 표시라며 선물을 들고 오는 사람에게 자연스레 마음이 가는 것이다.

하지만 사람의 본심은 종당에는 드러나게 마련이다. 웃는 낯빛으로 살랑거린다고 처음부터 너무 마음을 뺏기지는 말아야 할 것이다. 속 깊은 이는 그리 쉽게 마음을 표현하지 않는 법이다.

譯 길이 멀어야 말의 힘을 알고 시간이 오래 지나야 인심을 알 수 있다.

路遙知馬力이요 日久見人心이니라.
노 요 지 마 역   일 구 견 인 심

◉ 路遙(遙:멀 요, 거닐 요) 길이 멀다 ◉ 知馬力 말의 힘을 알다
◉ 日久 시간이 오래 지나다 ◉ 見人心 인심을 알다

◈ 길이 멀어야 말의 힘을 알다 ~must go far down the road to know how strong a horse is(路遙知馬力) ◈ 시간이 오래 지나야 인심을 알 수 있다 be able to know men's mind(見人心)

영문 One must go far down the road to know how strong a horse is and a great deal of time must pass to be able to know men's mind.

인상이 끝인상>이라는 말이 있다. 첫눈에 느낌이 좋은 사람은 끝까지 좋은 인상으로 남는 다는 말이다. 반면에 <사람은 겪어 봐야 안다>고도 한다. 처음 봤을 때의 느낌과 오랜 시간 함께 지내며 궂은 일 기쁜 일 겪은 뒤의 느낌은 다르다는 이야기다.

사람에 따라 제각기 다른 경험을 가지고 있을 테니 어느

쪽이 옳다고 말하기는 곤란하다. 어쨌거나 우리는 사람을 만나고 나면 첫인상이 좋으네 나쁘네 많은 말을 한다. 첫인상으로 앞으로의 관계를 점치기도 한다.

기왕이면 느낌이 좋고 신뢰가 가는 첫인상이 좋기는 하겠지만 첫인상으로 모든 것을 예단하는 어리석음은 저지르지 말아야 할 것이다. 사람에 따라서는 자기 표현에 미숙해 시간이 한참이나 지나야 진면목을 알 수 있는 이도 더러 있는 법이다.

가정의 행복은 어진 아내로부터

婦行篇

부행편

《익지서》에 이르기를, 여자는 네 가지 덕의 아름다움이 있으니 첫째는 부덕(婦德)이고, 둘째는 아름다운 용모이고, 셋째는 여자다운 고운 말씨이고, 넷째는 섬세한 솜씨이다.

益智書에 云, 女有四德之譽하니 一曰婦德이요 二曰婦容
익지서   운   여유사덕지예   일왈부덕   이왈부용

이요 三曰婦言이요 四曰婦工也니라.
     삼왈부언   사왈부공야

◉ 四德之譽(譽:기릴 예) 네 가지 덕의 아름다움(기릴 것) ◉ 婦
容(容:얼굴 용) 여자의 용모 ◉ 婦工(工:공교할 공, 섬세할 공)
여자의 솜씨 ◉ 一曰, 二曰, 三曰~ 첫째는 ~이고 둘째는~이고
셋째는 ~이다.

◈ 덕의 아름다움 beautiful virtues(德之譽) ◈ 아름다운 용모
beautiful countenance(婦容) ◈ 여자다운 고운 말씨 a beautiful
manners of speaking(婦言) ◈ 섬세한 솜씨 delicate womanly skills
(婦工)

영문 A woman has four beautiful virtues. The first is that of
being a good wife, the second, having a beautiful

countenance, a third, having a beautiful manners of speaking, a fourth, having delicate womanly skills.

성들이 학교에 다니고 직업을 갖기 시작한 지는 얼마 되지 않은 일이다. 불과 수십 년 전만 해도 여자의 행동 반경과 역할은 울타리를 넘지 않았다.

이 구절에서 강조한 네 가지 덕목은 남자와 여자의 역할이 달랐던 6,70년전 시절에 여자가 갖추면 좋았을 덕목을 정리한 것이다.

이 덕목들을 읽고 난 독자 여러분의 소감이 궁금하다. 특히 페미니즘을 주장하는 여성들의 이야기를 듣고 싶다. 아마 이런 시대착오적인 말을 지금에 와서 되살리는 이유가 뭐냐며 항변하고 싶을 것이다.

그러나 이 덕목들이 비록 여자들에게 주어진 것일지언정 그 밖의 사람을 배제한 것들은 아닐 것이다. 남녀의 역할이 다르다는 완고한 의식이 허물어지고 있는 이 시대에 말과 행동을 조심하고 몸을 깨끗이 하고 손님 대접을 잘하는 일이 결코 여자의 미덕만은 아니지 않겠는가.

이 네 가지 덕목을 갖추고 있는 사람이라면 남자와 여자를 떠나 훌륭한 인격의 소유자로 존경할 만하지 않을까.

譯 부덕(婦德)이라는 것은 반드시 재주가 있다는 평이 뛰어남을 뜻하는 것은 아니다. 고운 용모라는 것은 반드시 얼굴이 곱고 이름다운 것이 아니고, 좋은 말씨란 반드시 입담이 좋아서 말을 잘하는 것이 아니며, 섬세한 솜씨란 반드시 손재주가 남보다 뛰어남을 말하는 것이 아니다.

婦德者는 不必才名絶異라. 婦容者는 不必顔色美麗요
부 덕 자   불 필 재 명 절 이   부 용 자   불 필 안 색 미 여

婦言者는 不心辯口利詞요 婦工者는 不必技巧過人也니라.
부 언 자   불 심 변 구 이 사   부 공 자   불 필 기 교 과 인 야

◉ 才名(才:재주 재) 재주 있다는 평판 ◉ 絶異(絶:뛰어날 절, 異:
다를 이) 뛰어나다 ◉ 顔色美麗(麗:고울 려) 얼굴이 곱고 아름답
다 ◉ 辯口(辯:말잘할 변) 말솜씨가 좋다 ◉ 利詞(利:이로울 리,
詞:말할 사) 말을 잘하다 ◉ 技巧(技:재주 기) 손재주 ◉ 過人 남
보다 뛰어나다

◈ 부덕 the virtue of being a good wife(婦德) ◈ 반드시 ~한 것은
아니다 not necessarily(不必) ◈ 재주가 있다는 평이 뛰어남 an
outstanding reputation of being talented(才名絶異) ◈ 입담이 좋아서
말을 잘 하는 것 having the gift of speaking well(辯口利詞)

영문 The virtue of being a good wife is not necessary an
outstanding reputation of being talented. Beautiful
countenance is not necessarily just having a beautiful face.
Beautiful manner of speaking is not necessarily having the gift
of speech and speaking well. Delicate skills are not necessarily
saying that the talents of the hands are better than others.

역 자와 수다에 관한 말은 참 많다. 여자 셋이 모이면 접시가
깨진다고도 하고 여자는 말이 많아 수염이 없다고도 한다.
언제부턴가 수다는 여자의 전유물처럼 되어 버렸다.

지하철이나 버스를 타 보면 그 말의 진위를 금세 확인할 수
있다. 소란스러운 듯하여 쳐다보면 대부분 여자들이다. 무슨
그리 할 말이 많은지 내리는 순간까지 끊임없이 웃고 떠든다.
나이 어린 학생들은 물론이고 부인들도 서너 명이 모이면 사
춘기 소녀들 못지 않게 왁자지껄하다. 남녀평등 시대가 되었
다고 하지만 아직도 여자들이 자유롭게 자기를 표현하고 여가

를 보낼 수단이 제한되어 있기 때문이라 생각되기도 한다.

· 이해를 못할 바는 아니지만 조금은 달라질 필요가 있겠다. 우리 사회도 국민소득 1만 달러의 명실상부한 시민 사회가 되었다. 이제는 이에 걸맞게 다른 사람을 배려하고 모두를 위해 자제하는 마음이 갖춰져야 하지 않을까. 조용히 생각에 젖어 있거나 책에 몰두해 있는 옆사람을 한번쯤 의식해야 할 때다.

譯 부덕(婦德)이라는 것은 마음이 맑고 곧으며 염치가 있고 절도가 있어 몸가짐을 정돈하고 가지런히 하며 행동거지에 수줍음이 있고 동정(動靜)에 법도가 있으니 이것이 곧 부덕이다. 부용(婦容)이라는 것은 옷을 세탁하여 먼지나 때를 깨끗이 씻어내고 옷차림은 깨끗하고 정결하게 하며 목욕을 제때에 하여 한 몸에 더러움이 없게 하면 이것이 곧 부용이다. 부언(婦言)이라는 것은 남이 본받을 만한 말을 가려서 하고 예의에 어긋나는 말은 하지 말며 말할 수 있는 적당한 때가 무르익은 후에 말을 하여 사람들이 그 말을 싫어하지 않게 되니 이것이 곧 부언이다. 부공(婦工)이라는 것은 오로지 길쌈을 부지런히 하고 술 빚기를 좋아하지 않고 맛있는 음식을 갖추어서 손님을 대접하는 것이니 이것이 곧 부공이다.

其婦德者는 淸貞廉節하여 守分整齋하고 行止有恥하야 動
기 부 덕 자　청 정 염 절　수 분 정 재　행 지 유 치　동

靜有法이니 此爲婦德也요 婦容者는 洗浣塵垢하여 衣服
정 유 법　차 위 부 덕 야　부 용 자　세 완 진 구　의 복

鮮潔하며 沐浴及時하여 一身無穢니 此爲婦容也요 婦言
선 결　목 욕 급 시　일 신 무 예　차 위 부 용 야　부 언

者는 擇師而說하여 不談非禮하고 時然後言하여 人不厭其
자　택 사 이 설　부 담 비 예　시 연 후 언　인 불 염 기

言이니 此爲婦言也요 婦工者는 專勤紡積하고 勿好葷酒하
언　차 위 부 언 야　부 공 자　전 근 방 적　물 호 훈 주

며 供具甘旨하여 以奉賓客이니 此爲婦工也니라.
공 구 감 지　이 봉 빈 객　차 위 부 공 야

◉ 淸貞廉節(貞:곧을 정) 마음이 맑고 곧으며 염치 있고 절도가 있다 ◉ 守分(守:지킬 수, 分:분수 분) 몸가짐 ◉ 整齊(整:정돈할 정, 齊:가지런할 제) 정돈되고 가지런하다, 고르다 ◉ 行止(行:행실 행, 止:그칠 지) 행동거지 ◉ 有恥(恥:부끄러울 치) 수줍음이 있다 ◉ 有法 법도가 있다, 할 일은 하고 안할 일은 아니한다 ◉ 此爲婦德也 이것이 곧 부덕이다 ◉ 洗浣(洗:씻을 세, 浣:옷빨 완) 옷을 빨고 씻다 ◉ 塵垢(塵:티끌 진, 垢:때 구) 먼지와 때 ◉ 衣服鮮潔(鮮:깨끗할 선, 潔:깨끗할 결) 옷차림을 깨끗하고 정결히 하다 ◉ 沐浴及時(沐:목욕할 목, 浴:목욕할 욕) 목욕을 제때에 하다 ◉ 一身無穢(穢:더러울 예)몸에 더러움이 없다 ◉ 擇師而說(師:본받을 사) 남에게 근본이 될 만한 말을 골라서 하다 ◉ 不談非禮 예의에 어긋나는 말을 하지 않다 ◉ 時然後言 때가 된 후에 말하다 ◉ 人不厭其言(厭:싫을 염) 사람들이 그 말을 싫어하지 않다 ◉ 專勤紡積(專:오로지 전) 오로지 길쌈을 부지런히 하다 ◉ 勿好 좋아하지 않다 ◉ 蕫酒(蕫:훈채 훈, 매울 훈) 술을 빚다 ◉ 供具(供:갖출 공, 具:갖출 구) 갖추다 ◉ 甘旨(旨:맛 지) 맛있는 음식 ◉ 奉(奉:받들 봉, 드릴 봉) 대접하다

◈ 부덕이란 That which makes up the virtues of a wife includes ◈ 수줍음 sense of shame ◈ 부끄러운 몸가짐으로 행동한다 behave in a bashful manner(行止有恥) ◈ 동정에 법도가 있다 be systematic in movement and rest(動靜有法) ◈ 부용이란 That which makes up a wifely countenance includes(婦容) ◈ 때, 먼지, 더럼 grime(塵垢) ◈ 부언이라는 것은 that which makes up a wifely speech includes ◈ 가려서 말하다 selectively speak(擇師而說) ◈ 남이 본받을 만한 말 something which is worth others hearing ◈ 예의에 어긋나는 말 talk that goes against good etiquette(談非禮) ◈ 적당한 때에 When appropriate moment comes(時然後) ◈ 사람들이 싫어하는 말을 안한다 say nothing that will incite the dislike of others(不厭其言) ◈ 부공이란 that which makes up a delicate wifely skill(婦工) ◈ 길쌈을 부지런히 하다 work had at weaving(專勤紡積) ◈ 술을 빚다 distil alcoholic liquors

영문 That which makes up the virtues of a wife includes ; she has a heart that is clear and honest, and she has a sense of shame and good manners. Her body is well arranged and well proportioned. She behaves in a somewhat bashful manner. She is systematic in movement and rest. These make what a virtuous wife is. That which wife makes up a wifely countenance includes ; she cleans clothes and she washes away grime and dirt. She wears clean clothing and keeps cleanliness. She bathes frequently and she is clean. These make what a wifely countenance is. That which makes up a wifely speech includes ; she selectively speaks something which is worth others hearing. She does not engage in talk that goes against good etiquette. When the appropriate moment comes for her to speak, it's good for her to speak correctly and says nothing that will incite the dislike of others. These make what a wifely speech is. That which makes up a delicate wifely skill includes ; she works hard at weaving, and she does not like to distil alcoholic liquors. She prepares delicious foods and treats house guests well. These make what a delicate wifely skill is.

譯 이 네 가지 덕이라는 것은 하나도 빠져서는 안 되는 것이다. 행하기는 매우 쉽고 힘씀이 올바른데 있으니 이에 의해 실천한다면 이것이 바로 부녀자로서의 범절이 된다.

此四德者는 是婦人之所不可缺者라. 爲之甚易하고 務之
차 사 덕 자   시 부 인 지 소 불 가 결 자   위 지 심 이   무 지

在正하니 依此而行이면 是爲婦節이니라.
재 정   의 차 이 행   시 위 부 절

◉◉◉◉

◉ 婦人之 부인으로서 ◉ 不可缺者(缺:깨질 결) 하나도 빠져서는 안 되는 것 ◉ 務之在正 힘씀이 바른 데 있다 ◉ 依此而行 이것에 의하여 나아가다

◈ 하나라도 빠지다 one of~ is absent(不可缺) ◈ 행하기 쉽다 acting on them is easy(爲之而) ◈ 이것에 의해 행하다 behave oneself following these

영문 It would be wrong if one of these four virtues were absent. Acting on them is easy and trying to do herself is right. If she behaves herself following these four virtues, it is precisely the manners of the wife.

옛날에 어느 선비가 재혼을 했다. 그런데 첫날밤 신부의 못난 얼굴을 보고는 신방에 발길을 뚝 끊었다. 집안 사람들의 걱정에도 신부는 태연했다. 그렇게 몇 달이 지난 뒤 부부가 마주쳤다. 남편은 기다렸다는 듯이 말했다.

「여자의 용모도 덕의 하나인데 도대체 당신은 무슨 장점이 있소?」

이 말을 듣자 부인은 차분히 되물었다.

「무릇 선비라 함은 백행을 구비한 사람인데 당신은 다 구비했습니까?」

남편이 「다 구비했소」라며 당당히 말하자 부인은 이렇게 질책했다.

「그렇다면 남자는 백행 중에 덕이 첫째인데 왜 호색은 하면서 호덕은 하지 못하시는지요?」

이에 잘못을 깨달은 선비는 다음부터 부인을 정중히 대했다고 한다.

남자는 흔히 여자를 외모로 판단한다. 그래서 현명한 여자

보다는 아름다운 여자에게 먼저 시선을 보낸다. 갈고 닦은 덕성이 타고난 외모보다 훨씬 아름답다는 건 남자가 먼저 깨달아야 한다.

강태공이 말하기를, 부인의 예절은 반드시 곱고 섬세해야 한다.

太公이 曰, 婦人之禮는 語必細니라.
태공 왈 부인지예 어필세

◉ 語 ~라고 말할 수 있다 ◉ 細(細:가늘 세·세밀할 세) 곱고 섬세하다

◈ 부인의 예절 the manners of a wife (婦人之禮) ◈ 곱고 섬세한 말 speech that is beautiful and delicate(語必細)

영문 The manners of a wife must include speech that is beautiful and delicate.

국의 옛 시인 소동파는 세 명의 첩을 두었다. 어느 날 저녁을 먹고 나서 소동파가 지금 내 뱃속에 무엇이 있느냐고 차례로 물었다. 먼저 한 여자가 가볍게 웃으며 나으리 뱃속에는 방금 드신 저녁밥이 있다고 말했다. 두번째 여자도 비슷한 대답을 했다. 그러나 마지막으로 말한 조운이라는 여자는 사뭇 달랐다.

「님의 뱃속에는 철(季節) 지난 다른 생각으로 가득 차 있습니다.」

사람의 속마음을 읽어내는 그 말에 소동파는 매우 흡족했

다고 한다.

얼마나 사려 깊고 아름답게 말을 하느냐에 따라 세상살이
는 매우 즐거울 수도 있다.

譯 어진 아내는 남편을 귀하게 만들고 악한 아내는 남편을 천하게 만
든다.

賢婦는 令夫貴요 惡婦는 令夫賤이니라.
현 부   영 부 귀   악 부   영 부 천

◉ 令夫貴(令:하여금 영·시킬 영, 夫:지아비 부) 남편을 귀하게
만들다

◈ 귀하게 만든다 make ~ precious(令 ~貴) ◈ 천하게 만든다
make ~ ignoble(令 ~賤)

영문 A good wife makes her husband precious and a bad wife
makes him ignoble.

說 자는 어떤 배우자를 만나느냐에 따라 인생이 좌우된다고
한다. 그래서 생긴 말이 <여자 팔자 뒤웅박 팔자>이다.

엄밀히 말하면 비단 여자의 인생만 그렇게 달라지는 것이
아니다. 남자의 삶 역시 배우자에 따라 많은 것이 달라진다.
자기 분야에서 일가를 이룬 사람, 세상을 위해 자기 희생적
인 삶을 살아온 사람의 뒤에는 언제나 굳세게 가정을 지키
고 묵묵히 남편을 돕는 아내가 있었음을 기억하자.

결국 서로의 이상을 존중하고 격려해 줄 수 있는 배우자를
만나는 것은 훌륭한 삶을 살아가는 데 필수적인 요소이다.

詳 집안에 어진 아내가 있으면 남편은 뜻밖의 재앙을 당하지 않는다.

家有賢妻면 夫不遭橫禍니라.
가 유 현 처   부 부 조 횡 화

◉ 不遭(遭:만날 조) 만나지 않다 ◉ 橫禍(橫:비낄 횡, 禍:재앙화) 비껴가기 때문에 만나지 않을 수도 있는 재앙, 뜻밖의 재앙

◈ 어진 아내가 있다 there is a tolerable wife(有賢妻) ◈ 재앙을 당하다 experience misfortune(遭橫禍)

영문 When there is a tolerable wife in the home, the husband will experience no misfortune beyond what he alone brings.

해설 머니가 키운 아이가 정서적으로 훨씬 안정되어 있다는 말을 들은 적이 있다. 우리네 할머니들은 엄격한 규율보다 한량없는 정으로 아이를 대한다. 밥투정하는 아이를 따라다니며 밥을 먹이는가 하면 귀한 물건을 못쓰게 해도 야단을 치기보다는 아이 걱정부터 한다. 그러니 아이의 입장에서 보면 할머니는 자기가 무슨 일을 해도 이해해 주는, 세상에서 유일무이한 존재인 것이다. 이처럼 자신을 전폭적으로 지지하는 사람이 있다는 것은 정서 안정에도 크게 도움이 된다는 설명이다.

남자는 아내 앞에서는 영원히 아이가 된다고 한다. 집에 어진 아내가 있어서 모든 것을 이해해 주기를 바라는 남자들의 마음을 반영한 말이라고 할 수 있다. 사실 마음이 편해야 일도 즐겁고 모든 일이 순조롭지 않은가.

어진 아내는 친척을 화목하게 하고 간교한 아내는 친척의 화목을 깨뜨린다.

賢婦는 和六親하고 佞婦는 破六親이니라.
신 부   화 육 친   영 부   파 육 친

◉ 六親 가까운 친척 ◉ 佞婦(佞:아첨할 영, 재주 영) 간교한 아내 ◉ 破(破:깨뜨릴 파) 깨뜨리다

◆ 간교한 아내 wily wife(佞婦) ◆ 친척의 화목을 깨다 break harmony among relatives(破六親)

영문 A broad-minded wife brings harmony to relatives and a wily wife breaks harmony among relatives.

언젠가 한 미국인이 한국인의 생활에 관하여 쓴 칼럼을 읽은 적이 있다. 한국인의 성향을 분석해 놓은 그 글을 보고는 외국인이 우리의 속내를 참 잘도 들여다보았다고 탄복했다. 그 가운데서도 「한국 가정에서 실권을 쥐고 있는 쪽은 아내」라는 내용을 보고는 무릎을 쳤다.

우리 사회에서 여자는 대개 경제적으로 남편에게 의존하고 있고 사회적으로도 열악한 위치에 있는 것이 사실이다. 하지만 자녀교육, 가정경제 같은 집안의 핵심적 사안을 아내가 결정하는 경우가 많다. 집안 내 대소사를 처리하는 것도 주로 여자의 몫이다. 결국 여자는 한 가정을 운영하는 실권자인 셈이다. 실권자가 어떻게 처신하느냐에 따라 가정의 분위기가 달라지는 것은 물론이다. 심지어 형제나 친척간의 우애를 좌우하는 것도 아내가 아니던가. 아내자리가 얼마나 막중한가에 대해서는 다른 말이 필요 없겠다.

제5부

눈은 모든 것을 보아도 마음만은 한 길을

이야기
명심보감

악이 쌓이면 헤어날 수 없다

增補篇

증보편

譯 《주역》에 이르기를, 선(善)을 쌓지 않으면 족히 이름을 이룰 수 없고 악(惡)을 쌓지 않으면 족히 몸을 망치지 않는데도, 소인은 작은 선으로는 이로움이 없다고 하여 그 작은 선을 행하지 않고 작은 악으로는 해로움이 없다고 하여 그 작은 악을 버리지 않는다. 그리하여 악이 쌓이면 가릴 수 없고 죄가 커지면 풀려날 수 없게 된다.

周易에 曰, 善不積이면 不足以成名이요, 惡不積이면 不足
주 역   왈 선부적   부족이성명   악부적   부족

以滅身이어늘 小人은 以小善으로 爲无益而弗爲也하고 以
이멸신   소인   이소선   위무익이불위야   이

小惡으로 爲无傷而弗去也니라. 故로 惡積而不可掩이요
소 악   위무상이불거야   고   악적이불가엄

罪大而不可解니라.
죄대이불가해

● 不足以成名 족히 이름을 이룰 수 없다 ● 不足以滅身 족히 몸을 망치지 않는다 ● 以小善 작은 선(善)으로는 ● 无益(无:없을 무) 無益 이로움이 없다 ● 弗爲(弗:아닐 불) 不爲 행하지 않다 ● 爲无傷而弗去也 해로움이 없다고 하여 버리지 않는다 ● 惡積而 악이 쌓이면 ● 不可掩(掩:가릴 엄) 가릴 수 없다

365

◈ 선을 쌓다 goodness is accrued(善積) ◈ 버리다 discard(去) ◈ 죄가 커지다 violation becomes big(罪大而) ◈ 풀려 날 수 없다 ~ cannot be resolved(不可解)

영문 If goodness is not accrued, one's name cannot be adequately established and if evil is not accrued, the body may not be beaten. A small man does not do a small good deeds saying that his doing of small goodness is inactive, and he does not discard a small evil believing that he is not injurious in doing small evil deeds. As such, if evil is accrued, it cannot be hidden with ease and when violation becomes big, it cannot be resolved without difficulty.

講 부드러운 서리는 단단한 얼음이 되어서야 밟을 수 있듯이 신하가 임금을 죽이고 자식이 그 아버지를 죽이는 것도 하루 아침, 하루 저녁에 생기는 일이 아니다. 그 까닭은 조금씩 조금씩 다가오는 것이기 때문이다.

履霜(이상)하면 堅氷至(견빙지)하니 臣弑其君(신시기군)하며 子弑其父(자시기부)가 非一日一夕之事(비일일일석지사)라. 其由來者漸矣(기유내자점의)니라.

● 履霜(履:밟을 리) 서리를 밟다 ● 堅氷至(至:이를 지) 단단한 얼음이 얼다 ● 臣弑其君(弑:윗사람죽일 시) 신하가 임금을 죽이다 ● 一日一夕하루 아침과 하루 저녁 ● 由來 유래, 내력, 까닭 ● 漸矣(漸:점점 점) 점점 다가오다

◈ 갑자기 오지 않는다 will not come suddenly(非一日一夕之事) ◈ 조금씩 조금씩 다가오다 come little by little(來漸矣) ◈ 딴딴한 얼음이 되어서야 밟을 수 있다 cannot be traced upon until it becomes hardened ice.(履霜堅氷至)

영문 The day when royal subjects will kill the king or the son will kill his father will not come suddenly but little-by-little like the soft fallen snow that can not be traced upon until it becomes hardened ice.

부모 모시기를 자식 기르듯이

八反歌

팔반가

譯 어린아이가 혹시 나를 꾸짖으면 내 마음은 기쁨을 느끼고, 부모가 나에게 화를 내면 나의 마음은 오히려 언짢아진다. 한쪽은 기쁘고 한쪽은 언짢으니 아이를 대하는 것과 어른을 대하는 것이 어찌 이리 다를 수 있는가? 그대에게 권하노니, 오늘 부모의 노여움을 만나거든 그것을 마치 어린아이를 대하는 것과 같은 마음으로 생각하라.

幼兒或罵我하면 我心에 覺懽喜하고 父母가 嗔怒我하면 我
유 아 혹 이 아.　아 심　각 환 희　부 모　진 노 아　아
心에 反不甘이라. 一喜一不甘하니 待兒待父心何懸고. 勸
심　반 불 감　일 희 일 불 감　대 아 대 부 심 하 현　권
君今日逢親怒어든 也應將親作兒看하라.
군 금 일 봉 친 노　야 응 장 친 작 아 간

◉ 或罵我(罵:꾸짖을 이) 혹시 나를 꾸짖다 ◉ 覺懽喜(覺:깨달을 각, 懽:기쁘게 할 환) 기쁨을 느끼다 ◉ 嗔怒我(嗔: 노할 진) 나에게 진노하다, 화를 내다 ◉ 反 오히려 ◉ 不甘 달갑지 않다, 언짢다 ◉ 何懸(懸:멀 현) 어찌 차이가 큰가? ◉ 勸君(勸:권할 권) 그대에게 권한다 ◉ 逢親怒(逢:만날 봉, 親:어버이 친, 怒:성낼 노) 부모의 노여움을 만나다 ◉ 也應(應:응할 응)~ 또한 ~처럼 대하다 ◉ 將親(將:봉양할 장) 부모에게 봉양하다 ◉ 作兒看(作:지을 작) 아이와 같은 마음으로 보다

368

◈ 기쁨을 느끼다 feel glee(覺懽喜) ◈ 언짢아지다 ache(反不甘) ◈ 마음으로 마치 ~인 것처럼 생각하다 regard in one's heart as if~ ◈ ~하는 것이 좋을 것이다 would do well to~

영문 Perhaps, there are times when your child scolds you your heart feels glee and there are times when your parents are angry at you your heart aches. One part is gleeful and the other part aches. How does it so differ between confronting your child and your parents? The advice on that account is that when you encounter the anger when meeting your parents, you would do well to regard in your heart it as if confronting your lovely child.

譯 어린 자식들은 말을 많이 하지만 그대는 언제든지 듣기를 싫어하지 않고, 부모님은 입을 한번만 벌리면 쓸데없는 말을 해서 남의 일에 간섭한다고 여긴다. 그러나 이는 쓸데없는 것이 아니고 걱정이 되어서 그렇다. 부모는 흰머리가 되도록 오랜 인생을 살았으므로 도움이 되는 일이 많다. 노인의 말을 공경하여 받들고 그 가르침을 젖내 나는(어린) 입으로 옳거니 그르거니 따지지 않도록 그대에게 권한다.

兒曹는 出千言하되 君聽常不厭하고 父母는 一開口하면 便
아 조 출 천 언   군 청 상 불 염   부 모 일 개 구   변

道多閑管이라. 非閑管親掛牽이라. 皓首白頭에 多諳諫이
도 다 한 관   비 한 관 친 괘 견   호 수 백 두   다 암 간

라. 勸君敬奉老人言하고 莫敎乳口爭長短하라.
   권 군 경 봉 노 인 언   막 교 유 구 쟁 장 단

◉ 兒曹(曹:무리 조) 어린 아이들, 어린 자식들 ◉ 出千言 많은 말을 하다 ◉ 聽常不厭(厭:싫을 염) 언제나 듣기를 싫어하지 않는 다 ◉ 一開口 한번만 말하다 ◉ 便道多閑管(便:문득 변, 道:말할 도, 閑:한가할 한, 管:주관할 관) 문득 잔소리가 많고 한가하기 때문에 남의 일에 간섭하다 ◉ 掛牽(掛:걸 괘, 牽:이끌 견) 걱정 하다(이것저것 걸리는 일이 많아 마음이 끌린다, 걱정이 되다) ◉ 皓首白頭(皓:힐 호, 늙은이 호) 나이 먹고 머리가 희다 ◉ 多諳諫 (諳:알 암) 아는 것이 많아서 간하는 것이다 ◉ 敬奉老人言 나이 드신 분의 말을 공경하고 받들다 ◉ 莫~ ~하지 말라 ◉ 乳口爭 長短(爭:다툴 쟁) 젖내 나는 입으로 옳거니 그르거니 하다

◆ 말이 많다 talkative(出千言) ◆ 듣기를 즐겨한다 enjoy listening to~ (聽不厭) ◆ 쓸데없는 말, 천박한 말 something frivolous ◆ 간섭한 다고 생각하다 be regarded as interfering in~ ◆ 흰머리가 되다 grow gray and white(皓首白頭) ◆ 노인의 말을 공경하라 respect what is said by the elderly(敬奉老人言) ◆ 젖내나는 입으로 옳고 그름을 따지다 act babyish by saying what is right or what is wrong(乳口爭長短)

영문 Though children are very talkative, you would always enjoy listening to them. If a parent opens his mouth only one time to say something good, he is regarded as interfering in your affairs talking of something frivolous. However, your parent does so because there are numerous things your parents can do to help you, as their life and experience goes on for quite some time until their hair grows increasingly gray and white and their wisdom becomes plentiful. Respect what is said by the elderly and be receptive to it and do not act babyish by saying what is right or what is wrong when your parents offer their teaching.

어린 자식의 소대변 같은 더러운 것은 그대 마음에 싫어하지도 꺼려하지도 않으면서, 늙으신 부모님의 눈물과 침이 떨어지는 것은 도리어 미워하고 싫어하는구나. 그대의 여섯 자 몸뚱이는 어디에서 왔는가? 아버지 정기와 어머니의 피가 그대의 몸을 만들었도다. 그대에게 권하노니, 늙어 가는 사람을 공경하고 대접하라. 그들은 젊었을 때 그대를 위하여 힘줄과 뼈가 닳도록 고생하셨노라.

幼兒尿糞穢는 君心에 無厭忌로되 老親涕唾零은 反有憎
유 아 요 분 예　군 심　무 염 기　노 친 체 타 영　반 유 증

嫌意니라. 六尺軀來何處오. 父精母血成汝體라.
혐 의　육 척 구 내 하 처　부 정 모 혈 성 여 체

勸君敬待老來人하라. 壯時爲爾筋骨니라.
권 군 경 대 노 내 인　장 시 위 이 근 골

◉ 尿糞穢(穢:더러울 예) 소대변처럼 더러운 것 ◉ 君心 그대 마음 ◉ 無厭忌(忌:꺼릴 기) 싫어하지도 꺼려하지도 않다 ◉ 涕唾零(涕:눈물 체, 唾:침 타, 零:떨어질 령) 눈물과 침이 떨어지다 ◉ 反 도리어 ◉ 有增嫌意(增:미워할 증, 嫌:싫어할 혐) 미워하고 싫어하다 ◉ 六尺軀來何處(軀:몸뚱이 구) 그대의 여섯 자 몸뚱어리는 어디서 왔는가? ◉ 父精母血(精:정력 정, 정기 정) 아버지의 정기와 어머니의 피 ◉ 成汝體(汝:너 여) 그대의 몸을 만들다 ◉ 老來人 늙어가는 사람, 늙어오는 사람 ◉ 壯時 장년 때, 젊었을 때 ◉ 爲爾(爾:너 이) 그대를 위해 ◉ 筋骨幣(筋:힘줄 근, 骨:뼈 골, 幣:옷해질 폐) 힘줄과 뼈가 닳도록 고생했다

◈ 똥 feces(糞) ◈ 오줌 urine(尿) ◈ 기저귀 diaper ◈ 침(흘림) drool(唾零) ◈ 싫어하다 dislike(有憎) ◈ 싫어하다 be disliked ◈ 말을 막다 be shuned ◈ 그대에게 권하노니 노인을 공경하고 늙어가는 사람을 접대하라 The advice is to respect the old and attend to those who are growing older(敬待老來人) ◈ 정력 sinew(筋) ◈ 그대를 키우기 위하여 towards that end of rearing you

영문 While the foulness of a child's feces and urine in his diapers is not disliked nor shunned, the tears and drools of your elderly parents are detested and despised but then, where did your six-foot tall body come from? It was the blood of your mother and the energetic youth of your father that made your body. The advice is to respect the old and attend to those who are growing older. When they were young, they endured the hardships that exhausted their strength and wore out their sinew and bones towards that end of rearing you.

譯 그대가 새벽에 시장에 가서 밀가루떡과 흰떡을 산다는 말은 듣지만 그것들을 부모에게 드린다는 말은 별로 듣지 못하였고 주로 자식에게 준다는 말은 많이 들었다. 부모는 이직 씹지도 않았는데 자식은 벌써 배가 부르니 자식의 마음은 자식을 사랑하는 부모의 마음에 비교할 수가 없다. 떡 살 돈을 많이 내어 사실 날이 얼마 남지 않은 부모를 잘 받들어 봉양할 것을 그대에게 권한다.

看君晨入市하여 買餅又買餻하나 少聞供父母하고 多說供
간 군 신 입 시　　　매 병 우 매 고　　　소 문 공 부 모　　　다 설 공

兒曹라. 親未啖兒先飽하니 子心이 不比親心好라. 勸君
아 조　　친 미 담 아 선 포　　　자 심　　불 비 친 심 호　　　권 군

多出買餅錢하여 供養白頭光陰少하라.
다 출 매 병 전　　　공 양 백 두 광 음 소

◉ 看~ ~가 ~하는 것을 보다 ◉ 晨(晨:새벽 신) 새벽에 ◉ 入

市 시장에 가다 ◉ 買餠又買餻(餠:밀가루떡 병, 餻:흰떡 고) 밀가루떡을 사고 흰떡을 사다 ◉ 少聞 별로 듣지 못하다 ◉ 供父母 부모에게 봉양하다 ◉ 多設 말을 많이 하다, 그래서 말을 많이 듣다 ◉ 未啖(啖:씹을 담) 아직 씹지 않다 ◉ 先飽(飽:배부를 포) 벌써 배가 부르다 ◉ 不比 비교할 수 없다 ◉ 親心好 자식을 사랑하는 부모의 마음 ◉ 多出 많이 내다 ◉ 買餠錢(餠:밀가루떡 병) 떡 살 돈 ◉ 白頭 머리가 흰 사람, 부모 ◉ 光陰少 살 날이 얼마 남지 않다

◈ ~소리는 듣지만 ~소리는 별로 듣지 못한다 it is heard that~ but it is barely that~ ◈ ~을 ~과 비교하다 ~be compared with~ ◈ ~를 권하다 it is advised that~ ◈ 얼마남지 않다(곧 살아진다) dwindle away

영문 Though it was heard that at dawn you were going to the market to buy some donuts and white rice cakes, it was barely heard that they were for your parents and much was said about being mainly for the son. When your parents have barely chewed them, yet your child's stomach had already been filled. The heart of the your child cannot be compared with those of the parents who love you. It is advised that, at some time on, you should take good care of your parents whose actual days remaining for living are dwindling away.

譯 시중의 약장수 가게에는 오직 어린아이 살찌는 약은 있어도 부모를 건강하게 하는 약은 없으니 왜 이 두 가지에 차이를 두고 보는가? 어린아이도 부모도 역시 병들었는데 아이의 병을 고치는 것과 부모의 병을 고치는 것을 어찌 감히 비교할 수 있겠는가? 다리를 베어도 그것은 역시 부모의 살이니 서둘러서 부모의 목숨을 극진히 보살피기를 그대에게 권한다.

市間賣藥肆에 惟有肥兒丸하고 未有壯親者하니 何故兩
시 간 매 약 사   유 유 비 아 환   미 유 장 친 자   하 고 양

般看고. 兒亦病親亦病에 醫兒不比醫親症이라. 割股라도
반 간   아 역 병 친 역 병   의 아 불 비 의 친 증   할 고

還是親的肉이니 勸君保雙親命하라.
환 시 친 적 육   권 군 보 쌍 친 명

◉ 市間賣藥肆(肆:가게 사) 시중의 약장수 ◉ 惟有(惟:오직 유)~
~만 있다 ◉ 肥兒丸(丸:탄자 환) 어린애를 살찌게 하는 약 ◉ 壯
親者(壯:굳셀 장) 부모를 건강하게 하는 것 ◉ 何故兩般看 왜 이
두 가지로 보는가? ◉ 兒亦病親亦病 아이도 부모도 병들다 ◉ 醫
(고칠 의) ◉ ~不比~ ~과 ~은 비교할 수 없다 ◉ 割股(割:벨
할, 股:다리 고) 다리를 베다 ◉ 勸君保雙親命 두분 부모의 생명
을 극진히 보살피다

◈ 병들다 be subject to illness(病) ◈ 실 flesh(肉) ◈ 부모의 목숨을
보살피다 take care of the lives of your parents(保雙親命)

영문 While the medicine merchant at the market has medicine
to fatten the child, he has no medicine to strengthen parents.
Why are there such differences? Both the child and the
parents are subject to illness. How in the world can treating
the illness of a child be compared with that of a parent? Even
though you injure your leg, that is the flesh of your parents
and it is advised that you make haste sincerely to take care
of the lives of your parents.

詳 부귀할 땐 부모를 봉양하기 쉽지만 부모는 항상 미안한 마음을 가지고 있다. 빈천한 땐 아이를 기르기가 어렵지만 아이는 굶주리고 춥지는 않다. 마음은 한 가지이지만 아이를 위하는 길과 부모를 위하는 길, 즉 두 가지 길에서 아이를 위함은 부모를 위함과 같지 않다. 그러니 부모 모시기를 아이 기르듯이 하고, 모든 것은 집안이 넉넉지 못해서 그렇다고 미루지 말기를 그대에게 권고한다.

富貴엔 養親易로되 親常有未安하고 貧賤엔 養兒難하되 兒
不受饑寒이라. 一條心兩條路에 爲兒終不如爲父라. 勸
君養親을 如養兒하고 凡事를 莫推家不富하라.

◉ 養親易 부모 봉양이 쉽다 ◉ 有未安 미안한 마음이 있다 ◉ 養兒難(養:기를 양, 봉양할 양) 아이 기르기가 어렵다 ◉ 不受饑寒(受:받을 수, 饑:주릴 기, 寒:찰 한·추울 한) 굶주리거나 춥지 않다 ◉ 一條心(條:가지 조) 한 가닥 마음 ◉ 兩條路 두 갈래 길, 아이 위하는 길과 부모 위하는 길 ◉ 終不如(終:마지막 종)~ 종래, 마지막까지 ~같지 않다 ◉ 莫推家不富(推:밀 추) 집안이 부유하지 못하다고 미루지 말라

◈ 부귀하다 wealthy and well respected(富貴) ◈ 봉양하다 care for ~(養) ◈ 빈천하다 Live an ignoble life in poverty(貧賤) 키우다 bring up(養) ◈ 굶주리다 starve to death(饑) ◈ ~와 같다. the same as ~(如) ◈ ~라고 미루다 ◈ 변명하다 make an excuse that~ ◈ ~모든 이유들은 ~ 때문이다 all the reasons are because~

영문 It is easy to care for your parents when you are wealthy and well respected. However, your parents are always sorry for you. When living an ignoble life in poverty, it is difficult to bring up a child, but the child is not cold and does not starve to death. There is but one heart in you, yet there are two ways ; one is of caring for the child and the other is of caring for the parents. Although there are two ways, the way of caring for the child is not the same as that of caring for the parents. Therefore, you ought to treat your parents as if raising the child and this is an advice to you : don't make an excuse that all the reasons why you can't take care of your old parents so well as you raise your child are only because your house is poor.

譯 부모를 봉양할 때엔 단 두 분 뿐인데도 언제나 이것을 형제들과 다투고, 기를 아이는 열 명이나 되어도 모두 그대 혼자 다 떠맡는 다. 아이가 배부르고 따뜻한가는 부모는 늘 물어보시는데 자식은 부모가 굶주리고 춥지 않은가에 대하여는 관심조차 두지 않는다. 부모를 봉양함에 오로지 힘을 다할 것을 그대에게 권하노라. 부모 님들은 그대를 기를 때 원래 그들이 갖고 있었던 입을 것과 먹을 것을 그대에게 다 빼앗겼다.

養親엔 只有二人이로되 常與兄弟爭하고 養兒엔 雖十人이
양 친　　　지 유 이 인　　　　상 여 형 제 쟁　　　양 아　　　수 십 인

나 君皆獨自任이라. 兒飽暖親常問하되 父母饑寒不在心
　　군 개 독 자 임　　　　아 포 난 친 상 문　　　부 모 기 한 불 재 심

이라. 勸君養親을 須竭力하라. 當初衣食이 被君侵이니라.
　　　권 군 양 친　　수 갈 력　　　당 초 의 식　　피 군 침

◉ 只有二人 단지 두 사람밖에 없다 ◉ 常與兄弟爭(爭:다툴 쟁) 항상 형제는 이를 가지고 다투다 ◉ 君皆獨自任(獨:홀로 독, 任: 맡길 임) 그대 혼자 모두 스스로 떠맡다 ◉ 常問 항상 묻다 ◉ 不 在心 마음에 두지 않다, 관심이 없다 ◉ 須竭力(須:모름지기 수,

竭:다할 갈) 모름지기 힘을 다하다 ◉ 當初衣食 당초에 갖고 있던 입을 것과 먹을 것 ◉ 被君侵(被:덮을 피, 侵:범할 침·침범할 침) 被는 수동태의 문장으로 유도함, 그대에게 빼앗기다

◈ ～을 다투다 quarrel over～(爭) ◈ ～이나 no less than ～(雖) ～에 대하여 무관심하다 have no concern for～ (不在心) ◈ 힘을 다하다 do everything possible(竭力)

영문 Although there are only two persons when sons and daughters care for their parents, they always quarrel over the problem. Though there are no less than ten children to rear, you alone are willing to take care of all of them. Parents always ask if their child is hungry or chilly but you have no concern for whether the parents are hungry or cold. It is advised that you should do everything possible to try to look after your parents. At the time the parents raised you they were deprived themselves of what they had to eat and wear.

詳 부모의 사랑은 가득 차 있는데도 그대는 그 은혜를 생각지 않지만 자식이 조금만 효를 해도 그대는 곧 그 이름을 빛내려 한다. 부모 대접은 어둡고 자식 대접은 밝으니 부모가 자식 기르는 마음을 누가 알겠는가? 부질없이 자식들의 효도를 믿지 말기를 그대에게 권하노라. 아이들이 자기 자식이라면 임금과 신하처럼 믿고 사랑하는 관계가 될 것이다.

親有十分慈하되 君不念其恩하고 兒有一分孝하되 君就揚
친 유 십 분 자   군 불 념 기 은   아 유 일 분 효   군 취 양

其名이라. 待親暗待兒明하니 誰識高堂養子心고. 勸君漫
기 명   대 친 암 대 아 명   수 식 고 당 양 자 심   권 군 만

信兒曹孝하라. 兒曹樣子在君身이니라.
신 아 조 효   아 조 양 자 재 군 신

◉◉◉◉

◉ 有十分慈(慈:사랑할 자) 사랑이 가득 차 있다 ◉ 不念 생각하지 않다 ◉ 有一分孝 아주 적은 효를 하다 ◉ 揚其名(揚:드날릴 양) 그 이름을 빛내다 ◉ 待親暗 부모를 대접하는 것은 어둡다 ◉ 誰識 누가 알리오 ◉ 高堂(堂:가까운 친척 당) 부모 ◉ 養子心 자식 기르는 마음 ◉ 漫信(漫:게으를 만, 느릴 만) 믿는 것이 부질없다 ◉ 兒曹樣子(樣:본보기 양, 曹:무리 조)아이들 중에 자식에게 본보기를 보여주게 되면 ◉ 在君身 그대의 몸가짐대로 되리라

◈ ~에 대해 생각지 않는다 think nothing of~ (念) ◈ ~에 대한 은혜 gratitude to~ (恩) ◈ 조금만 효를 하다 display even the smallest affection for parents(有一分孝) ◈ 이름을 빛내다 one's name shines (揚其名) ◈ 어둡다 obscure(暗) ◈ 어떻게 알겠는가? How can we understand~?(誰識) ◈ 하찮은 보잘 것 없는 frivolous

영문 Though parents' hearts are full of love for you, you think nothing of gratitude to your parents, but when your children display even the smallest affection for you, you try to shine their names brightly ; their caring for you is obscure and their caring for their children is bright. So how can you understand the parents' heart for raising you? It is advised that the filial piety displayed to you by frivolous sons be ignored. If you show your son the example of good dead, your son will become good following you.

어머니의 종기를 입으로 빨아서 낫게 하다

(續) 孝行篇

(속) 효행편

譯 손순(孫順)이 집이 가난하여 그 아내와 더불어 남의 집 머슴살이를 하며 그 어머니를 봉양했다. 그런데 그들에게 아이가 있어 언제나 어머니가 잡수시는 것을 뺏어 먹는지라 손순이 아내에게, 「아이가 어머니 잡수시는 것을 빼앗으니 아이는 또 얻을 수 있지만 어머니는 다시 구할 수가 없소」라고 말했다. 이이를 업고 취산 북쪽 교외로 가서 묻으려고 땅을 팠더니 홀연히 매우 기이한 석종(石鍾)이 나왔다. 놀랍고 이상해서 시험삼아 그 종을 쳐보니 그 소리가 아름답고 사랑스러웠다. 아내가 말했다. 「이렇게 신기한 물건을 얻는 것은 아이의 복이니 아이를 묻어서는 안 됩니다.」 순이 그렇다고 생각하고 아이와 돌종을 집으로 가져와 돌종을 대들보에 달고 울려보았다. 임금이 맑고 멀리 들리고 신기한 종소리를 들으시고 그 사실을 조사해서 아시고는 말하기를, 「옛날에 곽거(郭巨)가 아들을 땅에 묻자 하늘이 금으로 만든 솥을 내리셨는데 이제 손순이 아들을 묻으려 할 때엔 땅에서 석종이 나왔으니 앞뒤가 서로 꼭 맞는구나」 하고 그들에게 집 한 채와 해마다 쌀 오십 석(石)을 주었다.

孫順이 家貧하여 與其妻로 傭作人家以養母할새 有兒每
손순   가빈   여기처   용작인가이양모   유아매

奪母食이라 順이 謂妻曰, 兒奪母食하니 兒는 可得이어니와
탈모식   순   위처왈 아탈모식   아   가득

母難再求라 하고 乃負兒往歸醉山北郊外하여 欲埋掘地러니
모난재구   내부아왕귀취산북교외   욕매굴지

忽有甚奇石鍾이라, 驚怪試撞之하니 春容可愛라. 妻曰,
홀 유 심 기 석 종   경 괴 시 당 지   용 용 가 애   처 왈

得此奇物은 殆兒之福이니 埋之不可라. 順이 以爲然하여
득 차 기 물   태 아 지 복   매 지 불 가   순   이 위 연

將兒與鍾還家하여 懸於梁撞之라. 王이 聞鍾聲이 淸遠異
장 아 여 종 환 가   현 어 양 당 지   왕   문 종 성   청 원 이

常而覈聞其實하고 曰昔에 郭巨埋子엔 天賜金釜러니 今
상 이 핵 문 기 실   왈 석   곽 거 매 자   천 사 금 부   금

孫順이 埋兒엔 地出石鍾하니 前後符同이라 하고 賜家一區
손 순   매 아   지 출 석 종   전 후 부 동   사 가 일 구

하고 歲給米五十石하니라.
     세 급 미 오 십 석

◉ 家貧 집이 가난하다 ◉ 與其妻 그 아내와 더불어 ◉ 傭作人家
(傭:고용살이할 용, 품팔이할 용)남의 집 머슴살이를 하다 ◉ 每
奪母食(奪:빼앗을 탈) 늘 어머니가 잡수실 것을 빼앗아 먹다 ◉
難再求 다시 구하기 힘들다 ◉ 乃負(乃:곧 내·이에 내·어조사
내, 負:질 부) 업고 ◉ 往歸 돌아가다, 가다 ◉ 北郊外 북쪽 교
외, 북쪽 기슭 ◉ 欲埋(埋:묻을 매) 묻으려 하다 ◉ 掘地(掘:팔
굴) 땅을 파다 ◉ 忽(忽:깜작할 홀, 홀연 홀) 문득 ◉ 甚奇石鍾
(甚:심할 심) 심히 기이한 석종 ◉ 驚怪(怪:이상할 괴) 놀랍고 이
상하다 ◉ 試撞之(撞:칠 당) 시험삼아 그 종을 쳐보다 ◉ 春容可
愛(春:고요할 용) 아름답고 사랑스럽다 ◉ 得此奇物 이와 같은 기
이한 물건을 얻다 ◉ 殆(가까이할 태) 거의 ◉ 埋之不可 그것을
묻어서는 안 된다 ◉ 以爲然(然:그럴 연) 그렇다고 생각하다 ◉
將兒與鍾(將:거느릴 장) 아이와 종을 가지고 ◉ 還家 집으로 돌아
오다 ◉ 懸於梁(懸:매달 현, 梁:대들보 량) 대들보에 달다 ◉ 淸
遠異常 맑고 멀리 들리고 신기하다 ◉ 覈聞其實(覈:조사할 핵)
그 사실을 조사해서 듣다 ◉ 金釜 금으로 만든 가마 ◉ 符同(符:
꼭맞을 부) 앞뒤가 꼭 맞다 ◉ 一區 한 채 ◉ 歲給(歲:햇 세, 給:
줄 급) 매년 주는 것

◈ 머슴살이를 하다 work as a farm hand(傭作人) ◈ 기이한 석종 a queer looking stone bell(奇石鐘) ◈ 놀랍고 이상해서 Feeling surprised and bewildered(驚怪) ◈ 시험삼아 to give ~a test(試) ◈ 복 때문이다 be due to the good fortune(福) ◈ 퍼지다, 들려오다 emanate ◈ 도리 대들보 girder(梁) ◈ 대들보에 매달다 hang to the girder of one's house(懸於梁) ◈ 조사하다 investigate(覈) ◈ 금으로 만든 솥 a kettle made of gold(金釜) ◈ 전후가 꼭 맞는다 the future and the past have met(前後符同)

영문 A man named Son Soon, who lived in Korea during the Shilla Dynasty(B.C.57~A.D.935) was poor. He and his wife worked as farm hands on other man's farms while he took a painstaking care of his mother. Now, there was also a child of theirs. He would snatch food from Son Soon's mother as she was going to eat food and eat it himself. One day Son Soon said to his wife, "Our child snatches food away from my mother whenever she is eating. We can always have another child if we want, but we could never be able to get my mother again." He then picked up the child and went to the outskirts on the northern side of Chwisan mountain, where he intended to bury his son. As he dug up the ground to bury his son, he suddenly discovered a very queer looking stone bell. Feeling surprised and bewildered, he picked up the bell and tapped it to give it a test. Its tingling sound was beautiful and loving. His wife said, "Since acquiring this strange object is due to the good fortune of our child, burying the child would not be right." Son Soon thought so too, so he took both the child and the stone bell back home and listened to hear the sound emanating from the bell hung to the girder of his house. The king happened to hear the bell's clear and strange sound. He investigated the facts and hearing them for himself said, "Long ago as a man named

Kwak Ko was burying his son in the ground, heaven sent down a kettle made of gold. Now, when Son Soon was burying his son, a stone bell appeared from the earth, so the future and the past have met." The king granted him a house and 50 sacks of rice every year.

譯 상덕(尙德)은 흉년이 들고 염병이 창궐하는 해를 만나 그의 부모가 굶주리고 병이 들어 거의 죽게 되자 상덕이 밤낮으로 옷을 벗지 않고 정성을 다하여 편안히 해주고 위로해 드렸다. 또한 봉양할 것이 없으면 자기의 넓적다리 살을 베어 잡숫게 하고, 어머니가 종기가 났을 때는 입으로 빨아서 낫게 하였다. 임금이 이 말을 들으시고 어여삐 여겨 재물을 후하게 내리셨으며 그 집 문앞에 정문(旌門)을 세울 것을 명령하고 비석을 세워 이 사실을 기록하게 하였다.

尙德은 值年荒癘疫하여 父母飢病濱死라 尙德이 日夜不
상 덕   치 년 황 려 역   부 모 기 병 빈 사   상 덕   일 야 불

解衣하고 安慰하니라. 無以爲養이면 則刲髀肉食之하고 母
해 의   안 위   무 이 위 양   칙 규 비 육 식 지   모

發癰症에 吮之卽癒라. 王이 嘉之하여 賜賚甚厚하고 命旌
발 옹 증   연 지 즉 유   왕 이   가 지   사 뇌 심 후   명 정

其門하고 立石紀事하니라.
기 문   입 석 기 사

◉ 値年~(値:만날 치) ~해를 만나다 ◉ 荒癘疫(荒:흉년들 황, 癘:염병 려, 疫:염병 역) 흉년이 들고 염병이 유행(창궐)하다 ◉ 濱死(濱:임박할 빈) 빈사상태가 되다, 거의 죽게되다 ◉ 日夜 밤낮으로 ◉ 不解衣(解:풀릴 해) 옷을 벗지 않다 ◉ 盡誠(盡:다할 진, 誠:정성 성) 성의를 다하다 ◉ 安慰(慰:위로할 위) 편안히 해주고 위로하다 ◉ 無以爲養 봉양할 것이 없다 ◉ 刲髀肉(刲:벨

규, 髀:넓적다리뼈 비) 넓 적다리 고기를 베다 ◉ 發癰(癰:화락할
옹) 종기가 나다 ◉ 不解衣(解:풀릴 해) ◉ 吮之卽瘉(吮:빨 연,
瘉:병나을 유) 그것을 입으로 빨아서 낫게 하다 ◉ 嘉之(嘉:아름
다울 가) 그것을 어여삐 여기다 ◉ 賜賚(賜:줄 사, 賚:줄 뢰) 임
금이 은사를 내리다 ◉ 甚厚 심히 후하다 ◉ 命旌其門(旌:표할기
정) 그 집 문 앞에 정문(旌門)을 세우도록 명하다 ◉ 立石記事 비
석을 세워 그 일을 기록하다

◈ 흉년을 만나다 encounter a year of famine(值年荒) ◈ 염병이 창
궐하다 typhoid fever was rampant(癘疫) ◈ 병과 굶주림으로 죽다.
die of hunger and illness(飢病濱死) ◈ 정성을 다하여 with utmost
sincerity(盡誠) ◈ 넓적다리 살을 베어내다 slice off a portion of flesh
of one's thigh(刲髀肉) ◈ 종기가 나다 get a boil(發癰症) ◈ 종기를
핥다 suck the boil(吮癰) ◈ 아픈 상처를 핥다 lick the sores ◈ 사랑
의 표시로 재물을 내리다 grant material reward as a token of one's
affection ◈ 정문을 세울 것을 명령하다 ordered a "red gate"
erected in memory of virtuous woman's loyalty and filial piety(命旌其
門) ◈ 비석을 세워 이 사실을 기록하게 하다 order a stone
monument set up in which the factual details were explaining the
event which were engraved(命立石其事)

영문 A man called Sang Dok of the Shilla Dynasty in Korea
encountered a year of famine when typhoid fever was
rampant. As his parents were going to die of hunger and
illness, with utmost sincerity, he did everything he could to
give them peace and comfort day and night, even unable to
change his own clothes. Furthermore when there came the
time when there was nothing for his parents to eat, he sliced
off a portion of flesh from his thigh for them to eat, and
when his mother got a boil he sucked it and licked her sores
until the illness became lessened. The king later heard about
this story and came to love him, granting him material
rewards as a token of his affection. As an expression of his

fondness, he ordered a "red gate" erected in memory of virtuous woman's loyalty and filial piety and a stone monument set up in which the factual details were explaining the events which were engraved.

도(都)씨는 집은 가난했으나 효성이 지극했다. 숯을 팔아 고기를 사다가 어머니 반찬에 빠뜨리지 않았다. 어느 날 장에서 늦게 급히 돌아오는데 솔개가 갑자기 고기를 채갔다. 도씨가 슬피 울며 집에 와보니 솔개가 이미 집 뜰에 고기를 던져 놓았다. 하루는 어머니가 병환이 들어 때아닌 홍시를 찾으셨다. 도씨는 감나무 숲을 헤매며 날이 저무는 것을 깨닫지 못하고 있었는데 한 호랑이가 앞길을 번거로이 가로막고 올라타라는 시늉을 하였다. 도씨는 호랑이를 타고 백여 리나 되는 산촌에 이르러서 그날 밤을 지내려고 인가를 찾아 투숙했다. 얼마 안 되어 주인이 제삿밥을 차려 주는데 홍시가 있었다. 도씨는 기쁜 마음으로 감의 내력을 묻고 다시 자기의 뜻을 말하였더니 주인이 말하기를, 돌아가신 아버지가 감을 좋아했으므로 해마다 가을이 되면 감 이백 개를 골라내어 굴 안에 간직해 두는데, 오월이 되면 상하지 않고 완전한 것이 칠팔 개에 불과했다. 그런데 이번에는 오십 개의 완전한 것을 얻었기 때문에 마음으로 이상히 여겼더니 이것은 곧 하늘이 그대의 효에 감동한 것이라고 하며 스무 개의 감을 내주었다. 도씨가 감사하면서 문밖에 나오니 호랑이는 아직도 누워서 그를 기다리고 있었다. 호랑이를 타고 집에 오니 새벽닭이 소리를 내어 울었다. 후에 어머니가 천명이 다 되어 세상을 떠나자 도씨는 피눈물을 흘렸다.

都氏家貧至孝라. 賣炭買肉하여 無闕母饌이러라. 一日은
도 씨 가 빈 지 효   매 탄 매 육   무 궐 모 찬   일 일

於市에 晚而忙歸러니 鳶忽攫肉이어늘 都悲號至家하니 鳶
어 시   만 이 망 귀   연 홀 확 육   도 비 호 지 가   연

旣投肉於庭이러라. 一日은 母病하여 索非時之紅枾어늘 都
기 투 육 어 정   일 일 모 병   색 비 시 지 홍 시   도

彷徨柿林하여 不覺日昏이러니 有虎屢遮前路하고 以示乘
방황시임　　　불각일혼　　　　유호누차전노　　　이시승

意라. 都乘至百餘里山村하여 訪人家投宿이러니 俄而主
의　　都승지백여이산촌　　　방인가투숙　　　　아이주

人이 饋祭飯而有紅柿라. 都喜問柿之來歷하고 且述己意
인　궤제반이유홍시　　　도희문시지내역　　　차술기의

한대 答曰, 亡父嗜柿故로 每秋擇柿二百個하여 藏諸窟
　　답왈　망부기시고　　매추택시이백개　　　장제굴

中而至此五月이면 則完者不過七八이라가. 今得五十個
중이지차오월　　　즉완자불과칠팔　　　　　금득오십개

完者故로 心異之러니 是天感君孝라 하고 遺以二十顆어늘
완자고　심이지　　　시천감군효　　　　유이이십과

都謝出門外하니 虎尙俟伏이라. 乘至家하니 曉鷄喔喔이러
도사출문외　　　호상사복　　　　승지가　　　효계악악

라. 後에 母以天命으로 終에 都氏血淚러라.
　　후　　모이천명　　　종　　도씨혈누

🌸🌸🌸🌸

◉ 至孝 지극히 효도하였다, 효도가 지극하다 ◉ 賣炭買肉(賣:팔 매, 買:살 매) 숯을 팔아 고기를 사다 ◉ 無闕母饌(闕:궐할 궐·빌 궐, 饌:반찬 찬) 어머니 반찬에 빠뜨림이 없다 ◉ 晚而忙歸(晚:늦을 만, 忙:빠를 망, 바쁠 망) 늦게 급히 돌아오다 ◉ 忽攫肉(忽:깜짝할 홀, 홀연 홀, 攫:움킬 확) 별안간 고기를 채가다 鳶(솔개 연) ◉ 悲號(號:크게울 호) 슬피 울다 ◉ 至家 집에 돌아오다 ◉ 投肉於庭 고기를 집 뜰에 던지다 ◉ 母病 어머니가 병이 들다 ◉ 索(索:찾을 색) 찾다 ◉ 非時之紅柿(柿:감 시) 때아닌 홍시 ◉ 彷徨柿林(彷:방황할 방) 감나무 숲을 헤매다 ◉ 不覺日昏 날이 저무는 것을 깨닫지 못하다 ◉ 屢遮(屢:자주 루·번거로울 루, 遮:가릴 차) 가로막다 ◉ 前路 앞길 ◉ 以示乘意(示:가르칠 시) 타라는 뜻을 보이다 ◉ 乘至百餘里山村 ～을 타고 백여리나 되는 산촌에 이르다 ◉ 訪人家投宿(投:던질 투, 宿:잘 숙) 자려고 사람 사는 집을 찾아가다 ◉ 俄而(俄:잠깐 아) 얼마 지나지 않아서 ◉ 饋(饋:먹일 궤) 대접하다 ◉ 祭飯(祭:제사 제, 飯:밥 반) 제삿밥 ◉ 問柿之來歷 홍시의 내력을 묻다 ◉ 且述己意(且:또 차, 述:말할 술, 己:몸 기) 또 자기의 뜻을 말하다 ◉ 亡父嗜柿(嗜:즐

길 기) 돌아가신 아버지가 감을 좋아하다 ◉ 藏諸窟中(藏:감출 장, 諸:모두 제, 窟:굴 굴·구멍 굴) 모두 다 굴 안에 간직해 두 다 ◉ 完者 상하지 않은 것 ◉ 心異之 마음으로 이상하게 여기다 ◉ 天感君孝 그대의 효도에 하늘이 감동하다 ◉ 遺(남길 유) 주다 ◉ 謝出門外(謝:사례할 사) 감사히 인사하고 문밖으로 나오다 ◉ 虎尙俟伏(俟:기다릴 사, 伏:엎드릴 복) 호랑이가 아직도 누워서 기다리다 ◉ 乘至家 ~을 타고 집에 오다 ◉ 曉鷄喔喔(曉:새벽 효, 鷄:닭 계, 喔:닭의소리 악) 새벽닭이 악악 울다 ◉ 以天命 (以:할 이) 천명을 다해 ◉ 終(죽을 종) 죽다 ◉ 血淚(淚:눈물 루) 피눈물을 흘리다

◈ 효성이 지극하다 filial piety is extremely great(至孝) ◈ 숯 charcoal(炭) ◈ 고기를 반찬에 빠뜨리지 않다 never fail to serve the dishes of meat for~(買肉無闕饌) ◈ 솔개미가 고기를 채갔다 a kite swooped down snatching the meat(鳶忽攫肉) ◈ 때아닌 홍시를 찾 았다 expressed desire to eat persimmons out of season(索非時之紅 柿) ◈ 감나무 숲을 헤매다 is wandering about in a thicket of persimmons trees(彷彷柿林) ◈ 타라는 시늉을 했다 gestured to get on him(以示乘意) ◈ 제사를 지내다 carry out a sacrificial rites ◈ 새 벽에 수탉이 울었다 the rooster crowed at dawn(曉鷄喔喔)

영문 Mr. Do lived in a very poor house, but his filial piety was extremely great. He sold charcoal to buy meat and never failed to serve the necessary dishes of meat for his mother. One day while hastily returning home late from the market, a kite swooped down snatching the meat away from Mr. Do. He returned home sadly crying and saw that the kite had already dropped the meat at the yard of his house. One day when his mother became ill, she expressed her desire to eat persimmons out of season. Mr. Do was wandering about in a thicket of persimmons trees in search of persimmons to serve his mother. Being unaware that the day was fading to night, when he encountered a tiger blocking the way in front of him. The tiger gestured to Mr. Do to get on him and ride. Mr. Do rode the tiger for some 100Ri until they came to a mountain village, where they found a house and had to spend the night. Not long after arriving, the owner of the house began preparing food for carrying out a sacrificial rites-there were persimmons. Mr. Do, with an excited heart, inquired about the background of the persimmons there in the house and again mentioned his intention. The house owner said that his deceased father, when alive, had liked persimmons very much, so every autumn he gathered 200 of them and put them in a cave to keep. When may came around next year, with the exception of seven or eight that were preserved completely fresh, almost all of them were rotted. However, this year, strange to say he found no less than fifty persimmons were completely preserved fresh. Saying that this is because heaven was greatly impressed by Mr. Do's deep filial piety to his mother, he gave twenty of them to Mr. Do.

Mr. Do expressed his thanks and went outside, where the tiger was still lying down waiting for him to ride him. Mr. Do rode the tiger back to his house and arrived as the rooster crowed at dawn. Later his mother received heaven's order and passed from this world. Mr. Do shed tears of blood.

두 사람이 서로 사양하다

廉義篇
염의편

인관(印觀)이라는 사람이 시장에서 솜을 팔 때 서조(署調)라는 사람이 곡식으로 그것을 사가지고 돌아갔다. 이때 어느 솔개가 그 솜을 채 가지고 인관의 집에 떨어뜨렸다. 인관은 서조에게 이 솜을 되돌려주며 말하기 「솔개가 당신의 솜을 우리 집에 떨어뜨렸으므로 당신에게 돌려보냅니다.」하였다. 서조가 말하기를, 「솔개가 솜을 채어 당신에게 준 것은 하늘이 한 것입니다. 그러므로 제가 그것을 어떻게 받습니까?」라고 하였다. 인관이, 「그렇다면 당신의 곡식을 돌려드리겠습니다」라고 하였다. 서조가 말하기를, 「제가 당신에게 준 뒤에 두 번이나 장이 지났으니 곡식은 이미 당신의 것입니다」라고 하였다. 두 사람이 이와 같이 서로 사양하다가 솜과 곡식을 다 시장에 버렸다. 장시관(掌市官)이 이 사실을 임금께 아뢰니 임금은 이 두 사람에게 나란히 벼슬을 주었다.

印觀이 賣綿於市할새 有署調者하여 以穀買之而還이러니
인관   매면어시   유서조자   이곡매지이환

有鳶이 攫其綿하야 墮印觀家어늘 印觀이 歸于署調曰, 鳶
유연   확기면   타인관가   인관   귀우서조왈   연

墮汝綿於吾家라 故로 還汝하노라. 署調曰, 鳶攫綿與汝는
타여면어오가   고   환여   서조왈   연확면여여

天也라 吾何爲受리오. 印觀曰, 然則還汝穀하리라. 署調
천야   오하위수   인관왈   연칙환여곡   서조

曰, 吾與汝者가 市二日이니 穀已屬汝矣라 하고 二人이 讓
왈   오여여자   시이일   곡이속여의   이인   양

이라가 幷棄於市하니 掌市官이 以聞王하여 並賜爵하니라.
       병기어시   장시관   이문왕   병사작

388

◉◉◉◉

◉ 賣綿於市(綿:솜 면) 시장에서 솜을 팔다 ◉ 以穀買之 곡식으로 그것을 사다 ◉ 而還 돌아가다 ◉ 有鳶(鳶:솔개 연) 어떤 솔개 ◉ 攫(움킬 확) 채가다 ◉ 墮印觀家(墮:떨어질 타) 인관의 집에 떨어뜨리다 ◉ 歸于~曰(于:말할 우, 어조사 우) ~에게 돌려주며 말하다 ◉ 鳶墮汝綿(汝:너 여) 솔개가 당신의 솜을 떨어뜨리다 於吾家 나의 집에 ◉ 還汝(還:돌아올 환) 당신에게 돌려주다 ◉ 與汝(與:줄 여) 당신에게 주다 ◉ 何爲受 어떻게 받겠습니까? ◉ 然則 그렇다면 ◉ 還汝穀 당신에게 곡식을 돌려주겠습니다 ◉ 市 二日 장이 두 번이나 지나다 ◉ 已屬汝(屬:좇을 속) 이미 당신의 것이다 ◉ 相讓 서로 사양하다 ◉ 幷棄於市(幷:합할 병) 솜과 곡식 둘 다 시장에 버리다 ◉ 掌市官(掌:손바닥 장) 시장을 관장하는 관리 ◉ 以聞王 이것을 임금께 아뢰다 ◉ 並賜爵 나란히 벼슬을 내리다

◈ 이름을 ~라고 부르는~ ~named ~ ◈ ~을 돌려주다 return~ to~ ◈ 하늘이 한 것 the deed of heaven(天也) ◈ 버리다 abandon (棄) 벼슬주다(賜爵) appoint to government post

영문 When a person named In Kwan was selling cotton at the market one day, a man named So Cho came and bought it with grain and left. Then, a large kite swooped down to snatch the cotton away. As it flew off, the cotton happened to fall, landing squarely at the house belonging to In Kwan. Later, when In Kwan returned the cotton to So Cho, he said, "I am returning your cotton that the kite dropped at my house." So Cho said, "The kite's taking my cotton away and giving it to you is the deed of heaven. So, how can I accept it from you?" In Kwan then said, "Well then, I will return your grain back to you." To this, So Cho said, "Two fairs(Long days) have already passed by since the transaction was made, so the grain is already yours." Both of them mutually decided to cancel the deal then the cotton and the grain were abandoned at the market. An official posted at the market later reported these facts to the king and the king appointed the two men to government posts next to each other.

홍기섭(洪夔燮)이 젊었을 때 말로 표현하기 어려울 정도로 심하게 가난했는데 어느 날 아침 일찍이 어린 여종이 기뻐 뛰면서 돈 일곱 냥을 갖다 바쳤다. 「이것이 솥 속에 있었습니다. 이만하면 쌀이 여러 섬이고 땔나무가 여러 바리입니다. 이것은 하늘이 주신 것입니다.」 공(公)이 놀라 말하기를, 「이게 무슨 돈이냐?」 하며 곧 돈을 잃은 사람은 그 돈을 찾아가라는 등의 글을 써서 문 웃설주에 그것을 붙이고 기다렸다. 이윽고 성이 유(劉)씨라는 사람이 찾아와서 그 글의 뜻을 물었다. 공이 하나도 빼지 않고 그 사실을 말하자 유씨는 말하기를, 「남의 집 솥 속에 돈을 잃어버릴 리(理)는 없습니다. 이것은 하늘이 주신 것인데 왜 그것을 갖지 않으십니까?」라고 말했다. 공이 말했다. 「내 물건이 아닌데 어떻게 그것을 갖는단 말이오?」 유씨가 꿇어 엎드려 말하기를, 「소인이 어젯밤 솥을 훔치러 왔다가 공(公)의 집안 형편이 매우 가난해 보여서 오히려 가련하게 여겨 이것을 놓고 돌아갔습니다. 이제 공의 마음이 청렴하고 아름다우신 것을 보고 감복하였습니다. 양심이 스스로 일어나 앞으로 다시는 도둑질을 하지 않겠다고 맹세하고 청컨대 공을 항상 모시고 싶사오니 안심하시고 돈을 받아주십시오」하였다. 공이 즉시 돈을 돌려주며, 「당신이 선량한 사람이 된 것은 좋은 일이오. 그러나 돈은 가질 수 없소」하고 끝내 그 돈을 받지 않았다. 후에 공은 판서가 되었고 그의 아들 재룡(在龍)은 헌종(憲宗)의 장인이 되었으며 유(劉)씨도 역시 신임을 얻어 몸과 집안이 크게 번창하였다.

洪夔燮이 少貧甚無料러니 一日早에 婢兒踊躍獻七兩錢
홍기섭 소빈심무료 일일조 비아용약헌칠양전

曰, 此在鼎中하니 米可數石이요 柴可數馱니 天賜니이다.
왈 차재정중 미가수석 시가수타 천사

公이 驚曰, 是何金고. 卽書失金人推去等字하여 付之門
공 경왈 시하금 즉서실금인추거등자 부지문

楣而待러니 俄而姓劉者來問書意어늘 公이 悉言之한대 劉
미이대 아이성유자내문서의 공 실언지 유

가 曰, 理無失金於人之鼎內하니 果天賜也라 盍取之오.
왈 이무실금어인지정내 과천사야 합취지

公이 曰, 非吾物에 何오. 劉가 俯伏曰, 小的이 昨夜에 爲
공 왈 비오물 하 유 부복왈 소적 작야 위

竊鼎來라 還憐家勢蕭條而施之러니 今感公知廉价하고
절정내 환련가세소조이시지 금감공지염개

良心이 自發하여 誓不更盜하고 願欲常侍하나니 勿慮取之
양심 자발 서불경도 원욕상시 물여취지

하소서. 公이 卽還金曰, 汝之爲良則善矣나 金不可取라 하
공 즉환금왈 여지위양칙선의 금불가취

고 終不受러라. 後에 公이 爲判書하고 其子在龍이 爲憲宗
종불수 후 공 위판서 기자재용 위헌종

國舅하며 劉亦見信하여 身家大昌하니라.
국구 유역견신 신가대창

◉◉◉◉◉

◉少 젊었을 때 ◉貧甚 가난함이 심하다 ◉無料 헤아릴 수 없다, 측량할 수 없다, 말로 표현할 수 없다 ◉貧甚無料는 말할 수 없을 정도로 심히 가난하다 ◉一日早 어느날 아침 ◉婢兒(婢:여종 비) 어린 여종 ◉踊躍(踊:뛸 용, 躍:뛸 약) 좋아 날뛰다 ◉獻七兩錢 (獻: 드릴 헌) 돈 일곱 냥을 갖다 바치다 ◉此在鼎中(鼎:솥 정) 이것이 솥 속에 있다 ◉米可數石 쌀이 몇 섬이다 ◉柴可數馱(柴:나무 시, 馱:짐실을 타) 나무가 몇 바리이다 ◉天賜 하늘이 준 것이다 ◉驚曰(驚:놀랄 경) 놀라서 말하다 ◉是何金 무슨 돈인가? ◉失金人 돈을 잃은 사람 ◉推去(推:옮길 추, 去:갈 거) 찾아가다 ◉書~ 等字 ~등의 글자를 쓰다 ◉付之門楣(付:붙일 부, 楣:문웃설주미) 대문 위, 문웃설주에 그것을 붙이다 ◉俄而(俄:갑작이 아) 이윽

고, 곧 ◉ **姓劉者** 유(劉)씨 성을 가진 사람 ◉ **問書意** 글의 뜻을 묻다 ◉ **悉言之**(悉:다 실)하나도 빼지 않고 그것을 말하다 ◉ **理無~** ~일 리가 없다 ◉ **失金於人之鼎內** 남의 솥 속에다 돈을 잃어버리다 ◉ **果**(맺힐 과) 진실로 ◉ **盍~** 왜 아니~?, 어찌 아니~? ◉ **盍取之**(盍:어찌아니할 합) 그것을 왜 가지지 않습니까? ◉ **非吾物에 何오** 내 물건이 아닌데 어떻게 그렇게 합니까? ◉ **俯伏** 꿇어 엎드리다 ◉ **小的** 소인 ◉ **爲竊鼎來** 솥을 훔치러 오다, 솥을 훔치기 위해서 오다 ◉ **還憐**(還:돌아올 환, 憐:가련할 련) 오히려 가련히 여기다 ◉ **家勢 蕭條**(蕭:쓸쓸할 소) 집안 형편이 매우 쓸쓸한 모양이다(가난해 보이다) ◉ **施之** 은혜를 베풀다, 그것을 놓고 가다 ◉ **廉价**(价:착할 개) 청렴하고 착하다 ◉ **誓**(맹세할 서) 맹세하다 ◉ **不更**(更:고칠 경)~ 다시는 ~하지 않는다 ◉ **願欲常侍**(侍:모실 시) 원컨대 항상 모시고 싶다 ◉ **勿慮取之**(慮:걱정할 려) 걱정 말고 그것을 받아들이다 ◉ **還 金曰** 돈을 돌려주며 말하다 ◉ **汝之爲良** 당신이 좋은 사람이 되다 ◉ **善矣** 좋다 ◉ **不可取** 돈을 가질 수 없다 ◉ **終不受** 끝까지 받지 않다 ◉ **爲~** ~이 되다 ◉ **國舅**(舅:장인 구) 부원군, 임금의 장인 ◉ **見信** 신임을 받다 ◉ **身家大昌** 몸과 집안이 크게 번창하다

◈ 말로 표현할 수 없을 정도로 심하게 가난하다 It is hard to describe just how seriously impoverished~is(少貧甚無料) ◈ 기뻐 뛰면서 jumping with joy(踊躍) ◈ ~일 리가 없다 there is no reason why~ ◈ 꿇어 엎드리다 fall to one's knees(府伏) ◈ 나는 감복하다 I am filled with admiration(感) ◈ 도둑질을 다시 안 하겠다고 약속했다 promised never to again engage in thievery(誓不更盜) ◈ 양심에 찔리다 smited by one's conscience(良心自發) ◈ 항상 모시고 싶다 asked that ~ always accompany ~ with one's best(願欲常侍)

영문 It is hard to describe just how seriously impoverished the life of Hong kiosop was when he was young. Early one morning, a little slave girl offered seven coins of money to him jumping with joy. She said, "I found this inside a kettle. With this much money, a number of sacks of rice and some bundles of firewood can be bought. This is a gift from heaven." Hong said with surprise, "Whose money is this?" and posted a notice above the door of the house that said, "The person who lost money can find that money here in this house…etc." and waited. Sometime later, a person with the name of Mr. 'Yoo' came and asked what that notice meant. Hong, leaving no detail out, told him the facts and Mr. Yoo replied, "There is no reason for anyone to lose money inside of other person's kettle. This is a gift given to you from heaven. Why don't you just keep it?" Hong said, "It is not mine, so how can I just keep it?" Mr, Yoo fell to his knees and said, "Last night I came to your house to steal your kettle, but in seeing how poor your house was, knowing actually how miserable your house was, I rather just put that money in the kettle and left it for you. Now that I see the integrity and beauty of your heart, I am filled with admiration." Smited by his conscience, he promised never to again engage in thievery and asked that Yoo always accompany Hong with his best and he wanted Hong to be at rest and accept the money anyway. Hong immediately returned money to Mr. Yoo and said. "It is really good that you have become a good person, but I cannot take the money." and in the end, did not accept the money. Hong later became a high ranking government official and his son the son-in-law of king Hun-Chong. Mr. Yoo, as well acquiring a new level of confidence, became prosperous.

고구려 평원왕(平原王)의 딸이 어렸을 때 울기를 좋아했다. 왕이 농담으로 너를 장차 바보온달(溫達)에게 시집 보내겠다고 하였다. 공주가 다 컸을 때 상부고씨(上部高氏)에게로 시집 보내려 하니 딸이 임금은 거짓말을 할 수 없다고 하며 굳이 사양하고 마침내 온달의 아내가 되었다. 온달은 가난해서 구걸하여 어머니를 봉양하니 그때 사람들이 이를 보고 그를 바보온달이라 불렀다. 어느 날 온달이 산속으로부터 느티나무 껍질을 짊어지고 돌아오니 임금의 딸(공주)이 찾아와서 말하기를, 「내가 바로 당신의 아내입니다」하고 수식(首飾)을 팔아 밭과 집과 기물을 사서 매우 부유해졌는데 또한 말을 많이 길러서 온달을 도왔다. 그래서 마침내 온달은 이름이 빛나고 영화롭게 되었다.

高句麗平原王之女幼時에 好啼러니 王이 戱曰以女로 將
고구여평원왕지여유시 호제 왕 희왈이여 장

歸于愚溫達하리라. 及長에 欲下家于上部高氏한대 女以
귀우우온달 급장 욕하가우상부고씨 여이

王不可食言으로 固辭하고 終爲溫達之妻하다. 先時에 溫
왕불가식언 고사 종위온달지처 선시 온

達이 家貧하여 行乞養母하니 時人이 目爲愚溫達也라. 一
달 가빈 행걸양모 시인 목위우온달야 일

日은 溫達이 自山中으로 負楡皮而來하니 王女訪見曰, 吾
일 온달 자산중 부유피이내 왕여방견왈 오

乃子之匹也라 하고 乃賣首飾而買田宅器物하여 頗富하고
내자지필야 내매수식이매전택기물 파부

多養馬以資溫達하여 終爲顯榮하니라.
다양마이자온달 종위현영

● 幼時 어렸을 때 ● 好啼(啼:울 제) 울기를 좋아하다 ● 戱曰
(戱:희롱할 희) 희롱하여 말하다 ● 將歸于(將:장차 장, 歸:시집갈
귀) 장차 시집보내다, 于는 어조사 〈~에〉. ● 及長 다 자라서 ●
下嫁(嫁:시집갈 가) 임금의 딸을 시집보내다, 즉 아랫사람에게 시
집간다는 뜻이다 ● 上部高氏 상부고씨 ● 不可食言 식언 할 수
없다, 거짓말 할 수 없다 ● 固辭(辭:사양할 사) 굳이 사양하다
● 終 마침내 ● 爲溫達之妻 온달의 아내가 되다 ● 行乞養母(乞:
구걸할 걸) 구걸을 다니며 어머니를 봉양하다 ● 時人 그때의 사
람들 ● 目爲愚溫達也(爲:이름지을 위) 그것을 보고 바보온달이라
하였다 ● 一日 어느 날 ● 自山中(自:부터 자) 산속으로부터 ●
負楡皮而來(楡:느릅나무 유, 皮:가죽 피) 느릅나무 껍질을 짊어지

고 돌아오다 ◉ 王女訪見曰 임금의 딸이 찾아와 보고 말하다 ◉ 吾乃子之匹也(子:임자 자, 匹:짝 필) 내가 곧 그대의 짝이다 ◉ 首飾(飾:꾸밀 식) 머리를 장식하는 물건들 ◉ 田宅器物 밭과 집과 기물 ◉ 頗(자못 과) 매우 ◉ 富 부유해지다 ◉ 資溫達(資:도울 자) 온달을 돕다 ◉ 爲顯榮 이름이 나타나고 영화롭게 되다

◈ ~을 좋아하다 ~was fond of crying(used to cry)(好啼) ◈ 농담으로 말하다 jokingly say(戱曰) ◈ 바보온달에게 시집 보내겠다 I am going to send you off to the idiot Ohndal to be his wife(歸于愚溫達) ◈ 느티나무 elm(楡) ◈ 화장품 costics과 장식품(首飾) ◈ 마침내 이름이 빛나고 영화롭게 되었다(국가 발전에 크게 공헌했다) Finally ~ contributed to the progress of his country(終爲顯榮)

영문 The young princess of King Pyongwon of the Koguryo Dynasty(B.C.37~A.D.668) in Korea. was fond of crying when young. One day the king jokingly said. "I'm going to send you off to the idiot Ohndal to be his wife if you go on crying like this." When the princess was all grown up, she was to be sent to be the wife of a Mr. Sang Bu Ko of good birth but she reminded the king that he was not to tell a lie and firmly resisted and, finally was sent to marry the idiot Ohndal.

Ohndal was poor and as good as a begger and he was looking after his mother by begging. At the time, people saw this situation and called him, 'Stupid Ohndal.' One day as Ohndal was returning from the mountain carrying a bundle of elm sticks on his back, the princess came to say, "I am your wife." and married him. She sold her cosmetics and hair decorations and using the money to purchase farmland and a house, she became thought of as being very respected. She improved Ohndal's manner of speaking and helped Ohndal in every way. Therefore, Ohndal's name eventually shined gloriously throughout the land. Finally he greatly contributed to the progress of his country.

젊음이 가기 전에 학문에 힘써라

勸學篇

권학편

譯 주자가 말하기를, 오늘 배우지 않고서 내일이 있다고 말하지 말 것이며, 올해 배우지 않고서 내년이 있다고 말하지 말라. 날과 달은 흘러가서 세월은 나를 위하여 더디 가지 않는다. 아! 벌써 늙었구나. 이것은 누구의 허물인고.

朱子曰, 勿謂今日不學而有來日하며 勿謂今年不學而有
주 자 왈   물 위 금 일 불 학 이 유 내 일   물 위 금 년 불 학 이 유
來年하라. 日月逝矣라 歲不我延이니 嗚呼老矣是誰之愆고.
내 년   일 월 서 의   세 불 아 연   오 호 노 의 시 수 지 건

◉ 勿謂(謂:이를 위, 말할 위) 말하지 말라 ◉ 逝矣(逝:갈 서) 간
다 ◉ 歲不我延(延:천연할 연) 세월이 나를 위해 더디 가지 않는
다 ◉ 嗚呼 아! ◉ 誰之愆(誰:누구 수, 愆:죄 건)누구의 허물인고

◈ 세월은 사람을 기다리지 않는다 Time and tide wait for no man
(歲不我(人)延) ◈ 시간은 살같이 흐른다Time flies like an arrow(日月
逝矣) ◈ 이렇게 늙었구나 have already become this old(嗚呼老)

영문 Don't say there will be tomorrow if you don't learn what you have not learned today. Don't say there will be next year if you don't learn what you have not learned this year. Days

396

and months continue to go by without stopping. Time and tide wait for no man. Time flies like an arrow. Oh, to my great surprise I have already become this old. Who in the world has made me so old!

소년은 늙기 쉽고 학문은 이루기 어려우니 촌음(寸陰)이라도 가벼이 해서는 안 된다. 아직 못가의 봄꿈을 깨지 못해서 섬돌 앞의 오동나무가 가을소리를 낸다.

少年은 易老하고 學難成이니 一寸光陰인들 不可輕이라. 未
소 년   이 노   학 난 성   일 촌 광 음   불 가 경   미
覺池塘春草夢하여 階前梧葉이 已秋聲이라.
각 지 당 춘 초 몽   계 전 오 엽   이 추 성

◉ 少年易老(易:쉬울 이) 소년은 늙기 쉽다 ◉ 學難成(難:어려울 난) 학문은 이루기 어렵다 ◉ 一寸光陰(寸:조금 촌, 光:빛 광, 陰:그늘 음) 光陰 시간 一寸光陰 짧은시간 ◉ 池塘(塘:못 당) 연못 ◉ 未覺(未:아닐 미, 覺:깨달을 각) 꿈을 깨지 못하다 ◉ 春草夢 봄꿈 ◉ 階前(階:섬돌 계) 섬돌 앞 ◉ 梧(오동 오)

◈ 소년은 늙기 쉽다 It is easy for a boy to grow old(少年易) ◈ 학문은 이루기 어렵다 It is difficult for knowledge to be attained(學難成) ◈ 아주 짧은 시간이라도 가벼이 해서는 안된다 you should be careful not to waste even the least time uselessly(一寸光陰不可輕) ◈ 아직 못가의 봄꿈을 깨지 못하다 not awaking yet from the warm spring dream near the pond(未覺池塘春草夢)

It is easy for a boy to grow old. It is difficult for knowledge to be attained. You should be careful not to waste even the least time uselessly. Not awaking yet from the warm spring dream near the pond, the paulownia tree before the stone steps now makes a sound of autumn.

譯 도연명 시(詩)에 말하기를, 좋은 나이는 두 번 거듭 오지 아니하고, 하루에 새벽이 두 번 있지 않다. 때가 되거든 마땅히 학문에 힘쓰라. 세월은 사람을 기다리지 않는다.

陶淵明詩에 云, 盛年은 不重來하고 一日은 難再晨이니 及
도 연 명 시   운   성 년   부 중 내   일 일   난 재 신   급
時當勉勵하라. 歲月은 不待人이라.
시 당 면 려   세 월   부 대 인

◉ 盛年(盛:무성할 성, 성할 성) 좋은 젊은 나이 ◉ 不重來(重:거듭 중) 두 번 거듭 오지 않는다 ◉ 難再晨(晨:새벽 신) 새벽이 두 번 있지 않다 ◉ 及時 때가 되면 ◉ 勉勵(勉:힘쓸 면, 勵:힘쓸 려) 힘쓰다

◆ 좋은 나이는 두 번 거듭 오지 않는다 a good young year never comes to one's life two times(盛年不重來) ◆ 하루에 새벽이 두 번 있지 않다 There are no two dawns in the morning in a day(一日難再晨) ◆ 때가 되거든 마땅히 학문에 힘쓰라 When a time comes for you to study well, never lose the opportunity of doing all of your efforts to study ◆ 세월은 사람을 기다리지 않는다 Time and tide wait for no man(歲月不待人)

영문 A good young year never comes to one's life two times. There are no two dawns in the morning in a day. When a time comes for you to study well, never lose the opportunity of doing all of your efforts to study.

譯 순자가 말하기를, 반걸음을 쌓지 않으면 천리에 이르지 못할 것이
요, 작은 흐름을 모으지 않으면 강하(江河)를 이루지 못한다.

荀子曰, 不積蹞步면 無以至千里요 不積小流면 無以成
순 자 왈　　불 적 규 보　　무 이 지 천 이　　불 적 소 유　　무 이 성

江河니라.
강 하

◉ **蹞步**(蹞:한발자국 규) 반걸음　◉ **不積**(積:쌓을 적) 쌓지 않다
◉ **至千里** 천리에 이르다　◉ **小流** 작은 흐름　◉ **成江河** 강하를
이루다

◈ 반걸음을 계속 반복하다 repeat a half step(積蹞步)　◈ 천리길을
가다 walk as far as 1,000Ri(至千里)　◈ 작은 물을 모으다 small
amount of flowing water is not accumulated(積小流)

영문 You can walk as far as 1,000Ri by starting repeating a half
step. Big rivers cannot be made if small amount of flowing
water is not accumulated.

부 록

출전 및 인물풀이

이야기
명심보감

출 전

≪가어(家語)≫

공자(孔子)의 말과 행동 및 그 제자와의 문답을 수록한 책이다.

≪격양시(擊壤詩)≫

송(宋)나라 때의 소옹(邵雍)이 편찬한 ≪격양시집(擊壤詩集)≫을 말한다.

≪경행록(景行錄)≫

밝고 올바른 행실을 기록한 중국 송나라 때의 책이다.

≪근사록(近思錄)≫

송나라 때 주자(朱子)와 그의 학우(學友)인 여조겸(呂祖謙)이 주자(周子), 정자(程子), 장자(張子) 등의 글에서 선정하여 공편저(共編著)한 교양, 처세, 수양서이다.

≪논어(論語)≫

사서(四書) 중의 하나로 공자(孔子)가 죽은 뒤에 그의 제자들이 상세히 엮은 책이다. 그 수록 내용은 공자와 제자 및 그 당시 사람들의 문답이며 또한 공자의 성품, 인격 및 언행에 관하여도 기록하였다. 공자의 인(仁)의 사상 및 정치, 교육에 대한 의견이 수록되어 있는 경전으로 공자를 연구하는

데 필요한 유일한 자료이다.

≪동몽훈(童蒙訓)≫

아이들을 가르치기 위한 책으로, 송나라의 여본중(呂本中)이 지었다.

≪사기(史記)≫

사마천(司馬遷)이 편찬한 중국 최초의 통사(通史)로, 황제(黃帝)로부터 한무제(漢武帝)까지 삼천 년에 걸친 역대 왕조의 발자취를 기록한 기전체(紀傳體)의 역사책이다.

≪서(書)≫

≪서경(書經)≫을 일컫는다. 중국의 요순(堯舜) 때부터 주(周)나라 때까지의 정치에 관한 기록을 수집하여 펴낸 책으로, 삼경(三經) 또는 오경(五經)의 하나이다.

≪설원(說苑)≫

한(漢)나라의 유향(劉向)이 지은 책. 군도(君道), 신술(臣術), 건본(建本), 입절(立節), 귀덕(貴德), 복은(復恩) 등 20편으로 되어 있는데, 처음은 서설(序說), 뒤는 일화(逸話)를 나열한 책이다.

≪성리서(性理書)≫

인간의 심성과 우주의 원리를 연구하는 학문인 성리학에 관한 송나라 때의 책이다.

≪소서(素書)≫

한나라 때의 황석공(黃石公)이 펴낸 수양서이다.

≪시(詩)≫

시경(詩經)을 일컫는다. 오경(五經)의 하나로, 공자가 은(殷)

나라 때로부터 춘추(春秋)시대에 이르기까지의 시 삼백오십
편을 수록, 편찬한 경(經)이다.

≪안분음(安分吟)≫

송나라 때 시집으로 생활의 안분에 관하여 쓴 안분시(安分
詩)이다.

≪안씨가훈(顔氏家訓)≫

북제(北齊) 때 안지추(顔之推)라는 사람이 지은 책으로 주
로 출세와 집을 다스리는 법에 관해 기록하였다.

≪예기(禮記)≫

주(周)나라 말기로부터 진한(秦漢)시대까지의 제도 및 예법
등을 수록한 책으로 오경(五經)의 하나이다.

≪이견지(夷堅志)≫

송나라의 홍매(洪邁)란 사람이 엮은 책으로, 그의 일생 동
안에 보고 겪은 일반인들의 이상한 일이나 이야기를 모은
설화집(說話集)이다.

≪주역(周易)≫

중국 고전의 하나인 철학서이다. 오경(五經)의 하나로서 ≪
역경(易經)≫이라고도 한다. 주대(周代)의 문왕(文王), 주공(周
公)을 거쳐 공자에 이르러 집대성되었다.

≪한서(漢書)≫

전한(前漢) 229년의 역사를 기록한 사서(史書)로서, 반표(班
彪)가 쓰기 시작해서 반고(班固)가 완성했으며, 그 이후 반고
의 누이동생인 반소(班昭)가 보충했다.

인 물

■ 강절(康節)

소강절(1011~1077)은 송나라의 유학자로서 이름은 옹(雍)이고 자(字)는 요부(堯夫)이며, 강절(康節)은 시호이다. 이정지(李挺之)로부터 도가(道家)의 도서선천상수(圖書先天象數)의 학(學)을 배워서 신비적인 수리학설(數理學說)을 정립하였으며, 이에 의해 우주와 자연의 원리를 설명하였다. 그는 복서(卜筮)의 대가로서 국가의 장래를 예견하였었다.

■ 곽거(郭巨)

후한(後漢) 때 사람으로 중국 이십사효(二十四孝)의 한 사람이다.

■ 구래공(寇萊公)

북송(北宋) 진종(眞宗) 때의 어진 재상으로 성은 구(寇), 이름은 준(準), 자는 평중(平仲)이다. 전공(戰功)으로 내국공(萊國公)에 봉(封)함을 받아 구래공(寇萊公)이라 했다.

■ 군평(君平)

엄군평(嚴君平)은 전한(前漢) 무제(武帝) 때 사람으로 점을 잘 쳤다고 한다.

■ 당태종(唐太宗)

당(唐)나라의 두번째 임금으로 이름은 세민(世民)이고, 고조 (高祖) 이연(李淵)의 아들이다.

■ 동악성제(東岳聖帝)

동악성제는 그 연대와 성명은 알려지지 않고 오직 도가(道 家)에 속하는 사람이라는 사실만이 전해질 뿐이다.

■ 마원(馬援)

마원(B.C. 11~A.D. 49)은 후한의 유명한 장군으로 광무제 (光武帝)를 도와 흉노(匈奴) 토벌 등 많은 무공을 세워 복파 장군(伏波將軍)이 되었고, 티벳 지방의 반란을 평정한 공으로 신식후(新息侯)에 봉해졌다.

■ 무왕(武王)

주(周)나라 문왕(文王)의 아들로 이름은 발(發)이다. 아우 단 (旦)과 협력하여 주왕(紂王)을 토벌하고 은조(殷朝)를 쳐서 주 왕조(周王朝)를 세웠다.

■ 문중자(文仲子)

문중자는 수(隨)나라 때의 학자인 왕통(王通)을 가리킨다. 자기의 건의가 조정에 받아들여지지 않자 정계에서 미련없 이 은퇴하여 후진 육성에 힘을 썼고, 이세민(李世民)을 도와 당나라를 일으키는 데 성공했다. 그의 문인(門人)으로서 어질 고 이름높은 어진 재상들이 많이 배출되었다.

■ 범충선공(范忠宣公)

북송 때의 재상으로 이름은 순인(純仁), 시호는 충선(忠宣)

이다. 명신(名臣) 범중엄(范仲淹)의 아들로서 부모에게 지극히
효자였다고 한다.

■ 사마온(司馬溫)

사마온(1019~1086)은 이름은 광(光), 자는 군실(君實), 시호
는 문정공(文正公)으로 북송의 정치가이며 학자이다. 신종(神
宗) 때 왕안석(王安石)의 신법(新法)을 반대하였고, 저서로는
≪자치통감(資治通鑑)≫이 있다.

■ 상덕(尙德)

우리나라 신라(新羅) 사람으로 지극한 효행으로 이름이 높
았다.

■ 서조(署調)

신라 때 사람으로 청렴과 의리로 이름이 높았다.

■ 소광(疎廣)

전한의 선제(宣帝) 때 태부(太傅)의 지위에 있던 인물이다.

■ 소동파(蘇東坡)

소동파는 아버지 순(洵), 아우 철(轍)과 함께 삼소(三蘇)라고
불리운다. 북송 때의 문인으로 이름은 식(軾)이다. 당송팔대
가(唐宋八大家)의 한 사람으로서 서화에도 능하고 ≪동파전
집(東坡全集)≫, ≪적벽부(赤璧賦)≫ 등의 유명한 저서가 있
다.

■ 손사막(孫思邈)

노장(老莊)에 정통했던 중국 당나라의 학자로서 음양학(陰
陽學)과 의약학(醫藥學)에 조예가 깊었다고 한다.

■ 손순(孫順)

　우리나라 신라 모량리(牟梁里) 사람으로 효성이 지극한 사람이었다.

■ 손진인(孫眞人)

　손진인에 관해서는 정확히 알려져 있지 않지만, 진인(眞人)으로 불리어지는 것으로 보아 도가(道家)에 속해 있는 사람임을 알 수 있다. 원래 진인은 도가에서 참된 생의 진리를 깨달아 득도(得道)한 사람을 일컫는 말이기 때문이다.

■ 순자(荀子)

　전국시대 말기인 조(趙)나라 사람으로, 이름은 황(況)이며, 자하(子夏) 학파에 속하는 유학자이다. 맹자(孟子)가 성선설(性善說)을 주장하는 데 대하여 순자는 성악설(性惡說)을 주장하였다. 한비자(韓非子)나 이사(李斯) 등이 그의 문인이다. 저서로는 ≪순자(荀子)≫가 유명하다.

■ 안평중(晏平中)

　춘추시대 제(齊)나라의 재상으로 이름은 영(嬰)이고 평중(平中)은 자이다.

■ 여영공(呂榮公)

　북송의 학자로, 이름은 희철(希哲)이고, 자는 원명(原明)이다.

■ 열자(列子)

　전국시대 초기 노(魯)나라의 철학자로서 사상적으로는 도가(道家)에 속하며 이름은 어구(御寇)이고, 충허진인(沖虛眞人)

으로 불리어진다. 그의 학설을 문인들이 무려 여덟 편으로 나누어 기술하였기 때문에 열자(列子)라고 부르게 되었다.

■ 염계(廉溪)

성은 주(周), 이름은 돈이(敦頤), 호는 염계(廉溪)이다. 북송의 유학자로 송학(宋學), 즉 주자학(朱子學)의 시조로 알려졌다.

■ 왕량(王良)

자는 경지(敬止), 명나라 길수(吉水) 사람이다.

■ 왕참정(王參政)

북송 진종(眞宗) 때의 정치가이며, 이름은 단(但)이다.

■ 왕촉(王燭)

전국시대 때 제(齊)나라 사람으로 제나라가 연(燕)나라의 침략을 받아 패했을 때 항복 권고를 받았으나 이에 응하지 않고 자살한 충신이다.

■ 인관(印觀)

신라 때 사람으로 서조(署調)와 함께 청렴과 의리로 이름이 높았다.

■ 자(子); 공자(孔子)

공자(B.C. 552~479)는 춘추시대 말기에 지금의 산동성(山東省; 당시는 노(魯)나라)에서 태어난 세계적인 성인(聖人)이다. 그는 유교(儒敎)의 비조(鼻祖)로서 30년 동안 주유천하를 하며 나라 다스림의 도(道)를 가르쳤고 인(仁)을 이상적인 덕목(德目)으로 삼았다. 육경(六經), 즉 ≪역(易)≫ㆍ≪서(書)≫ㆍ≪춘

추(春秋)≫·≪예기(禮記)≫·≪악기(樂記)≫를 산술(刪術)했고,
제자들이 그의 언행을 기록한 ≪논어(論語)≫ 7책이 있다.

■ **자장**(子張)

　공자의 제자로 성은 전손(顓孫)이고 이름은 사(師)이며, 자
는 자장(子張)이다. 그는 말솜씨가 뛰어난 사람으로 알려졌
다.

■ **장사숙**(張思叔)

　이름은 역(繹)이고, 북송 사람으로 정이천(程伊川)의 제자이
다.

■ **장자**(莊子)

　장자의 이름은 주(周)로서 전국시대의 사상가이다. 노자(老
子)의 무위자연설(無爲自然說)을 발전시켜서 노장사상(老莊思
想)을 이루었다. 인생은 천명이라는 숙명설(宿命說)을 주장하
였으며, 그의 인생관은 생사를 초월한 무한경지에서의 자유
로운 소요(逍遙)를 목적으로 하였다. 그리하여 그는 아내가
세상을 떠났을 때도 슬퍼하지 않고 자연으로 돌아갔다고 기
뻐하여 동이를 두드리며 노래를 했다고 한다.

■ **재여**(宰予)

　춘추시대 노(魯)나라 사람으로 자는 자아(子我) 또는 재아
(宰我)라고 한다. 공문십철(孔門十哲)의 한 사람으로서 자공
(子貢)과 함께 언변에 능하였다.

■ **주문공**(朱文公)

　주문공은 곧 주자(朱子)를 말한다. 주자의 이름은 희(熹),
자는 원회(元晦) 또는 중회(仲晦)이고 문(文)은 그의 시호이다.

주자는 일명 주자학(朱子學), 즉 성리학(性理學)을 집대성하였으며 ≪시집전(詩集傳)≫, ≪소학(小學)≫, ≪주역본의(周易本義)≫, ≪사서집주(四書集註)≫, ≪자치통감강목(資治通鑑綱目)≫, ≪근사록(近思錄)≫ 등의 편·저서가 있다. 주자학은 고려(高麗) 충렬왕(忠烈王) 때 안향(安珦)에 의해 우리나라에 전해져 크게 융성하였다.

■ 진종황제(眞宗皇帝)

진종황제(968~1022)는 송나라의 세 번째 임금으로 이름은 항(恒)이다. 요(遼)나라 성종(成宗)이 남침했을 때 이를 정벌하여 무공을 세웠다.

■ 채백개(蔡伯喈)

중국 후한 때의 문인. 이름은 옹(邕)이고 자가 백개이다.

■ 태공(太公)

태공의 성은 강(姜)이고 이름은 상(尙)인데, 곧은 낚시를 위수(渭水)에 담그고 낚시질을 하면서 세월을 기다리던 강태공(姜太公)으로 널리 알려졌다. 강태공은 위수에서 주(周)나라의 문왕(文王)을 만나 그의 스승으로 기용되어 뜻을 편 대정치가로 유명했으며, 문왕의 아들 무왕(武王)을 도와 은(殷)나라를 멸하여 천하를 평정하는 큰 공을 세웠다. 이처럼 은나라를 멸하고 천하를 평정한 공으로 제(齊)나라에 봉함을 받아 제나라의 시조가 되었다. 제나라는 춘추와 전국시대에 걸쳐 강대한 국가로 오랫동안 존속되었다.

■ 평원왕(平原王)

평원왕은 우리나라 고구려(高句麗)의 스물다섯 번째 임금이다.

■ 포박자(抱朴子)

동진(東晉) 초기의 도가(道家)로 성은 갈(葛)이고 이름은 홍(洪)
이며 포박자는 호이다. 그는 신선술(神仙術)·도술(道術)을 좋아했
고, 저서로는 ≪포박자(抱朴子)≫, ≪신선전(神仙傳)≫ 등이 있다.

■ 한문공(韓文公)

한문공(762~822)은 당나라 덕종(德宗) 때의 문학가이다. 이
름은 유(愈)이고 시호는 문(文)이며 당송팔대가(唐宋八大家)
제일의 문장가(文章家)이다.

■ 한소열(漢昭烈)

≪삼국지(三國志)≫에 등장하는 중국 촉(蜀)나라의 첫 임금
인 소열황제(昭烈皇帝)를 말한다. 소열은 성은 유(劉), 이름은
비(備), 자는 현덕(玄德)이다. 도원결의에서 관우(關羽), 장비
(張飛)를 아우로 삼아 동지로 기용하였고, 제갈공명(諸葛孔明)
을 삼고초려(三顧草廬) 끝에 군사(軍師)로 모시어 위(魏)나라
의 조조(曹操), 오(吳)나라의 손권(孫權)과 함께 천하를 셋으로
나누어 촉나라를 건국하였다.

■ 허경종(許京宗)

당나라 때의 정치가이다.

■ 홍기섭(洪夔燮)

홍기섭은 우리나라 사람으로 본관이 남양(南陽)이며, 벼슬
은 판서(判書)에 이르렀고 청렴하기로 이름이 높았다.

■ 휘종황제(徽宗皇帝)

북송의 여덟 번째 임금으로 서예와 그림에 조예가 깊었다.

저/자/소/개

■ **유완빈(劉完彬)**

　　법학박사. 1936년 서울에서 태어나 경복고등학교
와 연세대학교 정치외교학과를 졸업했다. 서울대
학교 행정대학원과 영국 옥스퍼드대 대학원에서
수학하였고, 런던대학교 연구교수, 요크대학교 교
환교수, 행정·사법·외무고시 위원을 역임했다.
한국행정학회 총무이사, 한국정치학회 상임이사
를 지냈고 한국정신문화연구원 도서관장, 기획처
장을 거쳐 부원장을 역임하였다. 현재는 한국정
신문화연구원 명예교수로 재직하고 있으며 한국
행정사학회 부회장직을 맡고 있다. 저서로는 「行政
學大意」 「行政學演習」 「行政學」 「最低賃金制」 「組
織學大意」(共著), 역서로는 「現代組織論」이 있다.

■ **한문감수·노홍두(盧弘斗)**

　　한국정신문화연구원 한문담당 전문위원. 중재(重
齋) 김황(金榥)선생 문하에서 수학하였다.

■ **영문감수·윌리엄슨(Clarence E. Williamson)**

　　한국정신문화연구원 영문담당 전문위원. 세인트
마틴대학에서 역사학 학위, 조지워싱턴 대학교에
서 동아시아학 석사, 한국정신문화연구원 대학원
에서 철학박사 학위를 받았다.